Der alternative Streitgegenstand im Unterlassungsprozess des Wettbewerbs- und Kennzeichenrechts

Friedrich Gilsdorf

# Der alternative Streitgegenstand im Unterlassungsprozess des Wettbewerbs- und Kennzeichenrechts

PL ACADEMIC RESEARCH

**Bibliografische Information der Deutschen Nationalbibliothek**
Die Deutsche Nationalbibliothek verzeichnet diese Publikation in der Deutschen Nationalbibliografie; detaillierte bibliografische Daten sind im Internet über http://dnb.d-nb.de abrufbar.

Zugl.: Mainz, Univ., Diss., 2016

D 77
ISSN 0531-7312
ISBN 978-3-631-67844-2 (Print)
E-ISBN 978-3-653-06930-3 (E-PDF)
E-ISBN 978-3-631-69632-3 (EPUB)
E-ISBN 978-3-631-69633-0 (MOBI)
DOI 10.3726/978-3-653-06930-3


PL Academic Research ist ein Imprint der Peter Lang GmbH.
Peter Lang – Frankfurt am Main · Bern · Bruxelles · New York · Oxford · Warszawa · Wien



Diese Publikation wurde begutachtet.

www.peterlang.com

*Für Amelie, Felix und Anton*

# Vorwort

Die vorliegende Arbeit wurde im Wintersemester 2015/2016 vom Fachbereich Rechts- und Wirtschaftswissenschaften der Johannes Gutenberg-Universität Mainz als Dissertation angenommen. Das Manuskript berücksichtigt den Stand von Literatur, Rechtsprechung und Gesetzeslage vom Mai 2016.

Mein besonderer und aufrichtiger Dank gilt meinem Doktorvater Herrn Prof. Dr. Jürgen Oechsler für seine stete Gesprächsbereitschaft und die konstruktive und aufmunternde Unterstützung meines Projekts.

Dank gebührt auch Herrn Prof. Curt Wolfgang Hergenröder für die zügige Erstellung des Zweitgutachtens.

Mein besonderer Dank gilt meiner lieben Ehefrau Amelie, die immer an mich geglaubt hat, mich während der gesamten Entstehungsphase verständnisvoll und motivierend unterstützte und nicht zuletzt durch ihren unermüdlichen Korrektureinsatz ganz entscheidend zur Fertigstellung beitrug. Dir Anton danke ich für die regelmäßige zuckersüße Ablenkung nach getaner Arbeit. Dank dir Felix hatte ich noch einen größeren Ansporn, das Werk abzuschließen.

Von Herzen danken möchte ich meinen Eltern Norbert und Ursula Gilsdorf, die mir in jeder Lebenslage zur Seite standen und ohne die ich nicht da wäre, wo ich heute bin.

# Inhaltsverzeichnis

# Literaturverzeichnis


*Ahrens,Hans-Jürgen*: Wettbewerbsverfahrensrecht, Köln/Berlin/Bonn/München 1983.

–: Der Wettbewerbsprozess – Ein Praxishandbuch, 7. Aufl. Köln 2013.

–: Die Bildung kleinteiliger Streitgegenstände als Folge des TÜV-Beschlusses, in: WRP 2013, 129–135.

*Alexander, Christian*: Markenschutz und berechtigte Informationsinteressen bei Werbevergleichen, in: GRUR 2010, 482–487.

*Althammer, Christoph*: Streitgegenstand und Interesse, Tübingen 2011.

–: Die Streitgegenstandslehre von Karl Heinz Schwab im Zivilprozess des 21. Jahrhunderts, in: ZZP 123 (2010), 163–184.

*Arens, Peter*: Streitgegenstand und Rechtskraft im aktienrechtlichen Anfechtungsverfahren, Bielefeld 1960.

–: Zur Anspruchskonkurrenz bei mehreren Haftungsgründen, in: AcP 170 (1979), 392–425.

*Bader, Hans*: Zur Tragweite der Entscheidung über die Art des Anspruchs bei Verurteilungen im Zivilprozess, Berlin 1966.

*Bamberger, Heinz Georg/Roth, Herbert (Hg.)*: Beck'scher Online-Kommentar BGB, 38. Edition München, Stand 1.2.2016 (zit. BeckOKBGB-*Bearbeiter*).

*Baumbach, Adolf (Begr.)/Lauterbach, Wolfgang/Albers, Jan/Hartmann, Peter*: Zivilprozessordnung, 74. Aufl. München 2016.

*Baur, Fritz*: Studien zum einstweiligen Rechtsschutz, Tübingen 1967.

*Berneke, Wilhelm/Schüttpelz, Erfried*: Die einstweilige Verfügung in Wettbewerbssachen, 3. Auflage München 2015.

*Bölling, Markus*: Alternative Klagenhäufung im Kennzeichenstreit?, in: MarkenR 2011, 102–110.

*Bornkamm, Joachim*: Markenrecht und wettbewerbsrechtlicher Kennzeichenschutz – Zur Vorrangthese der Rechtsprechung, in: GRUR 2005, 97–102.

–: Die Schnittstellen zwischen gewerblichem Rechtsschutz und UWG – Grenzen des lauterkeitsrechtlichen Verwechslungsschutzes, in: GRUR 2011, 1–8.

–: Der lauterkeitsrechtliche Schutz vor Verwechslungen: Ein Kuckucksei im Nest des UWG?, in: Erdmann, Willi et al. (Hg.), Festschrift für Michael Loschelder zum 65. Geburtstag, Köln 2010, 31–46.

*Bruns, Rudolf*: Zur Struktur des Prozesses, in: Festschrift zum 70. Geburtstag von Walter Schmidt-Rimpler, Karlsruhe 1957, 237–258.

*Bülow, Peter*: Wechselgesetz – Scheckgesetz, 5. Aufl. München 2013.

*Büscher, Wolfgang*: Klagehäufung im gewerblichen Rechtsschutz – alternativ, kumulativ, eventuell?, in: GRUR 2012, 16–25.

*Büscher, Wolfgang/Dittmer, Stefan/Schiwy, Peter (Hg.)*: Gewerblicher Rechtsschutz – Urheberrecht – Medienrecht, 3. Aufl. Köln 2015.

*Büttner, Hermann*: Streit um den Streitgegenstand der Unterlassungsklage, in: Reese, Ulrich et al. (Hg.), Festschrift für Ulf Doepner zum 65. Geburtstag, München 2008, 107–118.

*Canaris, Claus-Wilhelm*: Grundstrukturen des deutschen Deliktsrechts, in: VersR 2005, 577–584.

*Deutsch, Volker*: Anspruchskonkurrenz im Marken- und Kennzeichenrecht, in: WRP 2000, 854–858.

*Dietz, Rolf*: Anspruchskonkurrenz bei Vertragsverletzung und Delikt, Bonn/Köln 1934.

*Dreier, Thomas/Schulze, Gernot*: UrhG, 5. Aufl. München 2015.

*Dreyer, Gunda/Kotthoff, Jost/Meckel, Astrid*: Urheberrecht, 3. Aufl. Heidelberg 2013.

*Eichmann, Helmut*: Das europäische Geschmacksmusterrecht auf Abwegen?, in: GRUR Int 1996, 859–876.

*Eichmann, Helmut/von Falckenstein, Roland/Kühne, Marcus*: Designgesetz, 5. Aufl. München 2015.

*Ekey, Friedrich/Bender, Achim/Fuchs-Wissemann (Hg.)*: Markenrecht – Band 1, 3. Aufl. Heidelberg 2014.

*Engisch, Karl*: Einführung in das juristische Denken, 11. Aufl. Stuttgart 2010.

*Enneccerus, Ludwig (Begr.)/Nipperdey, Hans Carl*: Allgemeiner Teil des Bürgerlichen Rechts – Erster Halbband, 15. Aufl. Tübingen 1959.

*Erman, Walter (Begr.)*: Bürgerliches Gesetzbuch, Band 1 §§ 1 – 758, AGG, 14. Aufl. Köln 2014; Band 2 §§ 759 – 2385, ProdHaftG, ErbbauRG, VersAusglG, VBVG, LPartG, WEG, EGBGB, 14. Aufl. Köln 2014.

*Fezer, Karl-Heinz*: Kumulative Normenkonkurrenz im Kennzeichenrecht – Ein Beitrag zur autonomen Anwendung des MarkenG, des UWG und des BGB nach § 2 MarkenG, in: WRP 2000, 863–872.

–: Markenrecht, 4. Aufl. München 2009.

–: Leistungsschutz im Wettbewerbsrecht, in: WRP 1993, 63–73.

–: Kumulative Normenkonkurrenz zwischen Markenrecht und Lauterkeitsrecht – Schutzzweckkompatibilität zwischen Immaterialgüterrecht als Funktionseigentum und Wettbewerbsrecht, in: GRUR 2010, 953–962.

–: Normenkonkurrenz zwischen Kennzeichenrecht und Lauterkeitsrecht – Ein Beitrag zur kumulativen und subsidiären Normenkonkurrenz im Immaterialgüterrecht – Kritik der Vorrangthese des BGH zum MarkenG, in: WRP 2008, 1–9.

–: Eine Replik: Die Auslegung der UGP-RL vom UWG aus? – Methodensynkretismus zur Abwehr des rechtsverbindlichen Richtlinienbegriffs der Unlauterkeit im Sinne des Art. 5 Abs. 2 lit. a und b UGP-RL, in: WRP 2010, 677–686.

–: Handbuch der Markenpraxis, 2. Aufl. München 2012.

–: *(Hg.)* UWG – Lauterkeitsrecht, 2. Aufl. München 2010.

*Fikentscher, Wolfgang*: Das Recht am Gewerbebetrieb (Unternehmen) als „sonstiges Recht" im Sinne des § 823 Abs. 1 BGB in der Rechtsprechung des Reichsgerichts und des Bundesgerichtshofs, in: Biedenkopf, Kurt et al. (Hg.), Das Unternehmen in der Rechtsordnung – Festgabe für Heinrich Kronstein aus Anlass seines 70. Geburtstages, Karlsruhe 1967, 261 -301.

*Fischer, Christian*: Die tarifwidrigen Betriebsvereinbarungen, München 1998.

*Fischer, W.* Der Streitgegenstand, in: ZZP 57 (1933), 340–394.

*Forkel, Hans*: Grundfälle zu den Immaterialgüterrechten, in: Jus 1988, 869–872 (Teil 1), JuS 1989, 721–727 (Teil 2).

*Fritzsche, Jörg*: Unterlassungsanspruch und Unterlassungsklage, Berlin/Heidelberg 2000.

*Fromm, Friedrich Karl/Nordemann, Wilhelm (Begr.)*: Urheberrecht, 11. Aufl. Stuttgart 2014.

*Gaul, Hans Friedhelm/Schilken, Eberhard/Becker-Eberhard, Ekkehard*: Zwangsvollstreckungsrecht, 12. Aufl. München 2010.

*Georgiades, Apostolos*: Die Anspruchskonkurrenz im Zivilrecht und Zivilprozeß, München 1968.

*Gernhuber, Joachim*: Handbuch des Schuldrechts – Die Erfüllung und ihre Surrogate, 2. Aufl. Tübingen 1994.

*Gloy, Wolfgang/Loschelder, Michael/Erdmann, Willi (Hg.)*: Handbuch des Wettbewerbsrechts, 4. Aufl. München 2010.

*Gruber, Michael*: Grundsatz des Wegfalls der Wiederholungsgefahr durch Unterwerfung, in: WRP 1992, 71 -87.

*Habscheid, Walther*: Der Streitgegenstand im Zivilprozess und im Streitverfahren der freiwilligen Gerichtsbarkeit, Bielefeld 1956.

*Habscheid, Walther*: Die neuere Entwicklung der Lehre vom Streitgegenstand im Zivilprozeß (zugleich zur deutsch-japanischen Rechtsvergleichung); in: Gottwald, Peter; Prütting, Hanns (Hg.), Festschrift für Karl Heinz Schwab zum 70. Geburtstag, München 1990, 181–195.

*Hacker, Franz*: Markenrecht, 3. Aufl. Köln 2013.

*Harte-Bavendamm, Henning*: Anmerkung zu einer Entscheidung des BGH, Urteil vom 17.08.2011 (I ZR 108/09; GRUR 2011, 1043) – Zur Frage der alternativen Klagehäufung bei der Geltendmachung von Schutzrechten, in: GRUR 2011, 1048–1050.

*Harte-Bavendamm, Henning/Henning-Bodewig, Frauke (Hg.)*: Gesetz gegen den unlauteren Wettbewerb, 3. Aufl. München 2013.

*Heermann, Peter/Schlinghoff, Jochen (Hg.)*: Münchener Kommentar zum Lauterkeitsrecht, Band 2 §§ 5–22 UWG, 2. Aufl. München 2014 (zit. MüKoUWG-*Bearbeiter*).

*Hefermehl, Wolfgang*: Der Anwendungsbereich des Wettbewerbsrecht, in: Dietz, Rolf et al. (Hg.), Festschrift für Hans Carl Nipperdey zum 60. Geburtstag, München/Berlin 1955, 283–301.

*Henckel, Wolfram*: Parteilehre und Streitgegenstand im Zivilprozeß, Heidelberg 1961.

*Henning-Bodewig, Frauke*: Relevanz der Irreführung, UWG-Nachahmungsschutz und die Abgrenzung Lauterkeitsrecht/IP-Rechte, in: GRUR Int 2007, 986–1000.

*Hesselberger, Dieter*: Die Lehre vom Streitgegenstand, Köln/Berlin/Bonn/München 1970.

*Hilgendorf, Eric*: Was heißt „normativ"? – Zu einigen Bedeutungsnuancen einer Modevokabel, in: Mahlmann, Matthias (Hg.), Gesellschaft und Gerechtigkeit – Festschrift für Hubert Rottleuthner, Baden-Baden 2011, 45 -61.

*Hoffmann-Becking, Michael/Rawert, Peter (Hg.)*: Beck'sches Formularbuch Bürgerliches, Handels- und Wirtschaftsrecht, 12. Auflage München 2016.

*Ingerl, Reinhard*: Der wettbewerbsrechtliche Kennzeichenschutz und sein Verhältnis zum MarkenG in der neueren Rechtsprechung des BGH und in der UWG-Reform, in: WRP 2004, 809–816.

*Ingerl, Reinhard/Rohnke, Christian*: Markengesetz, 3. Aufl. München 2010.

*Jauernig, Othmar (Begr.)*: Bürgerliches Gesetzbuch, 16. Aufl. München 2015.

*Jestaedt, Bernhard*: Der Streitgegenstand des wettbewerbsrechtlichen Verfügungsverfahrens, in: GRUR 1985, 480–485.

*Kodde, Claudia*: Vier Jahre nach dem „TÜV" – Die Entwicklung des Streitgegenstands im Wettbewerbs- und Markenverletzungsprozess unter besonderer Berücksichtigung seines Streitwerts, in: GRUR 2015, 38–45.

–: Der Streitgegenstand im Markenverletzungsprozess, Baden-Baden 2014.

*Köhler, Helmut*: Der Schutz vor Produktnachahmung im Markenrecht, Geschmacksmusterrecht und neuen Lauterkeitsrecht, in: GRUR 2009, 445–451.

–: Das Verhältnis des Wettbewerbsrechts zum Recht des geistigen Eigentums – Zur Notwendigkeit einer Neubestimmung auf Grund der Richtlinie über unlautere Geschäftspraktiken, in: GRUR 2007, 548–554

–: Kopplungsangebote neu bewertet – Zugleich Besprechung der „Plus Warenhandelsgesellschaft"-Entscheidung des EuGH, in: GRUR 2010, 177–183.

–: Zu den „unter allen Umständen unlauteren" irreführenden und aggressiven Geschäftspraktiken, in: Büscher, Wolfgang et al. (Hg.), Festschrift für Joachim Bornkamm zum 65. Geburtstag, München 2014, 393–406.

*Köhler, Helmut/Bornkamm, Joachim*: Gesetz gegen den unlauteren Wettbewerb, 34. Aufl. München 2016.

*Kur, Annette* Funktionswandel von Schutzrechten: Ursachen und Konsequenzen der inhaltlichen Annäherung und Überlagerung von Schutzrechtstypen, in: Schricker, Gerhard et al. (Hg.), Geistiges Eigentum im Dienst der Innovation, Baden-Baden 2001, 23–50.

*Kur, Annette/von Bomhard, Verena/Albrecht, Friedrich (Hg.)*: Beck'scher Online-Kommentar Markenrecht, 6. Edition München, Stand 1.5.2016 (zit. BeckOKMarkenR-*Bearbeiter*).

*Labesius, Stefan*: Streitwertbemessung bei der hilfsweisen Geltendmachung unterschiedlicher gewerblicher Schutzrechte – Zugleich Anmerkung zu OLG Frankfurt a. M., Urt. v. 4.6. 2012 – 6 W 60/12 – Streitwertaddition, in: GRUR-RR 2012, 317–319.

*Lange, Paul*: Marken- und Kennzeichenrecht, 2. Aufl. München 2012.

*Larenz, Karl/Canaris, Claus-Wilhelm*: Methodenlehre der Rechtswissenschaft, 3. Aufl. Berlin/Heidelberg 1995.

–: Lehrbuch des Schuldrechts, Zweiter Band, Besonderer Teil, 2. Halbband, 13. Aufl. München 1994.

*Lent, Friedrich*: Die Gesetzeskonkurrenz im bürgerlichen Recht und im Zivilprozess, Band 1, Leipzig 1912, Band 2, Leipzig 1916.

–: Zur Abgrenzung der Anspruchsmehrheit von der Mehrheit der Klagegründe, in: ZZP 57 (1933), 1 -76.

–: Zur Lehre vom Streitgegenstand, in: ZZP 65 (1952), 315–360.

–: Die Lehre vom Streitgegenstand im Zivilprozeß, in: Frank, Hans (Hg.), Jahrbuch der Akademie für Deutsches Recht, 6./7. Jahrg., Berlin/München 1939/40, 206–221.

–: Die Verteilung der Verantwortlichkeit unter Gericht und Parteien im Zivilprozeß, in: ZZP 63 (1943), 3–55.

*Loschelder, Michael/Dörre, Tanja*: Das Verhältnis des wettbewerbsrechtlichen zum kennzeichenrechtlichen Schutz vor Verwechslungen, in: KSzW 2010, 242–247.

*Lubberer, Andreas*: Grundsatz der Nachahmungsfreiheit?, in: Ahrens, Hans et al. (Hg.), Festschrift für Eike Ullmann, Saarbrücken 2006, 737–754.

*Maunz, Theodor/Dürig, Günter (Begr.)*: Grundgesetz (Loseblatt), München, Stand: 76. Ergänzungslieferung 2015.

*Meister, Herbert* Marke und Recht, 2. Aufl. Wiesbaden 1994.

*Melullis, Klaus-J.*: Handbuch des Wettbewerbsprozesses, 3. Aufl. Köln 2000.

*Meyer, Peter*: Der Streitgegenstand bei wettbewerbsrechtlichen Unterlassungsklagen – Zugleich Besprechung von BGH, Urt. v. 3. 4. 2003 – I ZR 1/01, NJW 2003, 2317 – Reinigungsarbeiten, in: NJW 2003, 2887–2888.

*Münker, Reiner*: Verbandsklagen im sogenannten ergänzenden wettbewerbsrechtlichen Leistungsschutz, in: Ahrens, Hans et al. (Hg.), Festschrift für Eike Ullmann, Saarbrücken 2006, 781–793.

*Musielak, Hans-Joachim*: Der rechtskräftig entschiedene Lebenssachverhalt – Versuch einer Abgrenzung, in: NJW 2000, 3593–3599.

*Musielak, Hans-Joachim/Voit, Wolfgang*: Zivilprozessordnung, 13. Aufl. München 2016.

*Niehues, Henrik*: Deutsche Marke, Gemeinschaftsmarke und internationale Registrierung, Starnberg 2000.

*Nikisch, Arthur*: Der Streitgegenstand im Zivilprozeß, Tübingen 1935.

–: Zur Lehre vom Streitgegenstand im Zivilprozeß, in: AcP 154 (1955), 269–299.

–: Zivilprozessrecht, 2. Aufl. Tübingen 1952.

*Nirk, Rudolf/Kurtze, Helmut*: Wettbewerbsstreitigkeiten: eine praxisbezogene Anleitung, 2. Aufl. München 1992.

–: Verletzungshandlung und Verletzungsform bei Wettbewerbsverstößen, in: GRUR 1980, 645–649.

*Nordemann, Axel/Nordemann, Jan Bernd/Nordemann-Schiffel, Anke*: Wettbewerbsrecht – Markenrecht, 11. Aufl. Baden-Baden 2012.

*Ohly, Ansgar* Geistiges Eigentum?, in: JZ 2003, 545–554.

–: Gibt es einen Numerus clausus der Immaterialgüterrechte?, in: ders. et al. (Hg.), Festschrift für Gerhard Schricker zum 70. Geburtstag, München 2005, 105–121.

*Ohly, Ansgar/Sosnitza, Olaf*: Gesetz gegen den unlauteren Wettbewerb, 6. Aufl. München 2014.

*Oppermann, Bernd*: Unterlassungsanspruch und materielle Gerechtigkeit im Wettbewerbsprozess, Tübingen 1993.

*Palandt, Otto (Begr.)*: Bürgerliches Gesetzbuch mit Nebengesetzen, 75. Aufl. München 2016.

*Pastor, Wilhelm*: Der Wettbewerbsprozess, 3. Aufl. Köln/Berlin/Bonn/München 1980.

*Pohle, Rudolf*: Buchbesprechung: Lehrbuch des deutschen Zivilprozessrechts von Dr. Leo Rosenberg, in: JR 1954, 436–437.

*Prütting, Hanns/Gehrlein, Markus (Hg.)*: ZPO, 8. Aufl. Köln 2016.

*Rauscher, Thomas/Krüger, Wolfgang (Hg.)*: Münchener Kommentar zur Zivilprozessordnung mit Gerichtsverfassungsgesetz und Nebengesetzen, Band 1 §§ 1–354, 4. Aufl. München 2013, Band 3 §§ 1025–1109, EGZPO, GVG, EGGVG, UKlaG, internationales und europäisches Zivilprozessrecht, 4. Aufl. München 2013 (zit. MüKoZPO-*Bearbeiter*).

*Reichold, Hermann*: Lauterkeitsrecht als Sonderdeliktsrecht – Zur Rolle zivilistischen Denkens bei der Anwendung von § 1 UWG -, in: AcP 193 (1993), 204–239.

*Reimer, Eduard*: Wettbewerbs- und Warenzeichenrecht, 3. Aufl. Köln/Berlin 1954.

*Rosenberg, Leo*: Lehrbuch des deutschen Zivilprozessrechts, 3. Aufl. Berlin 1931.

–: Erwiderung [auf Lent, ZZP 57 (1933), 1 ff.], in: ZZP 1957 (1933), 76–90.

*Rosenberg, Leo/Schwab, Karl Heinz/Gottwald, Peter*: Zivilprozessrecht, 17. Aufl. München 2010.

*Roth, Herbert*: Zivilprozessuales Rechtsmittelrecht und funktionale Zweigliedrigkeit, in: JZ 2006, 9–18.

*Rüthers, Bernd/Fischer, Christian/Birk, Axel*: Rechtstheorie mit Juristischer Methodenlehre, 8. Aufl. München 2015.

*Sack, Rolf*: Die Subsidiarität des Rechts am Gewerbebetrieb, in: VersR 2006, 1001–1100.

*Säcker, Franz Jürgen/Rixecker, Roland (Hg.)*: Münchener Kommentar zum Bürgerlichen Gesetzbuch, Band 1 §§ 1–240, ProstG, AGG, 6. Aufl. München 2012, Band 5 §§ 705–853, PartGG, ProdHaftG, 6. Aufl. München 2013 (zit. MüKoBGB-*Bearbeiter*).

*Saenger, Ingo (Hg.)*: Zivilprozessordnung, 6. Aufl. Baden-Baden 2015.

*Sambuc, Thomas*: Designschutz mit Markenrecht?, in: GRUR 2009, 333–337.

–: Der UWG-Nachahmungsschutz, München 1996.

*Schneider, Egon*: Zulässigkeits- und Zulassungsfragen bei Klageänderung und Klageerweiterung in zweiter Instanz, in: MDR 1982, 626–628.

*Schack, Haimo*: Urheber- und Urhebervertragsrecht, 7. Aufl. Tübingen 2015.

*Schadt, Verena*: Das Verhältnis von Marken- und Lauterkeitsrecht, Berlin 2013.

*Scherer, Inge*: Das Verhältnis des lauterkeitsrechtlichen Nachahmungsschutzes nach § 4 Nr 9 UWG zur europarechtlichen Vollharmonisierung der irreführenden oder vergleichenden Werbung, in: WRP 2009, 1446–1454.

–: Die „Verbrauchergeneralklausel" des § 3 II 1 UWG – eine überflüssige Norm, in: WRP 2010, 586–592.

*Schilken, Eberhard*: Zivilprozessrecht, 7. Aufl. München 2014.

*Schönke, Adolf*: Das Rechtsschutzbedürfnis – Ein zivilprozessualer Grundbegriff, in: AcP 150 (1949), 216–234.

–: Das Rechtsschutzbedürfnis – Studien zu einem zivilprozessualen Grundbegriff, Detmold/Frankfurt a.M./ Berlin 1950 (zit. Schönke, Rechtsschutzbedürfnis).

*Schreiber, Peter*: Wettbewerbsrechtliche Kennzeichenrechte?, in: GRUR 2009, 113–118.

*Schwab, Karl Heinz*: Gegenwartsprobleme der deutschen Zivilprozeßrechtswissenschaft, in: JuS 1976, 69–74.

–: Der Streitgegenstand im Zivilprozess, München/Berlin 1954.

–: Der Stand der Lehre vom Streitgegenstand im Zivilprozeß, in: JuS 1965, 81–86.

–: Noch einmal: Bemerkungen zum Streitgegenstand, in: Prütting, Hanns; Rüssmann, Helmut (Hg.), Verfahrensrecht am Ausgang des 20. Jahrhunderts – Festschrift für Gerhard Lüke zum 70. Geburtstag, München 1997, 793–807.

–: Die Bedeutung der Entscheidungsgründe, in: Bettermann, Karl August; Zeuner, Albrecht (Hg.), Festschrift für Eduard Bötticher zum 70. Geburtstag, Berlin 1969, 321–340.

*Schwippert, Emil*: Schluss mit dem alternativen Streitgegenstand – Die „TÜV-Entscheidung“ des BGH, in: GRUR-Prax 2011, 233–235.

–: Der Streitgegenstand nach der Biomineralwasser-Entscheidung des BGH, in: WRP 2014, 8–11.

–: Alternative Begründung des Unterlassungsanspruchs mit unterschiedlichen Streitgegenständen, in: Erdmann, Willi et al. (Hg.), Festschrift für Michael Lochelder zum 65. Geburtstag, Köln 2010, 345–354.

*Soergel, Hans Theodor (Begr.)*: Bürgerliches Gesetzbuch: mit Einführungsgesetz und Nebengesetzen, Band 12 §§ 823–853, ProdHG, UmweltHG, 13. Aufl. Stuttgart 2005.

*Sosnitza, Olaf*: Aktuelle Probleme im europäischen und deutschen Markenrecht – Zugleich Besprechung von Ströbele/Hacker, Markengesetz, 7. Auflage 2003, in: WRP 2003, 1186–1193.

*Staudinger, Julius von (Begr.)*: BGB, Einl. zum BGB I §§ 1–14; VerschG, Neubearbeitung Berlin 2013, Zweites Buch Recht der Schuldverhältnisse §§ 823–825, 13. Bearbeitung Berlin 1999.

*Stein, Friedrich/Jonas, Martin (Begr.)*: Zivilprozessordnung, Band 3 §§ 128 – 252, 22. Aufl. Tübingen 2005, Band 4 §§ 253–327, 22. Aufl. Tübingen 2008, Band 9 §§ 916 -1068, EG ZPO, 22. Aufl. Tübingen 2002, Band 10 EuGVVO, GVG, 22. Aufl. Tübingen 2011.

*Steinbeck, Anja*: Zur These vom Vorrang des Markenrechts, in: Ahrens, Hans et al. (Hg.), Festschrift für Eike Ullmann, Saarbrücken 2006, 409–423.

*Stieper, Malte*: Klagehäufung im Gewerblichen Rechtsschutz – alternativ, kumulativ, eventuell?, in: GRUR 2012, 5–16.

–: Konkrete Verletzungsform reloaded – Die Rückkehr zum prozessualen Streitgegenstandsbegriff – Zugleich Besprechung von BGH, Urt. v. 13.09.2012 – I ZR 230/11 – Biomineralwasser, in: WRP 2013, 561–566.

*Ströbele, Paul/Hacker, Franz et al. (Hg.)*: Markengesetz, 11. Aufl. Köln 2015.

*Teplitzky, Otto*: Der Streitgegenstand der schutz- und lauterkeitsrechtlichen Unterlassungsklage vor und nach den „TÜV“-Entscheidungen des BGH, in: GRUR 2011, 1091–1096.

–: Anmerkungen zur Behandlung von Unterlassungsanträgen, in: Jagenburg, Walter et al. (Hg.), Festschrift für Walter Oppenhoff zum 80. Geburtstag, München 1985, 487–494.

–: Wettbewerbsrechtliche Ansprüche und Verfahren, 10. Aufl. Köln 2011.

–: Wie weit führt der erste Schritt? – Anmerkungen zur Streitgegenstandserweiterung im BGH-Urteil „Branchenbuch Berg", in: WRP 2012, 261–265.

*Teplitzky, Otto/Peifer, Karl-Nikolaus/Leistner, Matthias (Hg.)*: Großkommentar zum UWG, Band 1, Einleitung, §§ 1–3, 2. Aufl. Berlin/Boston 2014, Band 2, §§ 4–7, 2. Aufl. Berlin/Boston 2013, Band 3, §§ 8–22, Register, 2. Aufl. Berlin/Boston 2015 (zit. GroßkommUWG-*Bearbeiter*).

*Thomas, Heinz/Putzo, Hans (Begr.)*: Zivilprozessordnung, 37. Aufl. München 2016.

*Traub, Fritz (Hg.)*: Wettbewerbsrechtliche Verfahrenspraxis, 2. Aufl. Frankfurt a. M. 1991.

*Troller, Alois*: Immaterialgüterrecht, Band I, 3. Aufl. Basel/Frankfurt a. M. 1983.

*Troller, Alois (Begr.)/Troller, Patrick*: Kurzlehrbuch des Immaterialgüterrechts, 3. Aufl. Basel/Frankfurt a. M. 1989.

*Vollkommer, Max*: Anmerkung zu BGH, Urt. v. 23.2.2006 – I ZR 272/02 „Markenparfumverkäufe", BGHReport 2006, 743–744.

*von Caemmerer, Ernst*: Wandlungen des Deliktsrechts, in: ders. et al. (Hg.), Hundert Jahre deutsches Rechtsleben – Festschrift zum hundertjährigen Bestehen des Deutschen Juristentages, Band II, Karlsruhe 1960, 49–136.

*von Falckenstein, Roland*: Markenrecht versus Geschmacksmusterrecht – Zur ausreichenden Offenbarung dreidimensionaler Marken, in: GRUR 1999, 881–885.

*von Ungern-Sternberg, Joachim*: Grundfragen des Klageantrags bei urheber- und wettbewerbsrechtlichen Unterlassungsklagen, in: GRUR 2011, 375–383 (Teil 1), 486–496 (Teil 2).

–: Grundfragen des Streitgegenstands bei wettbewerbsrechtlichen Unterlassungsklagen, in: GRUR 2009, 901–907 (Teil 1), 1009–1019 (Teil 2).

*Wandtke, Artur-Axel/Bullinger, Winfried*: Die Marke als urheberrechtlich schutzfähiges Werk, in: GRUR 1997, 573–580.

–: *(Hg.)* Praxiskommentar zum Urheberrecht, 4. Aufl. München 2014.

*Weiler, Frank*: AdWords, Markenfunktionen und der Schutz bekannter Marken, in: MarkenR 2011, 495–501.

*Wieczorek, Bernhard (Begr.)/Schütze, Rolf (Hg.)*: Zivilprozessordnung und Nebengesetze, Band 3, §§ 128 – 252, 4. Aufl. Berlin/Boston 2013, Band 4, §§ 253 – 299a, 4. Aufl. Berlin/Boston 2013, Band 5, Teilband 1 §§ 300–329, 4. Aufl. Berlin/Boston 2015.

*Windscheid, Bernhard*: Die Actio des römischen Zivilrechts vom Standpunkte des heutigen Rechts, Düsseldorf 1856.

*Windscheid, Bernhard*: Lehrbuch des Pandektenrechts, 1. Band, 7. Aufl. Frankfurt a. M. 1891.

*Zeiss, Walter (Begr.)/Schreiber, Klaus*: Zivilprozessrecht, 12. Aufl. Tübingen 2013

*Zöller, Richard (Begr.)*: Zivilprozessordnung, 31. Aufl. Köln 2016.

# A. Einleitung

## I. Problemaufriss: Die Auswirkungen der TÜV-Rechtsprechung auf die Lehre vom Streitgegenstand

Will man der Entstehung des Streitgegenstandsbegriffs bis an ihre Ursprünge folgen, dann muss man zurückblicken bis in die Mitte des 19. Jahrhunderts. In seinem 1856 erschienenen Werk „Die Actio des römischen Zivilrechts vom Standpunkte des heutigen Rechts" entledigte *Windscheid* die aus dem römischen Recht übernommene actio des in ihr enthaltenen Rechts auf gerichtliche Verfolgung – des Klagerechts.[1] Übrig blieb allein „das Recht, von einem anderen Etwas zu verlangen"[2]; der moderne Anspruchsbegriff war begründet.[3] Diese Vorstellung war dann nicht nur für das BGB maßgebend, bereits zuvor hatte sie Einzug in die ZPO gehalten.[4] Aus der Sicht des historischen Gesetzgebers waren somit der Streitgegenstand oder prozessuale Anspruch[5] und der materielle Anspruch identisch. Da diese Konzeption jedoch schon kurze Zeit nach Inkrafttreten der ZPO auf heftigen Widerstand in der Literatur stieß, vollzog sich bald eine Hinwendung zu einer mehr am Prozessrecht orientierten Auffassung, ohne dass dies eine abschließende Befriedung der Thematik zur Folge gehabt hätte.[6] Nachdem sich in den 1930er Jahren unter anderem *Lent*, *Rosenberg* und *Nikisch* in verschiedenen Veröffentlichungen dezidiert mit der Streitgegenstandsproblematik beschäftigt hatten, waren wohl in erster Linie *Schwabs* Habilitationsschrift „Der Streitgegenstand im Zivilprozeß" aus dem Jahr 1954 zahlreiche themenverwandte Arbeiten zu verdanken, die zu einer „Blütezeit der Prozessrechtswissenschaft"[7] und einer eingehenden Auseinandersetzung mit dem Streitgegenstand als einem der zentralen Begriffe des Zivilprozesses führten. Die Diskussion flaute Ende der 1970er Jahre deutlich ab, als sich der BGH in ständiger Rechtsprechung letztlich der in der Literatur vorherrschenden Auffassung vom zweigliedrigen prozessualen Streitgegenstandsbegriff anschloss.[8]

---

1 Windscheid, Actio, S. 3.
2 Windscheid, Pandekten, S. 99.
3 Hesselberger, Streitgegenstand, S. 93.
4 Althammer, Streitgegenstand, S. 36 f.; Habscheid, Streitgegenstand, S. 21.
5 Wissenschaft und Praxis sind sich über die Identität von prozessualem Anspruch und Streitgegenstand einig, weshalb die beiden Bezeichnungen in dieser Abhandlung synonym verwendet werden (vgl. Schwab, Streitgegenstand, S. 2 f.; Hesselberger, Streitgegenstand, S. 25; Stein/Jonas-*Roth*, ZPO, vor § 253 Rn. 16).
6 Stein/Jonas-*Roth*, ZPO, vor § 253 Rn. 8, 10.
7 Althammer, ZZP 123 (2010), 163, 163.
8 Stein/Jonas-*Roth*, ZPO, vor § 253 Rn. 14.

In Wettbewerbs- und Kennzeichenstreitigkeiten waren die Rechtsprechung und weite Teile der Lehre unter Zugrundelegung dieser zweigliedrigen Streitgegenstandsauffassung zu einem eng am materiellen Recht orientierten, „kleinteiligen“ Streitgegenstand gelangt, bei dem jedem kennzeichenrechtlichen Schutzrecht und mitunter sogar jeder kennzeichenrechtlichen Verletzungs- oder lauterkeitsrechtlichen Irreführungsalternative ein eigenständiger prozessualer Anspruch entsprechen sollte.[9] Abgemildert wurde dieser Umstand, da es in der Praxis aus prozessökonomischen Gründen nicht beanstandet wurde, dass der Kläger dem Gericht alternativ verschiedene Streitgegenstände anbot und die Auswahl überließ, auf welchen davon es eine stattgebende Entscheidung stützen wollte („alternative Klagehäufung“).[10]

Eine Zäsur markierte der „TÜV I“-Beschluss[11] des BGH, der 2011 – jedenfalls im Hinblick auf Unterlassungsverfahren im Wettbewerbs- und Kennzeichenrecht – wieder Bewegung in die Streitgegenstandsdiskussion brachte. Dem Verfahren war eine Presseerklärung der späteren Beklagten im Internet vorausgegangen, in welcher sich diese als „Privater TÜV“ und „Erster privater TÜV“ bezeichnete, der bundesweit „TÜV-Dienstleistungen“ anbietet. Hiergegen wendete sich die Klägerin und begründete dies mit der Beeinträchtigung von drei verschiedenen ihr zustehenden Marken sowie ihrer Unternehmensbezeichnung. Für die Marken machte sie jeweils alternativ Identitätsschutz, Verwechslungsgefahr und Bekanntheitsschutz (§ 14 Abs. 2 Nr. 1, 2 und 3 MarkenG), für das Unternehmenskennzeichen Verwechslungsgefahr und Bekanntheitsschutz geltend. Nach Auffassung des BGH hätten diesem Vorgehen – abhängig vom Abgrenzungskriterium – bis zu elf Streitgegenstände entsprochen.[12] Anders als in vorangegangenen Prozessen nutzte der Senat nun die Gelegenheit, um die Parteien unter ausdrücklicher Aufgabe seiner bisherigen Praxis auf die Unzulässigkeit der alternativen Klagehäufung hinzuweisen. Überlasse der Kläger dem Gericht die Auswahl des prozessualen Anspruchs, dann seien Gegenstand und Grund der Klage nicht hinreichend bestimmt. Für den Beklagten bleibe damit bis zu einem Urteil die für die Reichweite der Entscheidung wichtige Frage offen, ob der Ausspruch nur auf einen oder auf mehrere Streitgegenstände gestützt werde. Zudem führe die alternative Klagehäufung zu einer Beeinträchtigung der „Waffengleichheit“ der Parteien im Prozess. Der Kläger könne sein Begehren ohne zusätzliches Kostenrisiko auf eine Vielzahl von prozessualen Ansprüchen stützen, während sich der Beklagte – wolle er nicht verurteilt werden – gegen alle zur Wehr setzen müsse und bereits dann die volle Kostenlast zu tragen habe, wenn lediglich einer der Streitgegenstände zum Klageerfolg führe.

Die Entscheidung stellte die Praxis vor erhebliche Probleme, musste der Kläger doch nun entweder die mit der kumulativen Klagehäufung verbundenen

9 Teplitzky, GRUR 2011, 1091, 1091 f.
10 Büscher, GRUR 2012, 16, 17.
11 BGH GRUR 2011, 521 – *TÜV I.*
12 Schwippert, GRUR-Prax 2011, 233, 234; BGH GRUR 2011, 521, juris-Rz. 4 – *TÜV I.*

höheren Kosten auf sich nehmen oder aber die für eine Eventualhäufung erforderliche Prüfungsreihenfolge der mitunter sehr zahlreichen Streitgegenstände vorgeben.[13] Mit seinen anschließenden Urteilen „OSCAR“[14], „Branchenbuch Berg“[15] und „Biomineralwasser“[16] rückte der BGH in der Folge – in letzterem Fall ausdrücklich in Reaktion auf die eigene Rechtsprechung zur Unzulässigkeit der alternativen Klagehäufung[17] – in eingeschränktem Umfang von der kleinteiligen Streitgegenstandsabgrenzung ab. Während in „OSCAR“ festgehalten wurde, dass bei Markenbeeinträchtigungen die materiell-rechtlich getrennt zu bewertenden Alternativen einer Markenverletzung nach § 14 Abs. 2 Nr. 1 – 3 MarkenG einem Streitgegenstand unterfallen, sofern sie auf demselben Schutzrecht beruhen, ist nach „Branchenbuch Berg“ und „Biomineralwasser“ in wettbewerbsrechtlichen Konstellationen, in denen sich die Klage gegen die konkrete Verletzungsform richtet, in dieser Verletzungsform der für die Abgrenzung des Streitgegenstands maßgebliche Anknüpfungspunkt zu sehen.[18] Wie diese Untersuchung zeigen wird, vermögen jedoch auch diese Ansätze nicht allen betroffenen Interessen gerecht zu werden. Daher ist eine vertiefende Auseinandersetzung mit der Thematik angezeigt. In dieser soll der Frage nachgegangen werden, ob nicht eine alternative Streitgegenstandsabgrenzung sachgerecht ist, die eine befriedigendere Lösung der durch die „TÜV“-Rechtsprechung hervorgerufenen Problemstellung bietet.

## II. Gang der Untersuchung

Der allgemeine Teil dieser Untersuchung hat die Entwicklung einer alternativen Streitgegenstandsabgrenzung bei kennzeichen- und wettbewerbsrechtlichen Unterlassungsprozessen zum Ziel. Dabei wird in Teil B. I. zunächst auf die prozessualen „Bewährungspunkte“ des Streitgegenstands eingegangen. Objektive Klagehäufung, Klageänderung, Rechtshängigkeit und materielle Rechtskraft hängen ganz entscheidend von der Identität des prozessualen Anspruchs ab, sodass es hier in besonderem Maße auf seine Individualisierung im Einzelfall ankommt.

Im Teil B. II. und III. werden anschließend ausgewählte Streitgegenstandslehren beleuchtet. Wie erläutert war der aktuell von Rechtsprechung und Lehre nahezu einhellig angewandte und vertretene „zweigliedrige Streitgegenstand“ nicht immer so unumstritten, wie es gegenwärtig der Fall ist. Die Darstellung einer Auswahl verschiedener repräsentativer Streitgegenstandstheorien ermöglicht einen Vergleich sowohl ihrer abweichenden Ansatzpunkte und Abgrenzungskriterien als auch ihrer

13 Harte-Bavendamm, GRUR 2011, 1048, 1048 f.
14 BGH GRUR 2012, 621 – *OSCAR.*
15 BGH GRUR 2012, 184 – *Branchenbuch Berg.*
16 BGH GRUR 2013, 401 – *Biomineralwasser.*
17 BGH GRUR 2013, 401, juris-Rz. 23 – *Biomineralwasser.*
18 BGH GRUR 2013, 401, juris-Rz. 24 – *Biomineralwasser.*

Vor- und Nachteile. In diesem Rahmen werden stets Überlegungen angestellt, wie die einzelnen Autoren die „TÜV"-Konstellation gelöst hätten.

Im Mittelpunkt der Untersuchung steht sodann der „zweigliedrige Streitgegenstand", der durch den Klageantrag und den Klagegrund individualisiert wird. Unter dem Klagegrund wird gemeinhin der vorgetragene Lebenssachverhalt verstanden, wobei allerdings keine Einigkeit darüber besteht, wie dieser im Einzelfall abzugrenzen ist. Dabei vertritt die Rechtsprechung im Kennzeichenprozess das Dogma „ein Schutzrecht – ein Lebenssachverhalt". Kann der Kläger sein Begehren theoretisch auf die Verletzung verschiedener Schutzrechte stützen, dann muss er die hieraus resultierenden Streitgegenstände nun – da eine alternative Antragshäufung infolge der „TÜV"-Rechtsprechung nicht mehr infrage kommt – entweder kumulativ oder in Eventualstellung anordnen und den damit einhergehenden logistischen und kostenmäßigen Aufwand in Kauf nehmen.

Vor diesem Hintergrund wird in Teil B. IV.-VI. der Frage nachgegangen, ob unter Anlehnung an die Streitgegenstandslehre von *Apostolos Georgiades* eine alternative Abgrenzung des Klagegrunds möglich ist, die überzeugendere Ergebnisse zur Folge hat. Wird ein konkretes Klageziel von verschiedenen Ansprüchen getragen, dann misst *Georgiades* dem Konkurrenzverhältnis zwischen diesen und den ihnen zugrunde liegenden Normen entscheidende Bedeutung für die Streitgegenstandsabgrenzung bei.

In Teil B. VI. der Darstellung werden daher die Konkurrenzen in den im Fokus der Arbeit stehenden kennzeichen- und wettbewerbsrechtlichen Fallgestaltungen beleuchtet. Insofern wird zunächst (Teil B. VI. 2. und 3.) untersucht, ob und gegebenenfalls inwiefern zwischen verschiedenen Vorschriften, die für die rechtliche Behandlung eines zu entscheidenden Sachverhalts infrage kommen, ein Rangverhältnis besteht, aufgrund dessen nachrangige Normen von vornherein von der Anwendung ausgeschlossen sind.

Besondere Aufmerksamkeit widmet die Untersuchung dabei der „Vorrangthese", die der BGH in seiner „MAC-Dog"-Entscheidung aus dem Jahr 1998 entwickelt hatte und der zufolge ein grundsätzlicher Vorrang markenrechtlicher Regelungen gegenüber solchen des Lauterkeitsrechts bestehen sollte. Diese Auffassung wird allerdings mittlerweile unter Berufung auf die unionsrechtliche „Richtlinie über unlautere Geschäftspraktiken" von verschiedenen Seiten – unter anderem vom BGH selbst – als insgesamt oder zumindest teilweise überholt angesehen, da die Richtlinie lauterkeitsrechtliche Regelungen beinhaltet, die auf im Kern kennzeichenrechtliche Sachverhalte Anwendung finden.

Steht damit fest, auf welche Vorschriften in den relevanten Konstellationen überhaupt zurückgegriffen werden kann, so kann anschließend in Teil B. VI. 4. untersucht werden, in welchem Konkurrenzverhältnis Ansprüche stehen, die auf diesen Normen beruhen und die im konkreten Einzelfall der Begründung eines einheitlichen Unterlassungsziels dienen. Unter Berücksichtigung insbesondere der Entstehungsgeschichte und des Normzwecks der unterschiedlichen Regelungen kann dabei beurteilt werden, ob sie gemeinsam bewertet werden können, weil sie nach *Georgiades* im Verhältnis der „Anspruchsnormenkonkurrenz" zueinander stehen, oder ob eine getrennte Bewertung angezeigt ist (*Georgiades*: „Anspruchskonkurrenz").

Nachdem so die Konkurrenzverhältnisse der verschiedenen Ansprüche sowie die der ihnen zugrunde liegenden Normen und damit die theoretischen Grundlagen der alternativen Streitgegenstandsabgrenzung feststehen, wird im besonderen Teil der Arbeit der Frage nachgegangen, ob diese Vorgehensweise auch in der prozessualen Praxis interessengerechte Ergebnisse ermöglicht. Dazu wird in Teil C. I. zunächst geklärt, welche Anforderungen an die Klagebegründung zu stellen sind und welchen Einschränkungen das Gericht bei seiner Entscheidungsfindung unterliegt. Daraufhin wird in Teil C. II. und III. der Arbeit untersucht, ob sich die erzielten Resultate bei den „Bewährungspunkten" der Streitgegenstandslehren und im weiteren Verlauf des Unterlassungsprozesses beweisen können. Anhand verschiedener Fallgestaltungen aus der jüngeren Rechtsprechung wird sodann in Teil C. IV. veranschaulicht, inwiefern die hier erläuterte Abgrenzungsmethode von der gegenwärtigen Auffassung abweichende Ergebnisse zur Konsequenz hat.

Im Mittelpunkt von Teil C. V. der Arbeit steht die Bewertung der gewonnenen Erkenntnisse. Dabei sind insbesondere die Kritikpunkte zu berücksichtigen, die der BGH in seiner „TÜV"-Rechtsprechung zum Anlass genommen hat, die bis dato unbeanstandete alternative Klagehäufung als unzulässig zu bewerten. So wird unter anderem untersucht, ob es als Verstoß gegen das Gebot der prozessualen Waffengleichheit anzusehen ist, wenn der Kläger sein einheitliches Klageziel auf mehrere unterschiedliche Begründungen stützen kann und ob eine solche Vorgehensweise dem Bestimmtheitsgebot von § 253 Abs. 2 Nr. 2 ZPO gerecht wird.

Der letzte Abschnitt des besonderen Teils (Teil C. VI.) widmet sich einer möglichen Übertragbarkeit der entwickelten Streitgegenstandsabgrenzung auf den vorläufigen Rechtsschutz. Einstweilige Verfügungen sind insbesondere zur Abwehr unlauterer Wettbewerbshandlungen von großer Relevanz, sodass die Frage, ob die für das ordentliche Verfahren angestellten Überlegungen auch darüber hinaus fruchtbar gemacht werden können, von großer praktischer Bedeutung ist.

# B. Allgemeiner Teil: Die Entwicklung des alternativen Streitgegenstands

## I. Die „Bewährungspunkte“ der Streitgegenstandslehren

### 1. Vorbemerkungen

Will man eine Streitgegenstandslehre auf ihre Brauchbarkeit überprüfen, so muss man zuerst ermitteln, wo der Streitgegenstand in der prozessualen Praxis von besonderer Bedeutung ist. In diesem Rahmen hat *Karl Heinz Schwab* bereits im Jahr 1954 in seinem Werk „Der Streitgegenstand im Zivilprozess“ bestimmte „Bewährungspunkte“ identifiziert.[19] Im Mittelpunkt des Zivilprozesses stehend muss sich der Streitgegenstand bei den Instituten der objektiven Klagehäufung, Klageänderung, Rechtshängigkeit sowie der Rechtskraft beweisen.[20] Da diese alle entscheidend von dem jeweiligen Umfang des prozessualen Anspruchs abhängen, kommt es hier besonders auf die Feststellung seiner Identität und seines Wesens an. Dementsprechend kann eine Streitgegenstandslehre überhaupt nur dann in Betracht gezogen werden, wenn sie im Rahmen dieser „Bewährungspunkte“ praxistaugliche Ergebnisse ermöglicht.

### 2. Objektive Klagehäufung

Gemäß § 260 ZPO können mehrere prozessuale Ansprüche des Klägers gegen denselben Beklagten in einer Klage verbunden werden.[21] Ausgenommen vom Anwendungsbereich der Vorschrift sind demnach Konstellationen, in denen ein einheitliches Klagebegehren lediglich mehrfach begründet wird.[22] Die Norm dient der Prozessökonomie, da sie einer doppelten Prozessführung entgegenwirkt.[23]

Objektive Klagehäufungen sind grundsätzlich zulässig, wenn das Prozessgericht für sämtliche Streitgegenstände sachlich und örtlich zuständig ist und dieselben Parteien beteiligt sind. Hinsichtlich der weiteren Anforderungen und Konsequenzen ist zwischen den verschiedenen Arten der Klagehäufung – der kumulativen, eventuellen und alternativen Klagehäufung – zu unterscheiden.

---

19 Schwab, Streitgegenstand, S. 73, 189; Hesselberger, Streitgegenstand, S. 206.

20 Schwab, Streitgegenstand, S. 3; Schwab, JuS 1965, 81, 81.

21 Von einer *subjektiven* Klagehäufung oder Streitgenossenschaft ist demgegenüber die Rede, wenn bei einer Klage auf Kläger- und/oder auf Beklagtenseite mehrere Personen als Partei beteiligt sind (Schilken, Zivilprozessrecht, Rn. 661). Mangels Bedeutung für diese Untersuchung ist ein Eingehen auf die subjektive Klagehäufung nicht angezeigt.

22 Zöller-*Greger*, ZPO, § 260 Rn. 1.

23 MüKoZPO-*Becker-Eberhard*, § 260 Rn. 2.

Von einer kumulativen Verbindung ist dann die Rede, wenn der Kläger mehrere Streitgegenstände nebeneinander geltend macht. Sofern sie nicht wieder durch Klagerücknahme der Entscheidung des Gerichts entzogen werden, ist über alle zu befinden.[24]

Bei der Eventualklagehäufung gibt der Kläger dem Gericht hingegen eine konkrete Prüfungsreihenfolge vor. Auf den nachrangig gestellten prozessualen Anspruch soll erst dann zurückgegriffen werden können, wenn der Kläger mit dem Prinzipalvorbringen nicht durchgedrungen ist.[25] Wie bei der kumulativen Klagehäufung werden auch hier zunächst alle Streitgegenstände rechtshängig. Allerdings steht die Rechtshängigkeit des nachrangigen unter der auflösenden Bedingung der Zuerkennung (oder Verwerfung) des Hauptanspruchs.[26] Einen Vorteil bietet die Eventualklagehäufung im Hinblick auf die Kosten. Während bei einer kumulativen Anordnung gemäß § 39 Abs. 1 GKG die Werte aller Streitgegenstände immer addiert werden, ist eine kostenmäßige Berücksichtigung eines hilfsweise geltend gemachten prozessualen Anspruchs gemäß § 45 Abs. 1 S. 2 GKG nur dann anzunehmen, wenn erstens eine Entscheidung über ihn ergeht, weil dem vorrangigen kein Erfolg beschieden war, und wenn er zweitens auch wirtschaftlich einen anderen Wert betrifft.[27] Ist von mehreren Ansprüchen im Sinne der Vorschrift auszugehen, dann sind deren separate Streitwerte allerdings nicht einfach zu addieren.[28] Vielmehr ist zunächst der Streitwert für den Hauptanspruch festzusetzen und anschließend unter Berücksichtigung des Angriffsfaktors der einzelnen Streitgegenstände und des Prüfungsaufwands des Gerichts eine angemessene Erhöhung vorzunehmen.[29] Im Ergebnis kann so mittels einer Eventualhäufung eine Kostenminimierung erreicht werden, indem der Streitgegenstand mit den größten Erfolgsaussichten an erster Stelle eingebracht wird.

Mit einer alternativen Klagehäufung hat man es schließlich zu tun, wenn der Kläger dem Gericht die Auswahl überlässt, auf welchen der mehreren eingebrachten

---

24 Schwab, Streitgegenstand, S. 76.

25 Seltener (bspw. im Fall der Stufenklage) ist die umgekehrte Konstellation, dass der nachrangige Anspruch an die Begründetheit des ersten anknüpft (Rosenberg/Schwab/Gottwald, Zivilprozessrecht, § 97 Rn. 19).

26 Rosenberg/Schwab/Gottwald, Zivilprozessrecht, § 97 Rn. 20.

27 BGH WRP 2014, 192, juris-Rz. 6 – *Streitwertaddition*; eingehend zur Thematik: Kodde, Streitgegenstand, S. 145 ff.

28 Das OLG Frankfurt (GRUR-RR 2012, 367, juris-Rz. 7 – *Streitwertaddition*), das vorübergehend für eine Addition der einzelnen Werte plädierte, hat diese Auffassung unter Berufung auf die zitierte BGH Rechtsprechung mittlerweile wieder ausdrücklich aufgegeben (OLG Frankfurt GRUR-RR 2014, 280, juris-Rz. 4 – *10%-Erhöhung*).

29 BGH WRP 2014, 192, juris-Rz. 9 – *Streitwertaddition*; OLG Köln WRP 2015, 239, juris-Rz. 34 – *Wetteronline*; Kodde, GRUR 2015, 38, 43; Labesius, GRUR-RR 2012, 317, 317 ff.; Da der Angriffsfaktor bei einem einheitlichen Unterlassungsantrag im Regelfall unverändert bleibe, sei eine Vervielfachung des Streitwerts des Hauptanspruchs grundsätzlich nicht gerechtfertigt (BGH WRP 2014, 192, juris-Rz. 9 – *Streitwertaddition*).

prozessualen Ansprüche es eine etwaige Verurteilung stützt. Die Rechtshängigkeit eines nicht herangezogenen, alternativ erhobenen Streitgegenstands wird durch den Ausspruch, mit welchem dem anderen Streitgegenstand stattgegeben wird, beseitigt.[30] Für die Gebührenberechnung kommt es dann darauf an, welcher der Entscheidung zugrunde gelegt wurde.[31]

Unstreitig anerkannte Anwendungsfälle der alternativen Klagehäufung sind dabei allein Konstellationen, in denen dem Schuldner (Beklagten) kraft materiellen oder Prozessrechts die Wahl zwischen verschiedenen Rechtsfolgen zugestanden wird.[32] Inwiefern sie darüber hinaus zulässig sein soll, wird nicht einheitlich beurteilt. Im allgemeinen Zivilprozess stößt sie durchweg auf Ablehnung von Rechtsprechung und h.L.[33] Demgegenüber soll insbesondere in Wettbewerbs- und Kennzeichenstreitigkeiten nach verschiedenen Auffassungen etwas anderes gelten, wenn der Kläger ein einheitliches Unterlassungsbegehren verfolgt, das er auf verschiedene Klagegründe stützt.[34] Während diese Vorgehensweise teilweise als ausnahmsweise zulässiger Fall einer alternativen Klagehäufung eingestuft wird[35], ordnen andere sie von vornherein nicht diesem Rechtsinstitut zu, sondern erachten sie lediglich als „alternative Klagebegründung", die nicht den strengen Anforderungen an eine alternative Klagehäufung unterliegt.[36] Seit dem höchstrichterlichen „TÜV I"-Beschluss wird die Praxis von der Rechtsprechung nun ohne Differenzierung als unzulässig bewertet.[37]

Dieser Auffassung ist zuzustimmen, wenn die unterschiedlichen Begründungen tatsächlich als selbstständige Streitgegenstände einzustufen sind.[38] Wenngleich ein Verstoß gegen den Bestimmtheitsgrundsatz zumindest zweifelhaft ist – schließlich wird dem Beklagten durch die Bezeichnung der zu unterlassenden Verhaltensweise

---

30 Henckel, Streitgegenstand, S. 291; BGH GRUR 2011, 521, juris-Rz. 6 – *TÜV I*; kritisch Schwab, Streitgegenstand, S. 85 f.

31 Schwippert, FS Loschelder, 345, 351.

32 Stein/Jonas-*Roth*, ZPO, § 260 Rn. 10; Zöller-*Greger*, ZPO, § 260 Rn. 5.

33 Baumbach/Lauterbach, ZPO, § 260 Rn. 7; Stein/Jonas-*Roth*, ZPO, § 260 Rn. 10; Thomas/Putzo-*Reichold*, ZPO, § 260 Rn. 3; Wieczorek/Schütze-*Assmann*, ZPO, § 260 Rn. 16 ff.; Zöller-*Greger*, ZPO, § 260 Rn.5.

34 Vgl. die Nachweise bei BGH GRUR 2011, 521, juris-Rz. 6 – *TÜV I.*

35 So noch *Köhler*/Bornkamm, UWG, 29. Aufl. 2011, § 12 Rn. 2.23a. Mittlerweile ist *Köhler* aber auf die Linie der Rechtsprechung umgeschwenkt (*Köhler*/Bornkamm, UWG, § 12 Rn. 2.23m).

36 Harte/Henning-*Brüning*, UWG, Vorb zu § 12 Rn. 28; Saenger-*Saenger*, ZPO, § 260 Rn. 15; v. Ungern-Sternberg GRUR 2011, 486, 491 ff.

37 BGH GRUR 2011, 521, juris-Rz. 8 ff. – *TÜV I.*

38 Hiervon geht etwa *Saenger* (Saenger, ZPO, § 260 Rn. 15) aus. Demgegenüber lehnt v*on Ungern-Sternberg* (GRUR 2011, 486, 491 ff., 493) zwar eine Mehrheit an Klagegründen und damit an Streitgegenständen ab, sieht aber im nachträglichen Einbringen eines weiteren Schutzrechts (welches er demselben Klagegrund zurechnet) gleichwohl eine Klageänderung nach § 263 ZPO.

doch verdeutlicht, wie er zukünftig rechtsgetreu handeln kann[39] – so ist jedenfalls das Prinzip der prozessualen Waffengleichheit beeinträchtigt. Dem Beklagten ist es nicht zuzumuten, dass er (insbesondere kostenmäßig) in vollem Umfang unterliegt, wenn lediglich einer der verschiedenen vom Kläger nach freiem Belieben und ohne zusätzliches Kostenrisiko eingebrachten prozessualen Ansprüche das Begehren trägt. Ob und inwiefern aber in den hier im Fokus stehenden Konstellationen überhaupt von einer Mehrheit an Streitgegenständen auszugehen ist, ist im weiteren Verlauf der Untersuchung festzustellen.

### 3. Klageänderung

Wird ein neuer Streitgegenstand statt des alten in den Prozess eingeführt, dann handelt es sich dabei gemäß § 263 ZPO um eine Klageänderung.[40] Danach ist eine Änderung der Klage nach Eintritt der Rechtshängigkeit zulässig, wenn entweder der Beklagte eingewilligt hat oder das Gericht sie für sachdienlich erachtet. Daneben ist die Vorschrift in der praktisch bedeutsamen Situation zu beachten, dass der Kläger nach Rechtshängigkeit einen weiteren prozessualen Anspruch einbringt.[41] Die dann vorliegende nachträgliche Klagehäufung ist nach h.M. nur zulässig, wenn sie den Anforderungen von sowohl § 260 ZPO als auch § 263 ZPO gerecht wird.[42] Die Klageänderung ermöglicht eine prozessökonomische Verfahrensführung der Parteien unter Berücksichtigung des Rechtsschutzanspruchs des Beklagten.[43] Aufgrund der Anknüpfung an den Streitgegenstand sind Konstellationen, in denen geändertes oder ergänztes Vorbringen die Identität des prozessualen Anspruchs unberührt lässt, von vornherein vom Anwendungsbereich ausgenommen.[44] Dies gilt auch für den Fall, dass der Kläger seinen Sachvortrag anfänglich beschränkt hat und im Laufe des Verfahrens ergänzende Aspekte zur Begründung seines Begehrens vorträgt, ohne dass hierdurch ein neuer bzw. anderer prozessualer Anspruch eingeführt wird.[45] Der mit einem umfassenden Vortrag korrelierenden Möglichkeit, zu einer vollständigen und alle relevanten Umstände berücksichtigenden Erledigung und Befriedung des Rechtsstreits zu gelangen, steht hier die Gefahr einer Prozessverschleppung oder einer Beeinträchtigung der Verteidigung des Beklagten gegenüber.[46] Letztlich handelt es sich dabei aber nicht um eine streitgegenstandsspezifische Fragestellung, sondern um ein grundsätzliches Problem, das durch eine konsequente Berücksichtigung der

---

39 Dazu ausführlich unter C. V. 2.

40 Thomas/Putzo-*Reichold*, ZPO, § 263 Rn. 1.

41 Dabei wird teilweise eine direkte und teilweise eine analoge Anwendung der Vorschrift vertreten (Stein/Jonas-*Roth*, ZPO, § 263 Rn. 11).

42 Stein/Jonas-*Roth*, ZPO, § 260 Rn. 3.

43 Stein/Jonas-*Roth*, ZPO, § 263 Rn. 1.

44 Schwab, Streitgegenstand, S. 105; Aus diesem Grund kann § 264 Nr. 1 ZPO nur deklaratorische Bedeutung beigemessen werden (Stein/Jonas-*Roth*, ZPO, § 264 Rn. 4).

45 Zöller-*Greger*, ZPO, § 263 Rn. 2.

46 Nikisch, Streitgegenstand, S. 77.

Verfahrensgrundsätze der Konzentrations- und Beschleunigungsmaxime sowie der Anwendung allgemeiner Verfahrensvorschriften (wie der Verspätungsregelungen der §§ 296, 296a ZPO oder dem weitgehenden Novenverbot in § 531 ZPO) zu lösen ist.[47]

Wirken sich die vorgenommenen Änderungen hingegen auf den ursprünglich erhobenen Streitgegenstand aus, dann müssen bestimmte Zulässigkeitsvoraussetzungen erfüllt sein. Sofern nicht einer der in § 264 Nr. 2 und Nr. 3 ZPO angeführten Fälle einer kraft Gesetzes stets zulässigen Klageänderung[48] anzunehmen ist, bedarf es entweder der Einwilligung des Beklagten oder aber der Feststellung der Sachdienlichkeit seitens des Gerichts.

Sachdienlich ist eine Klageänderung grundsätzlich dann, wenn sie dazu beiträgt, dass Zusammengehöriges in demselben Prozess verhandelt und nicht auseinandergerissen wird. Soweit möglich soll der sachliche Streitstoff zwischen den Parteien im Rahmen des anhängigen Prozesses ausgeräumt und weiteren Rechtsstreits vorgebeugt werden.[49] Anders ist dementsprechend zu urteilen, wenn ein völlig neuer Streitstoff eingeführt wird, für dessen Bewertung das Ergebnis der bisherigen Prozessführung nicht fruchtbar gemacht werden kann.[50]

## 4. Einrede der Rechtshängigkeit

Die Einrede der Rechtshängigkeit[51] ist nach § 261 III Nr. 1 ZPO begründet, wenn die Streitsache von einer Partei in einem anderen Prozess anhängig gemacht wird. Sie hat zur Konsequenz, dass die zweite Klage als unzulässig abzuweisen ist. Durch die mit dem Verbot bezweckte Vermeidung mehrfacher gleichzeitiger Prozessführung sollen die Verteidigungslast des Beklagten vermindert und einander widersprechende Urteile nach Möglichkeit verhütet werden.[52]

Da unter „Streitsache“ der prozessuale Anspruch zu verstehen ist, greift der Einwand der Rechtshängigkeit nur durch, wenn der Streitgegenstand beider Prozesse nach Gegenstand und Umfang identisch ist.[53] Ist dies nicht der Fall, dann kann § 261 Abs. 3 Nr. 1 ZPO keine Wirkung entfalten. Aufgrund der eindeutigen gesetzlichen Anordnung gilt das unabhängig davon, ob gleichwohl die Gefahr besteht, dass die

---

47 BGH GRUR 2013, 401, juris-Rz. 22 – *Biomineralwasser*; Büttner, FS Doepner, 107, 115; Vollkommer, BGHReport 2006, 743, 744.

48 Da es sich bei den beiden Alternativen – anders als bei § 264 Nr. 1 ZPO – grundsätzlich um Klageänderungen handelt, ist die Überschrift „Keine Klageänderung“ missverständlich (Rosenberg/Schwab/Gottwald, Zivilprozessrecht, § 99 Rn. 12).

49 Rosenberg/Schwab/Gottwald, Zivilprozessrecht, § 99 Rn. 19.

50 BGH NJW 2000, 800, juris-Rz. 38; Musielak/Voit-*Foerste*, ZPO, § 263 Rn. 7.

51 Entgegen der Bezeichnung als „Einrede“ ist eine entgegenstehende Rechtshängigkeit von Amts wegen zu berücksichtigen (Zöller-*Greger*, ZPO, § 261 Rn. 11).

52 Stein/Jonas-*Roth*, ZPO, § 261 Rn. 20.

53 Schwab, Streitgegenstand, S. 123.

begehrte Entscheidung mit einem in Rechtskraft erwachsenden Urteil eines anderen Verfahrens kollidiert.[54]

## 5. Materielle Rechtskraft

Gemäß § 322 Abs. 1 ZPO sind Urteile insofern der Rechtskraft fähig, als über den durch die Klage oder Widerklage entschiedenen Anspruch entschieden ist. Abzugrenzen ist die materielle Rechtskraft dabei zunächst von der formellen. Während letztere von § 705 ZPO geregelt wird und die Unabänderlichkeit einer gerichtlichen Entscheidung durch höhere Instanzen im Sinne der Unanfechtbarkeit bezweckt, geht erstere weiter.[55] Um Rechtsfrieden herzustellen, muss jeder Rechtsstreit einmal ein Ende finden, sind die Gerichte davor zu schützen, wegen eines bereits entschiedenen Streits erneut angegangen zu werden, und sind dem Ansehen der Rechtsprechung abträgliche, einander widersprechende Entscheidungen nach Möglichkeit zu verhindern. Diese Belange stehen hinter dem aus der materiellen Rechtskraft folgenden Verbot nochmaliger Verhandlung und Entscheidung („ne bis in idem") und der Bindung der Parteien an die Entscheidung.[56] Da im Rahmen der vorliegenden Untersuchung allein die materielle Rechtskraft von Relevanz ist, wird lediglich auf diese eingegangen.

„Anspruch" im Sinne des § 322 Abs. 1 ZPO ist der Streitgegenstand, über den die Entscheidung ergeht.[57] Objekt der materiellen Rechtskraft ist damit das Bestehen oder Nichtbestehen der geltend gemachten Rechtsfolge aufgrund des in das Verfahren eingebrachten Klagegrunds.[58] Die materielle Rechtskraft hat zwei Ausprägungen: Das Widerspruchs- und das Wiederholungsverbot. Ersteres zeigt sich bei dem Aspekt der Präjudizialität. Ist der Gegenstand – und nicht bloß eine Vorfrage – einer rechtskräftigen Entscheidung selbst Vorfrage in einem Folgeprozess, dann ist dessen Spruchkörper an die gerichtliche Bewertung im Erstverfahren gebunden und hat sie seinem Ausspruch ohne eigene Erkenntnismöglichkeit zugrunde zu legen.[59] Aufgrund des Wiederholungsverbots hingegen ist die materielle Rechtskraft negative Prozessvoraussetzung in einem zweiten Prozess. Eine Klagewiederholung über denselben Streitgegenstand (bzw. eine spiegelbildliche Klage auf das kontradiktorische Gegenteil) ist als unzulässig abzuweisen.[60] Dies gilt unabhängig davon, ob das Gericht beispielsweise eine einschlägige Anspruchsgrundlage übersehen oder einen Gesichtspunkt mangels entsprechenden Vortrags nicht berücksichtigt und daraufhin möglicherweise falsch entschieden hat. Denn erfasst werden alle

---

54 Stein/Jonas-*Roth*, ZPO, § 261 Rn. 21.
55 Rosenberg/Schwab/Gottwald, Zivilprozessrecht, § 149 Rn. 1 f.
56 Rosenberg/Schwab/Gottwald, Zivilprozessrecht, § 151 Rn. 1.
57 Stein/Jonas-*Leipold*, ZPO, § 322 Rn. 89.
58 Stein/Jonas-*Leipold*, ZPO, § 322 Rn. 94.
59 Schilken, Zivilprozessrecht, Rn. 1031.
60 MüKoZPO-*Gottwald*, § 322 Rn. 39 ff.; Rosenberg/Schwab/Gottwald, Zivilprozessrecht, § 154 Rn. 3.

materiell-rechtlichen und tatsächlichen Aspekte, die den jeweiligen prozessualen Anspruch ausfüllen.[61] Wird hingegen ein anderes Begehren verfolgt, als dies ursprünglich der Fall war, dann scheidet entgegenstehende Rechtskraft von vornherein aus.

## II. Die Theorien vom zivilprozessualen Streitgegenstand

### 1. Vorbemerkungen

Da eine schier unendliche Anzahl an verschiedenen Streitgegenstandslehren besteht und kaum eine Auffassung mit der anderen gänzlich übereinstimmt, würde eine vollständige Darstellung – vorausgesetzt dass sie überhaupt möglich ist – den Umfang dieser Untersuchung sprengen. Aus diesem Grund beschränken sich die Ausführungen auf eine Auswahl an prominenten und repräsentativen Theorien. Keine Berücksichtigung haben dabei zunächst die Lehren gefunden, nach denen der prozessuale mit dem materiellen Anspruch aus § 194 Abs. 1 BGB gleichzusetzen ist.[62] Dass dies kein gangbarer Weg ist, war früh erkannt worden. Schließlich hätte eine erfolglose Klage keinen Streitgegenstand gehabt, der materielle Anspruch könnte weder Gegenstand einer Feststellungsklage oder einer Gestaltungsklage sein und Fälle einer materiell-rechtlichen Anspruchskonkurrenz wären nicht befriedigend zu bewältigen.[63] So ist allen hier erörterten Lehren gemein, dass sie grundsätzlich einen rein prozessualen Ansatz verfolgen, um den Streitgegenstand zu bestimmen. Wie die folgenden Darlegungen zeigen werden, sind dennoch keineswegs alle Theorien von jeglichem materiell-rechtlichen Einfluss losgelöst.

Bei der Auseinandersetzung mit den verschiedenen Ansichten liegt der Fokus zudem auf deren Behandlung der Leistungs- bzw. des Unterfalls der Unterlassungsklage. Da letztere im Mittelpunkt dieser Untersuchung steht, erfolgt eine entsprechende Schwerpunktsetzung.

### 2. Die Streitgegenstandslehre von *Friedrich Lent*

#### *a) Inhalt*

*Friedrich Lent* hat seinen Anspruchsbegriff zunächst in der Abhandlung „Die Gesetzeskonkurrenz im bürgerlichen Recht und Zivilprozeß" beschrieben und anschließend über einen langen Zeitraum weiterentwickelt sowie mehreren Revisionen unterzogen.[64] Mag sein Streitgegenstand auch grundsätzlich prozessualer Natur sein, so wird er dennoch unter enger Anlehnung an das materielle Recht bestimmt. *Lent* identifiziert den prozessualen Anspruch als die vom Kläger

61 Schilken, Zivilprozessrecht, Rn. 1019.
62 Vgl. die Nachweise bei Habscheid, Streitgegenstand, S. 22 ff.
63 Hesselberger, Streitgegenstand, S. 102, 136; Stein/Jonas-*Roth*, ZPO, vor § 253 Rn. 8 f.
64 Lent, ZZP 57 (1933), 1 ff.; ders., ZZP 65 (1952), 315 ff.; ders., Jahrbuch, 206 ff.

behauptete, individualisierte, konkrete materielle Rechtsfolge.[65] Dementsprechend sei bei der Frage, ob eine Einheit oder Mehrheit an Ansprüchen vorliege, die äußerliche Einheit eines Klageantrags unbeachtlich.[66] Es komme vielmehr darauf an, ob dem Begehren ein materiell-rechtlicher Anspruch oder mehrere entsprächen. Dabei sei es unerheblich, ob der Kläger die verschiedenen materiellen Rechte zutreffend bezeichne oder keine Einordnung vornehme. Die rechtliche Qualifizierung setze juristische Kenntnisse voraus, weshalb sie dem Gericht überlassen bleiben müsse und ein entsprechender Irrtum der Parteien unschädlich sei.[67] Fordere der Kläger beispielsweise schlicht die Herausgabe eines gestohlenen Gegenstands vom Beklagten, so lasse sich dem zusammenhängenden Sachverhaltsvortrag sowohl eine Rechtsbehauptung hinsichtlich eines Herausgabeanspruchs aufgrund der Besitzentziehung als auch aufgrund des Eigentums entnehmen.[68] Nichts anderes gelte im häufig zitierten Schulfall des Fahrgastfalls, bei dem sich für den Verletzten eines Straßenbahnunglücks konkurrierende Schadensersatzansprüche aus Vertragsverletzung, unerlaubter Handlung sowie Gefährdungshaftung ergäben.[69] Von lediglich einer Rechtsbehauptung solle hingegen auszugehen sein, wenn die mehreren materiell-rechtlichen Ansprüche in Gesetzeskonkurrenz zueinander ständen.[70] Dies sei nach *Lent* beispielsweise dann anzunehmen, wenn eine Körperverletzung unter die §§ 823 Abs. 1, Abs. 2 und 826 BGB falle. Hier erwachse dem Kläger trotzdem nur ein Anspruch aus der einen unerlaubten Handlung, sodass nur ein Streitgegenstand zu bejahen sei.[71]

### *b) Lents Lehre im Prozessverlauf*

*Lents* materiell-rechtlich orientierte Streitgegenstandsabgrenzung bleibt bei den „Bewährungspunkten" nicht ohne Auswirkungen. Liegt wie in den oben angeführten Sachverhaltskonstellationen eine Anspruchskonkurrenz vor, dann geht er konsequenterweise von einer Anspruchshäufung aus, sodass das Gericht eine Entscheidung über alle dem Vortrag zu entnehmenden Rechtsfolgen zu treffen habe.[72]

---

65 Lent, Gesetzeskonkurrenz, Bd. 2, S. 20 ff.
66 Lent, ZZP 57 (1933), 1, 41.
67 Lent, ZZP 65 (1952), 315, 322 f.
68 Lent, ZZP 57 (1933), 1, 40.
69 Lent, Jahrbuch, 206, 210; Stein/Jonas-*Roth*, ZPO, vor § 253 Rn. 9; Zöller-*Vollkommer*, ZPO, Einl. Rn. 69.
70 Eingehend zur Gesetzeskonkurrenz unter B. IV. 2. c).
71 ZZP 65 (1952), 315, 331.
72 Er bezeichnet diese Konstellationen als „mehrdeutige Sachverhalte" (ZZP 57 (1933), 1, 43). In einer späteren Darstellung rückt *Lent* insofern von diesem strengen Grundsatz ab, als in Fällen, in denen es dem Kläger gleichgültig ist, auf welchen der verschiedenen im Raum stehenden materiell-rechtlichen Ansprüche das Gericht die Entscheidung stützt, auch nur ein Streitgegenstand anzunehmen sein soll (Lent, Jahrbuch, 206, 214 f.).

Welche konkreten Varianten der Klagehäufung *Lent* als zulässig erachtet, erläutert er nicht explizit. Unter Berücksichtigung seiner Ausführungen ist jedoch davon auszugehen, dass *Lent* allein die kumulative Klagehäufung im Sinn hat. So führt er aus, eine Partei (nicht bloß der Kläger) könne darauf bestehen, dass über zwei (oder mehr) Rechtsbehauptungen parallel verhandelt werde. Seien dann beide Streitgegenstände zugleich spruchreif, dann könne in der Entscheidung die Verurteilung des Beklagten aufgrund beider Ansprüche ausgesprochen oder die Klage unter Aberkennung beider abgewiesen werden. Sollte sich hingegen einer der materiellen Ansprüche als begründet und der andere als unbegründet erweisen, dann müsse die Verurteilung aufgrund des einen Anspruchs unter gleichzeitiger Aberkennung des anderen Anspruchs ergehen.[73]

Sei dem Kläger hingegen an einer bestimmten Reihenfolge gelegen, so ließe diese sich erreichen, wenn zunächst lediglich einer der Ansprüche eingebracht und gegebenenfalls im Wege der Klageänderung ein weiterer nachgeschoben werde.[74] Eine Lösungsmöglichkeit sieht er auch für die Konstellation, dass es dem Kläger allein auf die Verurteilung des Beklagten und nicht auf die Feststellung eines bestimmten Rechts ankomme; bei anderen Autoren ist dies ein Anwendungsfall der alternativen Klagehäufung. Nach *Lent* könne das Gericht „im Einvernehmen mit den Parteien" die Verhandlung zunächst auf den aussichtsreichsten Anspruch beschränken.[75] Sei dieser spruchreif und trage den begehrten Ausspruch, dann müsse über ihn per Teilurteil gemäß § 301 ZPO entschieden werden. Dies ändere aber nichts daran, dass der weitere Anspruch noch rechtshängig bleibe. Gehe man von der naheliegenden Voraussetzung aus, dass der Kläger anschließend kein Interesse mehr an einer Fortführung des Prozesses habe, dann könne er sich des verbleibenden Anspruchs über eine regelmäßig sowohl zustimmungsbedürftige als auch Kosten verursachende Klagerücknahme entledigen.[76]

Vom Vorliegen einer Klageänderung soll auszugehen sein, wenn der Kläger im Laufe des Prozesses seinen Antrag oder seine Ausführungen verändere und sich dies auf seine Rechtsbehauptung auswirke. Dies sei beispielsweise der Fall, wenn der Kläger zunächst auf Kaufpreiszahlung einer Weinlieferung geklagt habe, dann aber, nachdem sich während des Prozesses herausgestellt habe, dass der Vertrag unwirksam und der Wein zwischenzeitig getrunken worden sei, einen Bereicherungsanspruch geltend mache.[77]

Besondere Bedeutung misst *Lent* dabei dem Zustimmungserfordernis des Beklagten zu.[78] Ihm müsse es grundsätzlich zugestanden werden, durch Verweigerung

---

73 Lent, ZZP 57 (1933), 1, 70.
74 Lent, ZZP 57 (1933), 1, 75.
75 Lent, ZZP 57 (1933), 1, 69 f.
76 Lent, ZZP 57 (1933), 1, 72 f.
77 Lent, ZZP 63 (1943), 3, 9 ff.
78 Auch hier geht *Lent* später (Lent, Jahrbuch, 206, 209 f.) auf seine Kritiker zu und verweist auf die Möglichkeit des Gerichts, sachdienliche Klageänderungen trotz verweigerter Zustimmung zuzulassen.

seiner Zustimmung die Aberkennung eines vom Kläger zum Streitgegenstand gemachten Rechts zu erreichen.[79] Den Ansichten, die einen Wechsel von einer Rechtsbehauptung zu einer anderen ohne Weiteres für zulässig erachten, wirft er eine nicht zu rechtfertigende Benachteiligung des Beklagten vor. Der Kläger, der eine Rechtsbehauptung zur Stützung seines Antrags verwende, müsse das Risiko tragen, dass sie verneint werde.[80] Andernfalls sei dies eine „Risikolosigkeit des Klägers, die dem Beklagten gegenüber ein Unrecht ist".[81]

Behaupte der Kläger in mehreren Prozessen gleichzeitig dieselbe Rechtsfolge, dann könne dem grundsätzlich die Einrede der Rechtshängigkeit entgegengehalten werden. Umgekehrt sei dies konsequenterweise nicht der Fall, wenn es sich um verschiedene Rechtsbehauptungen handle. Dies gelte unabhängig davon, ob zwischen ihnen ein innerer Zusammenhang bestehe und/oder sie auf einem einheitlichen Sachverhalt beruhten.[82] Da in diesen Konstellationen einander widersprechende Entscheidungen nicht von vornherein auszuschließen seien, habe der Richter des nachfolgend angestrengten Verfahrens die Sache zum Zwecke einer gemeinsamen Verhandlung an das Gericht des Erstprozesses zu verweisen.[83]

Von Bedeutung ist *Lents* Auffassung auch im Hinblick auf die materielle Rechtskraft. Ziel des Prozesses sei die Feststellung der materiellen Rechtslage unter den Parteien.[84] Daher ergehe die Entscheidung nicht über das Klagebegehren, sondern über ein bestimmtes materielles Recht.[85] *Lents* Streitgegenstand deckt sich demnach nicht mit dem Urteilsgegenstand. Grund hierfür sei die prozessuale Rollenverteilung. Als Rechtsunkundigem obliege es dem Kläger lediglich, eine (konkrete materielle) Rechtsfolge zu behaupten und zu begründen. Demgegenüber habe der Richter im Wege der Subsumtion zu ermitteln, ob Normen des materiellen Rechts die Ableitung der vom Kläger behaupteten Rechtsfolge ermöglichten. So werde aus dem beliebig vom Kläger umgrenzten Sachverhalt der gesetzliche Tatbestand und aus der begehrten Rechtsfolge das rechtlich qualifizierte materielle Recht.[86]

### *c) Anwendung von Lents Lehre auf den TÜV-Sachverhalt*

Will man den TÜV-Sachverhalt mit *Lents* Streitgegenstand angehen, dann muss das Konkurrenzverhältnis der verschiedenen im Raum stehenden Unterlassungsansprüche klassifiziert werden. In dem Verfahren ging es um vier unterschiedliche Schutzrechte, die durch eine konkrete Verletzungshandlung beeinträchtigt wurden. Infolgedessen kamen zugunsten der Klägerin Unterlassungsansprüche wegen

79 Lent, ZZP 57 (1933),1, 68.
80 Lent, ZZP 57 (1933),1, 67 f.
81 Lent, ZZP 57 (1933),1, 50.
82 Lent, Jahrbuch, 206, 209.
83 Lent, Jahrbuch, 206, 210.
84 Lent, ZZP 57 (1933),1, 65.
85 Lent, Jahrbuch, 206, 210.
86 Lent, Jahrbuch, 206, 211.

identischer Kennzeichenverletzung (§ 14 II Nr. 1, V, § 15 II Alt. 1, IV MarkenG), wegen Verwechslungsgefahr (§ 14 II Nr. 2, V, § 15 II Alt. 2, IV MarkenG) und wegen einer Ausnutzung oder Beeinträchtigung der Unterscheidungskraft und der Wertschätzung bekannter Kennzeichen (§ 14 II Nr. 3, V, § 15 Abs. 4, IV MarkenG) infrage.[87] Unter der Prämisse, dass sämtliche Unterlassungsansprüche zur Anwendung kommen können, ist in dieser Konstellation nach *Lent* von einer Mehrheit an Rechtsbehauptungen und damit einer Mehrheit an Streitgegenständen auszugehen. Ist der Klägerin nicht an einer kumulativen Klagehäufung und insbesondere der hiermit verbundenen Kostenbelastung gelegen, dann stehen ihr allein die von *Lent* vorgezeichneten „Umwege" offen. So kann sie über eine nachträgliche Klageänderung dem Gericht eine Prüfungsreihenfolge vorgeben oder aber dem Gericht die Auswahl zwischen den Streitgegenständen überlassen und anschließend die übrigen noch rechtshängigen Ansprüche über eine kostenverursachende Klagerücknahme aus dem Prozess ausscheiden.

## 3. Die Streitgegenstandslehren von *Leo Rosenberg*[88] und *Arthur Nikisch*

### *a) Inhalt*

*Leo Rosenberg* und *Arthur Nikisch* haben ihre Streitgegenstandstheorien Anfang bis Mitte des 20. Jahrhunderts in verschiedenen Veröffentlichungen dargestellt. Sie gelten als Begründer der heute herrschenden Lehre vom zweigliedrigen Streitgegenstand.[89] Da die Abweichungen zwischen beiden Auffassungen überwiegend begrifflicher Natur sind, bei den wesentlichen Punkten aber weitgehende Übereinstimmungen bestehen, erscheint eine gemeinsame Behandlung als sachgerecht. Während *Rosenberg* den prozessualen Anspruch als ein auf rechtskraftfähige Feststellung einer Rechtsfolge gerichtetes „Begehren" sieht[90], erkennt *Nikisch* ihn in der „Rechtsbehauptung" des Klägers, über die er eine der Rechtskraft fähige Entscheidung begehrt[91]. Ihnen gemein ist hingegen, dass sich ihr Streitgegenstand aus Antrag und Sachverhalt (Klagegrund) zusammensetzt, die – grundsätzlich[92] – als

87 BGH GRUR 2011, 1043, juris-Rz. 28 – TÜV II.

88 Rosenberg hat seine Lehre vom Streitgegenstand zahlreichen Revisionen unterzogen. Zur Grundlage meiner Untersuchung wird die von ihm bis zur 3. Auflage seines Lehrbuchs vertretene Auffassung gemacht, bevor er sich dem eingliedrigen Streitgegenstandsbegriff seines Schülers Karl Heinz Schwab annäherte (vgl. Althammer, ZZP 123 (2010), 163, 167; Pohle, JR 1954, 436, 437).

89 Hesselberger, Streitgegenstand, S. 168.

90 Rosenberg, FS Schmidt, 256, 266.

91 Nikisch, Streitgegenstand, S. 19.

92 *Nikisch* ist dabei weniger konkret. Zwar erklärt er zunächst, dass der Streitgegenstand [nur] durch den Klageantrag bestimmt werde (Nikisch, Zivilprozessrecht, § 42 II 1). Dessen ungeachtet misst er auch dem Sachverhalt immer dann Bedeutung zu,

gleichberechtigte, bestimmende Bestandteile des Streitgegenstands aufzufassen sind.[93] Welche materiell-rechtlichen Ansprüche einem klageweisen Vorgehen hingegen entsprächen, sei demgegenüber unerheblich.[94] Keine Einigkeit besteht zwischen den beiden Autoren hinsichtlich der Frage, welche Kriterien für die Sachverhaltsabgrenzung maßgeblich sein sollen. Sie stimmen lediglich darin überein, dass nicht jede einzelne vom Kläger vorgebrachte Tatsache einen eigenen Klagegrund bilde. Dieser setze sich vielmehr aus einer Mehrzahl von Tatsachenbehauptungen zusammen, die „durch irgendein Band zu einem ‚Tatsachenkomplex' zusammengefasst werden".[95] So soll nach *Nikisch* dieses Band durch einen „einheitlichen Lebensvorgang" gezogen werden, *Rosenberg* spricht hingegen schlicht von der „Geschichtserzählung, d.h. der Erzählung des historischen Vorgangs" und überlässt die Bestimmung damit allein dem Kläger.[96]

### b) Nikischs und Rosenbergs Lehren im Prozessverlauf

Die Abhängigkeit des Streitgegenstands von sowohl Klageantrag als auch Klagegrund zeigt sich im Verlauf des Prozesses. Mehrere prozessuale Ansprüche und damit eine Klagehäufung seien anzunehmen, wenn entweder ein einheitlicher Antrag mit mehreren verschiedenen Sachverhalten begründet oder aufgrund desselben Sachverhalts verschiedene Anträge gestellt würden.[97] Vor diesem Hintergrund kommen beide Autoren im Fall des Straßenbahnunglücks zur Annahme nur eines prozessualen Anspruchs, werde hier doch ein einheitlicher Antrag lediglich auf verschiedene, aus einem Vorgang abgeleitete, rechtliche Gesichtspunkte (Haftung aus Vertragsverletzung, Delikt, Haftpflichtgesetz) gestützt.[98] Liege eine Mehrheit an Streitgegenständen vor, dann könne der Kläger diese zunächst sowohl kumulativ als auch eventualiter geltend machen. Eine alternative Klagehäufung solle hingegen nur unter bestimmten Voraussetzungen zulässig sein. Nach *Rosenberg* und *Nikisch* sei das jedenfalls dann möglich, wenn derselbe Antrag aus verschiedenen Vorgängen

---

wenn dieser „zur Individualisierung des Anspruchs" beitrage. Im Ergebnis sieht er den Klageantrag damit lediglich bei Klagen auf Feststellung eines absoluten Rechts als allein für die Kennzeichnung des Streitgegenstands maßgeblich an. Bei Leistungs- und Gestaltungsklagen hingegen greift er zur Individualisierung des prozessualen Anspruchs auch auf den zur Begründung vorgetragenen Sachverhalt zurück (vgl. Nikisch, Zivilprozessrecht, § 45 IV). Diese Einschränkung von *Nikischs* Lehre ist überall zu berücksichtigen, wo der Streitgegenstand in Erscheinung tritt. Aufgrund der im Rahmen dieser Untersuchung vorgenommenen Fokussierung auf die Leistungsklage wird in der Folge nicht weiter darauf hingewiesen.

93 Rosenberg, ZZP 57 (1933), 76, 79.

94 Nikisch, Streitgegenstand, 35 f.; Rosenberg, 3. Aufl. 1931, § 88 II 3 a α.

95 Nikisch, Streitgegenstand, 132.

96 Nikisch, Streitgegenstand, 133; Rosenberg, 3. Aufl. 1931, § 88 II 1 b).

97 Rosenberg, 3. Aufl. 1931, § 88 II 3 a β, § 93 I 1.

98 Rosenberg, 3. Aufl. 1931, § 88 II 3 a α; Nikisch, AcP 154 (1955), 269, 282.

begründet werde (*Nikisch*: [...] „der Kläger mehrere Ansprüche erhebt, die auf dieselbe Leistung gerichtet sind.").[99]

Für eine Klageänderung bedürfe es nach *Rosenberg* und *Nikisch* einer Änderung des prozessualen Anspruchs durch die Änderung von entweder Klageantrag oder Sachverhalt.[100] Dementsprechend müsse eine Klageänderung ausscheiden, wenn das erneuerte Vorbringen die Identität des Streitgegenstands unberührt lasse.[101]

Die Einrede der Rechtshängigkeit greife nur dann, wenn eine weitere Klageerhebung zwischen den Parteien des Ausgangsverfahrens sowohl denselben Klageantrag als auch denselben Klagegrund zum Inhalt habe. Ohne Bedeutung sei, ob der Kläger sein Begehren in dem zweiten Verfahren mit einem anderen materiell-rechtlichen Anspruch begründe.[102]

Die materielle Rechtskraft beziehe sich auf die Feststellung des Urteils, dass aus dem im Prozess ermittelten Sachverhalt ein Anspruch des im Antrag bezeichneten Inhalts hervorgegangen sei oder nicht.[103] Sie schließe daher zunächst Folgeverfahren aus, wenn diese das identische Begehren – abgeleitet aus demselben Vorbringen – zum Gegenstand hätten. Dies gelte unabhängig davon, ob zur Begründung eine abweichende materiell-rechtliche Anspruchsgrundlage angeführt werde. Darüber hinaus verhindere sie eine Klageerneuerung unter Berufung auf demselben Sachverhalt zuzurechnende Umstände, die bereits zum Zeitpunkt des Erstprozesses hätten geltend gemacht werden können.[104] Dementsprechend scheiden nach *Rosenberg* und *Nikisch* sowohl entgegenstehende Rechtshängigkeit als auch entgegenstehende materielle Rechtskraft aus, wenn der Kläger in dem Parallel- oder Folgeprozess einen anderen Antrag (gleich ob aus demselben Vorgang abgeleitet) stellt oder das identische Petitum auf einen anderen Sachverhalt stützt.

### *c) Anwendung von Nikischs und Rosenbergs Lehren auf den TÜV-Sachverhalt*

Wie erläutert ziehen *Nikisch* und *Rosenberg* für die Streitgegenstandsabgrenzung sowohl den Klageantrag als auch den vorgetragenen Sachverhalt heran. Unter der

99 Nikisch, Zivilprozessrecht, § 45 IV; Rosenberg, 3. Aufl. 1931, § 92 III 2; Wie die jeweils angeführten Beispiele belegen, haben beide Autoren dabei offensichtlich die gleichzeitige Geltendmachung eines Wechsel- und eines Kaufpreisanspruchs als primären Anwendungsfall vor Augen. *Rosenberg* erkennt die alternative Klagehäufung darüber hinaus an bei Klagen aus Alternativobligationen, wenn dem Schuldner die Ersetzungsbefugnis zustehe oder wenn der Kläger dem Beklagten gestatte, sich durch Bewirkung einer anderen als der geschuldeten Leistung zu befreien.

100 Nikisch, Zivilprozessrecht, § 48 I 3; Rosenberg, 3. Aufl. 1931, § 88 II 3 b β.

101 Nikisch, Streitgegenstand, S. 138; Rosenberg, ZZP 57 (1933), 76, 81 f.

102 Nikisch, Zivilprozessrecht, § 47 II 1; Rosenberg, 3. Aufl. 1931, § 88 II 3 b α.

103 Nikisch, Zivilprozessrecht, § 106 I 3; Rosenberg, 3. Aufl. 1931, § 156 II.

104 Nikisch, Zivilprozessrecht, § 107 I 2; Rosenberg, 3. Aufl. 1931, § 156 III 2.

Prämisse, dass ersterer in der TÜV-Konstellation im konkreten Unterlassungsbegehren zu sehen ist[105], kommt es entscheidend auf die Beurteilung des zugrunde liegenden Sachverhalts an. Die Klägerin wendete sich gegen drei verschiedene Aussagen, die im Rahmen einer einmal veröffentlichten Presseerklärung getätigt worden waren. Orientiert man sich streng an den Abgrenzungskriterien *Nikischs* und *Rosenbergs*, dann spricht viel dafür, dass beide hier lediglich einen Klagegrund und folglich einen Streitgegenstand annehmen, sodass die Frage einer zulässigen Anordnung einer Mehrzahl an prozessualen Ansprüchen erst gar nicht zu stellen ist. Unter der Prämisse, dass die Begründetheit des von der Klägerin behaupteten Unterlassungspetitums allein auf Grundlage der konkreten Handlung des Beklagten zu beurteilen ist, macht es keinen Unterschied, ob man wie *Nikisch* den „einheitlichen Lebensvorgang" oder wie *Rosenberg* den „historischen Vorgang" als für die Abgrenzung des Klagegrunds maßgeblich erachtet. Dies gilt konsequenterweise unabhängig davon, ob die Klägerin ihr Petitum lediglich aus einem oder aus mehreren unterschiedlichen Schutzrechten oder einer Einzahl oder Mehrzahl an materiell-rechtlichen Unterlassungsansprüchen hergeleitet hat.

Eine vom BGH abweichende Behandlung des Falls ergibt sich aber auch dann, wenn dem klägerischen Vorgehen mehrere Klagegründe entsprechen, sei es, weil die Klägerin ihr Begehren auf verschiedene gleichartige oder unterschiedliche Vorgänge gestützt hätte, sei es, weil die mehreren Schutzrechte oder materiell-rechtlichen Ansprüche doch als separate Klagegründe einzustufen wären. Da sowohl *Nikisch* als auch *Rosenberg* anders als der BGH ein Vorgehen im Wege der alternativen Klagehäufung als zulässig erachten, wenn zur Begründung eines einheitlichen Klageziels eine Mehrzahl von Klagegründen eingebracht wird, kann dem Gericht in dieser Konstellation die Auswahl des heranzuziehenden Streitgegenstands überlassen werden.

## 4. Die Streitgegenstandslehre von *Karl Heinz Schwab*

### *a) Inhalt*

*Karl Heinz Schwab* hat den eingliedrigen Streitgegenstand in seiner Schrift „Der Streitgegenstand im Zivilprozess" entwickelt. Er identifiziert diesen als das „Begehren der im Klageantrag bezeichneten gerichtlichen Entscheidung".[106] Bei der Beurteilung, ob eine Einheit oder Mehrheit an prozessualen Ansprüchen vorliege, komme es dementsprechend allein darauf an, ob der Kläger einen oder mehrere Anträge stelle und so eine Einzahl oder Mehrzahl an gerichtlichen Entscheidungen begehre. Kein Bestandteil des Streitgegenstands sei der zur Begründung vorgetragene Sachverhalt. Solange der Kläger also dieselbe Entscheidung begehre, sei es unschädlich, wenn er sich auf mehrere tatsächliche Vorgänge stütze. Allerdings spricht *Schwab* dem Sachverhalt im Rahmen seiner Lehre nicht jegliche Bedeutung ab. So gesteht er dem Kläger zunächst ein Dispositionsrecht im Hinblick auf die der

105 Vgl. hierzu ausführlich B. V.
106 Schwab, Streitgegenstand, S. 199.

Entscheidung zugrunde zu legenden tatsächlichen Aspekte zu.[107] Er müsse nicht nur entscheiden können, welche Sachverhalte er zur Begründung seines Antrags überhaupt vortrage, sondern darüber hinaus auch die Möglichkeit haben auszuwählen, ob der Ausspruch auf alle eingebrachten Gesichtspunkte gleichzeitig zu stützen sei oder das Gericht diese in einer vorgegebenen Reihenfolge zu prüfen habe.[108] Da dem Gericht demgegenüber die materiell-rechtliche Beurteilung des einheitlichen Sachverhalts obliege, scheide eine Dispositionsbefugnis des Klägers über die heranzuziehenden, einzelnen Anspruchsnormen aus.[109]

Darüber hinaus sei der Sachverhalt insofern von Belang, als er bei mehrdeutigen Anträgen die Abgrenzung ermögliche, ob eine oder mehrere Entscheidungen begehrt würden und folglich eine Einzahl oder Mehrzahl an Streitgegenständen vorliege.[110] Dies sei immer dann vonnöten, wenn eine Klage auf die Leistung einer Gattungs- oder Geldschuld gerichtet sei.[111] Allein die äußere Form des Antrags gebe in diesen Fällen keine Auskunft über das konkrete Begehren des Klägers.

Ebenso wenig komme es bei der Streitgegenstandsbestimmung auf materiell-rechtliche Aspekte an. Diese stellten allein rechtliche Gesichtspunkte dar. Da lediglich eine Leistung begehrt werde, ändere beim Fahrgastfall auch die Mehrzahl an materiell-rechtlichen Ansprüchen nichts daran, dass lediglich ein prozessualer Anspruch anzunehmen sei.[112]

### *b) Schwabs Lehre im Prozessverlauf*

Die Auswirkungen von *Schwabs* Streitgegenstandsabgrenzung zeigen sich bei den „Bewährungspunkten" des Prozesses. Da der Klageantrag für die Bestimmung des prozessualen Anspruchs als allein maßgeblich anzusehen sei, liege keine Klagehäufung vor, wenn ein konkretes Begehren mit verschiedenen materiell-rechtlichen oder tatsächlichen Gesichtspunkten begründet werde. Dies soll nach *Schwab* in sämtlichen Fällen einer materiellen Anspruchskonkurrenz anzunehmen sein, beispielsweise wenn der Kläger einen bestimmten Betrag einklage und sich dazu sowohl auf einen Kaufvertrag als auch darüber hinaus auf von diesem zeitlich losgelöst abgegebene Wechsel oder Schuldanerkenntnisse berufe.[113] Liege hingegen eine Mehrheit an Anträgen und damit Streitgegenständen vor, dann komme sowohl eine kumulative als auch – sofern zwischen den beiden Anträgen ein rechtlicher und wirtschaftlicher Zusammenhang bestehe – eine eventuelle Anordnung infrage.[114] Demgegenüber sieht *Schwab* für die alternative Klagehäufung nur einen sehr

107 Schwab, Streitgegenstand, S. 98 f.
108 Schwab, Streitgegenstand, S. 100.
109 Schwab, Streitgegenstand, S. 101.
110 Schwab, Streitgegenstand, S. 87.
111 Schwab, Streitgegenstand, S. 91.
112 Schwab, Streitgegenstand, S. 93, 151.
113 Schwab, Streitgegenstand, S. 126 f.
114 Schwab, Streitgegenstand, S. 76, 83.

eingeschränkten Anwendungsbereich. Als zulässig erachtet er diese allein in den Fällen der Wahlschuld, der Ersetzungsbefugnis oder wenn der Kläger dem Beklagten gestatte, sich durch Bewirkung einer anderen als der geschuldeten Leistung zu befreien.[115]

Eine Klageänderung liege nur dann vor, wenn der Kläger seinen Antrag ändere oder seinem bisherigen Antrag einen neuen hinzufüge, wenn er also etwas anderes oder neben dem Alten etwas Neues begehre.[116] Änderungen oder Ergänzungen des Vortrags, die den ursprünglichen Antrag unangetastet ließen, unterlägen keinem Zustimmungs- oder Sachdienlichkeitserfordernis. Auch insofern könne der Sachverhalt lediglich bei der Beantwortung der Frage behilflich sein, ob eine Identität des prozessualen Anspruchs gegeben sei oder nicht.[117]

Die Einrede der Rechtshängigkeit greife bereits dann, wenn der Kläger in einem neuen Prozess denselben Antrag wie in einem noch schwebenden Prozess stelle.[118] Eine Verbindung der Verfahren gemäß § 147 ZPO hätte dann eine „Verschmelzung" der beiden prozessualen Ansprüche zu einem zur Folge.[119] Da dem Sachverhalt bei der Streitgegenstandsbestimmung keine Bedeutung zukomme, sei es dem Kläger verwehrt, dasselbe Begehren unter Berufung auf einen anderen Vorgang (oder einen anderen materiellen Anspruch) in einem weiteren Verfahren gerichtlich geltend zu machen.[120]

In Rechtskraft erwachse nach *Schwab* nicht der Streitgegenstand selbst, sondern vielmehr die Entscheidung über diesen. Rechtskräftig werde demnach der Ausspruch, „dass der geltend gemachte prozessuale Anspruch auf Grund des im Tatbestand des Urteils enthaltenen Prozessstoffs kraft der Feststellung des erheblichen Sachverhalts und der Anwendung des materiellen Rechts auf diesen Sachverhalt begründet oder nicht begründet sei."[121] Dies habe aber keine Erstreckung auf festgestellte Tatsachen, präjudizielle Rechtsverhältnisse oder materielle Ansprüche zur Konsequenz.[122] Denn Gegenstand der Rechtskraft sei allein der Subsumtionsschluss des Gerichts als ganzer und nicht seine Glieder.[123]

Liege eine rechtskräftige Entscheidung vor, dann hindere diese den Kläger zunächst daran, eine neue Klage mit demselben Antrag auf im ersten Verfahren zwar vorgetragene aber unberücksichtigt gebliebene Sachverhalte oder materielle

115 Schwab, Streitgegenstand, S. 84, 86 Anm. 1.
116 Schwab, Streitgegenstand, S. 110 f., 116.
117 Schwab, Streitgegenstand, S. 116 f.
118 Schwab, Streitgegenstand, S. 123.
119 Schwab, Streitgegenstand, S. 124.
120 Schwab, Streitgegenstand, S. 126 f.
121 Schwab, Streitgegenstand, S. 145 f.
122 Dies hindert *Schwab* (Schwab, Streitgegenstand, S. 142) aber nicht daran, einen materiell-rechtlichen Anspruch, auf den das Gericht seine Entscheidung gestützt hat, als „rechtskräftig festgestellt" i.S.d. § 218 Abs. 1 S. 1 BGB a.F. (§ 197 Abs. 1 Nr. 3 BGB) zu qualifizieren.
123 Schwab, Streitgegenstand, S. 148.

Ansprüche zu stützen.[124] Mit neuen Tatsachen sei er hingegen nur ausgeschlossen, wenn diese eine abweichende Feststellung des rechtskräftig entschiedenen Sachverhalts der ersten Entscheidung zum Ziel hätten.[125] Demgegenüber könne er sich auf Umstände berufen, solange diese mit dem Verfahrensstoff des Erstprozesses nicht im Zusammenhang ständen.[126] Das gelte unabhängig davon, ob der Kläger die Tatsachen bereits im ersten Verfahren hätte vortragen können.

### *c) Anwendung von Schwabs Lehre auf den TÜV-Sachverhalt*

Geht man an die TÜV-Konstellation mit der *Schwab'schen* Streitgegenstandslehre heran, dann hat dies eine deutliche Vereinfachung der Verfahrensstruktur zur Folge. In dem Verfahren beantragte die Klägerin, der Beklagten eine konkrete Verhaltensweise zu untersagen. Dieses bestimmte Leistungs-/Unterlassungsbegehren stützte sie auf verschiedene ihr zustehende Schutzrechte und auf diesen beruhende materiell-rechtliche Unterlassungsansprüche. Wie dargestellt ist nach *Schwab* vom Vorliegen lediglich eines Streitgegenstands immer dann auszugehen, wenn der Kläger einen Antrag stellt, diesen aber auf mehrere unterschiedliche Gesichtspunkte stützt. Unterstellt man auch hier, dass das konkrete Unterlassungsbegehren als ein einheitlicher Klageantrag aufzufassen ist, so ist lediglich ein prozessualer Anspruch anzunehmen.

Zwar besteht für die Klägerin damit aus Zulässigkeitsgründen keine Notwendigkeit, dem Gericht die verschiedenen Rechte oder Ansprüche in einer bestimmten Prüfungsreihenfolge zu präsentieren. Davon losgelöst ist aber die Frage zu beantworten, ob der Klägerin die Dispositionsbefugnis zugestanden werden muss, darüber zu entscheiden, ob die eingebrachten Schutzrechte gleichrangig oder in einer vorgegebenen Reihenfolge geprüft werden sollen. Dies ist abhängig davon, ob die verschiedenen Schutzrechte lediglich als materiell-rechtliche oder aber als tatsächliche Gesichtspunkte einzustufen sind. Aufgrund ihrer voneinander abweichenden Entstehungstatbestände könnte Letzteres der Fall sein, sodass der Klägerin das Dispositionsrecht zustehen würde.[127]

## 5. Die Streitgegenstandslehre von *Walther Habscheid*

### *a) Inhalt*

*Walther Habscheid* hat in seiner Habilitationsschrift „Der Streitgegenstand im Zivilprozess und im Streitverfahren der freiwilligen Gerichtsbarkeit" seinen Streitgegenstand beschrieben. Er definiert diesen als die „Rechtsbehauptung des Klägers, ihm sei in dem eingeschlagenen Verfahren die begehrte Rechtsfolge aufgrund eines

124 Schwab, Streitgegenstand, S. 154.
125 Schwab, Streitgegenstand, S. 171.
126 Schwab, Streitgegenstand, S. 167.
127 Vgl. B. VI. 2. a).

bestimmten Sachverhalts zuzusprechen".[128] Nach *Habscheid* wird der Streitgegenstand bei allen Klagen gleichberechtigt sowohl aus Antrag als auch aus Sachverhalt bestimmt.[129] Er kann als Weiterentwicklung der zweigliedrigen Lehre gesehen werden, da er diese als Grundlage nimmt und um eigene Elemente ergänzt.[130]

Bei der Auseinandersetzung mit den Auffassungen *Nikischs* und *Rosenbergs* diskutiert er vertieft die Frage, ob der prozessuale Anspruch als „Begehren" zu sehen sei, mit dem sich der Kläger an das Gericht wende, oder als „Rechtsbehauptung", die gegenüber dem Beklagten aufgestellt werde und über deren Richtigkeit das Gericht zu entscheiden habe.[131] Das „Begehren" als Streitgegenstand kranke daran, dass es nicht mit den §§ 306, 307 ZPO in Einklang zu bringen sei.[132] Während ein „Verzicht auf den Anspruch" (§ 306 ZPO) einer Klagerücknahme nach § 271 ZPO entsprechen würde, wäre die Möglichkeit eines Anerkenntnisses nach § 307 ZPO denknotwendig ausgeschlossen, da sich die Vorschrift explizit an den Beklagten und nicht an das Gericht richte. Diese Probleme ließen sich umgehen, sehe man den Streitgegenstand in der an den Beklagten gerichteten „Rechtsbehauptung". Dieser Auffassung wurde jedoch entgegengehalten, dass sie das Rechtsschutzziel des Klägers, sprich die von ihm geltend gemachte Rechtsschutzform, nicht beinhalte. Die Rechtsbehauptung sei bei einer Leistungsklage und der entsprechenden Feststellungsklage identisch.[133] Einer Leistungsklage, die auf eine Feststellungsklage folge, stünde mithin die Rechtshängigkeit bzw. nach Abschluss des Verfahrens die Rechtskraft entgegen.

*Habscheid* geht einen Mittelweg. Zwar schließt er sich *Nikischs* Ansicht dahingehend an, dass Streitgegenstand nur die „Rechtsbehauptung" sein könne.[134] Darüber hinaus vertritt er jedoch die Auffassung, dass die Rechtsschutzform zwingend Bestandteil der „Rechtsbehauptung" sei. Wie unter anderem § 322 Abs. 2 BGB belege, seien die Schöpfer der Zivilprozessordnung davon ausgegangen, dass die Voraussetzungen, unter denen eine Klage zu erheben sei, im Bürgerlichen Gesetzbuch geregelt sein müssten.[135] Aus diesen Erkenntnissen folgert *Habscheid*, dass die Rechtsbehauptung zweigeteilt sei und neben der „Rechtsfolgenbehauptung" auch die „Verfahrensbehauptung" beinhalte. *Habscheids* Streitgegenstand ist damit faktisch dreigliedrig.[136] Bei der „Rechtsfolgenbehauptung" differenziert er wiederum weiter zwischen einer „allgemeinen" und einer „konkreten Rechtsfolgenbehauptung". Während erstere auf

---

128 Habscheid, Streitgegenstand, S. 221 f.
129 Habscheid, Streitgegenstand, S. 199.
130 Hesselberger, Streitgegenstand, S. 141 f.
131 Habscheid, Streitgegenstand, S. 132 ff.
132 Habscheid, Streitgegenstand, S. 137.
133 Habscheid, Streitgegenstand, S. 134.
134 Habscheid (Streitgegenstand, S. 138): „Jede Streitgegenstandsdefinition, die in dem gegen das Gericht gerichteten Urteilsbegehren den Gegenstand des Anspruchs erblickt, [tut] dem Wortlaut und der Struktur unseres Prozesses Gewalt [an]".
135 Habscheid, Streitgegenstand, S. 139 f.
136 Hesselberger, Streitgegenstand, S. 197.

eine nur dem Inhalt nach bestimmte Rechtsfolge gerichtet sei, ziele die „konkrete Rechtsfolgenbehauptung" auf einen konkreten materiell-rechtlichen Anspruch ab. Zulässig solle sie jedoch nur sein, wenn sie entweder gesetzlich vorgesehen sei oder der Kläger dafür ein Rechtsschutzbedürfnis nachweisen könne.[137] Letzteres liege jedoch allein in den sehr seltenen Konstellationen vor, in denen das Gericht im Falle einer „unkonkreten" Verurteilung auf qualitativ unterschiedliche Ansprüche zurückgreifen könne und deshalb die Gefahr bestehe, dass es der Klage aus einem rechtlichen Gesichtspunkt stattgebe, der für den Kläger unerwünschte Nebenfolgen mit sich bringe.[138] Dementsprechend würden die verschiedenen Anspruchsnormen, die zur Begründung eines Begehrens herangezogen werden können, grundsätzlich keine Rolle bei der Abgrenzung des Streitgegenstands spielen. Mit der „Verfahrensbehauptung" mache der Kläger demgegenüber geltend, dass ihm die beanspruchte Rechtsfolge im eingeschlagenen Verfahren zugesprochen werden müsse.[139] Sie beziehe sich aber nicht ausschließlich auf die Rechtsform, vielmehr zählten sämtliche Zulässigkeitsvoraussetzungen der Klage dazu.[140] Im Ergebnis betreffe das Urteil über die Verfahrensbehauptung damit die Zulässigkeit, das über die Rechtsfolgenbehauptung die Begründetheit der Klage.[141]

Bei der Abgrenzung des Sachverhalts tendiert *Habscheid* mehr in Richtung von *Nikisch* denn von *Rosenberg*. Auch er zieht den „Lebenssachverhalt" dem „historischen Ereignis" vor.[142] Bei der Beurteilung, was denn als „Lebenssachverhalt" anzusehen sei, beschreitet er hingegen einen eigenen Weg, nimmt eine weitere Untergliederung vor und differenziert zwischen den von ihm so bezeichneten „Dauerlebenssachverhalten" und „Rechtsgeschäften des täglichen Lebens".[143] Unter erstere fasst er unter anderem den Eheauflösungsprozess, die Klage auf Aufhebung eines Mietverhältnisses, die Kündigungsschutzklage oder die Klage eines Gesellschafters einer Zwei-Mann-OHG auf Geschäftsübernahme aus § 142 HGB a.F.[144] All diesen Rechtsverhältnissen sei gemein, dass man den Klagegrund weit fassen müsse, wolle man nicht den „Lebenszusammenhang auseinanderreißen".[145] Dementsprechend wird das „Mietverhältnis als Ganzes" „in seinem notleidenden Zustand", die „Ehe in ihrem notleidenden Zustand", die „Gesellschafterbeziehungen der Parteien" oder das „notleidende Arbeitsverhältnis" als maßgeblicher Lebenssachverhalt erachtet.[146]

Anders sei bei den „Rechtsgeschäften des täglichen Lebens" zu urteilen. Hier zeige die „Verkehrsanschauung, ob Einheit oder Mehrheit der Lebensverhältnisse"

137 Habscheid, Streitgegenstand, S. 154 ff, 183.
138 Habscheid, Streitgegenstand, S. 176 f.
139 Habscheid, Streitgegenstand, S. 147.
140 Habscheid, Streitgegenstand, S. 147.
141 Habscheid, Streitgegenstand, S. 149.
142 Habscheid, Streitgegenstand, S. 208 ff.
143 Habscheid, Streitgegenstand, S. 215.
144 Habscheid, Streitgegenstand, S. 210 ff.
145 Habscheid, Streitgegenstand, S. 215.
146 Habscheid, Streitgegenstand, S. 210 f.; 214 f.

vorliege, der Klagegrund sei enger einzugrenzen.[147] Ein Sachverhalt liege beispielsweise im bereits dargestellten Fall der Weinlieferung vor, bei welcher der Kläger zunächst auf Kaufpreiszahlung geklagt habe, dann aber einen Bereicherungsanspruch geltend mache.[148] Unabhängig davon, zu welchem Zeitpunkt sie stattgefunden hätten, müssten Bestellung, Lieferung und Verbrauch der Ware in dieser Konstellation zusammen betrachtet werden. Berufe sich der Kläger hingegen gleichzeitig auf einen Wechsel und das dazugehörige Grundgeschäft, dann seien zwei Lebenssachverhalte anzunehmen, da der Verkehr die Wechselbegebung als etwas Selbstständiges betrachte.[149]

### b) Habscheids Lehre im Prozessverlauf

Da *Habscheid* wie *Nikisch* und *Rosenberg* sowohl Antrag als auch Sachverhalt zur Streitgegenstandsbestimmung heranzieht, erzielt er bei den „Bewährungspunkten" überwiegend vergleichbare Ergebnisse.

Von einer Klagehäufung sei auszugehen, wenn der Kläger entweder mehrere Rechtsbehauptungen aufstelle oder zur Begründung eine Mehrheit an Sachverhalten einbringe.[150] Bei der Frage nach der zulässigen Anordnung der verschiedenen Streitgegenstände müsse weiter differenziert werden. Liege eine Mehrheit an Rechtsfolgenbehauptungen vor, dann stehe dem Kläger grundsätzlich[151] sowohl eine kumulative als auch eine eventuelle Häufung offen. Eine alternative Klagehäufung scheide hingegen aufgrund eines Verstoßes gegen das Bestimmtheitsgebot aus § 253 Abs. 2 Nr. 2 ZPO aus.[152] Anders sei zu urteilen, wenn mehrere Sachverhalte der Begründung einer einzigen Rechtsbehauptung dienten. In diesen Konstellationen begehre der Kläger lediglich einen gerichtlichen Ausspruch, sodass ihm regelmäßig das Rechtsschutzinteresse sowohl an einer kumulativen als auch an einer Eventualklagehäufung abzusprechen sei.[153] Als zulässig und sachgerecht erkennt er aber ein Vorgehen im Wege der alternativen Klagehäufung an.[154] Der Richter könne sich den Klagegrund aussuchen, der mit dem geringsten Aufwand an Beweismitteln die Klage trage. Zudem sei keine Unsicherheit im Prozess zu befürchten. Während der Richter im Falle alternativer Rechtsbehauptungen nicht wüsste, was er zusprechen

147 Habscheid, Streitgegenstand, S. 215.
148 Habscheid, Streitgegenstand, S. 207.
149 Habscheid, Streitgegenstand, S. 215.
150 Habscheid, Streitgegenstand, S. 236, 250 f.
151 Eine kumulative Häufung mehrerer auf dasselbe Hauptziel gerichteter konkreter Rechtsfolgebehauptungen sei dem Kläger mangels Rechtschutzinteresses verwehrt (Habscheid, Streitgegenstand, S. 247).
152 Habscheid, Streitgegenstand, S. 254.
153 Habscheid, Streitgegenstand, S. 251 f.
154 Habscheid, Streitgegenstand, S. 255.

solle, habe er bei der alternativen Häufung von Lebenssachverhalten lediglich die Wahl, aus welchem er dem eindeutig bestimmten Begehren stattgebe.[155]

Nach *Habscheid* liegt eine Klageänderung vor, wenn Klagegegenstand (Rechtsbehauptung) und/oder Klagegrund (Lebenssachverhalt) geändert werden. Letzteres sei insbesondere dann der Fall, wenn der Kläger seine Klage erst auf Kauf und dann auf Anerkenntnis stütze, nicht aber, wenn er zur Begründung seines Begehrens zunächst einen Anspruch aus § 823 BGB und danach einen aus § 839 BGB anführe oder wenn er erst einen Anspruch aus Erfüllung und dann aus Schadensersatz wegen Nichterfüllung geltend mache.[156]

Die Rechtshängigkeitseinrede greife durch, wenn in den anhängigen Verfahren beide Glieder des Streitgegenstands, also Rechtsbehauptungen und Lebenssachverhalte, identisch seien.[157] Die Verfahrensbehauptung der Leistungsklage beinhalte die der Feststellungsklage, sodass eine anhängige Leistungsklage einer entsprechenden Feststellungsklage entgegenstehe. Da es nicht auf die jeweiligen Parteirollen ankomme, gelte nichts anderes, wenn in dem weiteren Verfahren eine negative Feststellungsklage umgekehrten Rubrums erhoben würde.[158] Demgegenüber spräche allein aus Rechtshängigkeitsgesichtspunkten nichts dagegen, wenn ein Kläger zunächst eine Feststellungs- und anschließend eine Leistungsklage erhebe. Da ein solches Vorgehen jedoch als unangemessene Inanspruchnahme der staatlichen Rechtspflegeeinrichtungen anzusehen sei, müsse dem Kläger das Rechtsschutzinteresse daran abgesprochen werden.[159]

Aus dem Wortlaut von § 322 Abs. 1 ZPO folgert *Habscheid*, dass die materielle Rechtskraft nur so weit reiche, als quantitativ über den Streitgegenstand entschieden sei. Dies führe zum einen dazu, dass ein Kläger, entscheide das Gericht nur über einen Teil des Anspruchs, nicht hinsichtlich des übriggebliebenen Teils gebunden sei. Darüber hinaus habe es zur Konsequenz, dass die materielle Rechtskraft keine Gesichtspunkte erfasse, die dem Richter nicht zur Entscheidung unterbreitet worden seien. Denn „insoweit“ sei über den der Klage zugrunde liegenden Lebenssachverhalt nicht entschieden.[160] Mit neuem, zum Zeitpunkt des Erstprozesses bereits vorhandenem Vorbringen sei der Kläger dann in einem anschließenden Verfahren nicht aufgrund der Rechtskraft, sondern präklusionsbedingt ausgeschlossen. Aus §§ 323 Abs. 2, 580 und 767 Abs. 2 ZPO sei der allgemeine Rechtsgedanke abzuleiten, dass nur eine Veränderung des Klagegrunds infolge eines Eintretens neuer Tatsachen nach der letzten Tatsachenverhandlung den Weg zu einer zweiten Sachentscheidung

155 Habscheid, Streitgegenstand, S. 257 f.

156 Habscheid, Streitgegenstand, S. 266 ff.; Ausnahmsweise begründe ein Übergang von einer Norm zu einer anderen doch eine Klageänderung, wenn der Kläger eine konkrete Rechtsfolgenbehauptung erhoben habe (Habscheid, Streitgegenstand, S. 262 ff.).

157 Habscheid, Streitgegenstand, S. 269.

158 Habscheid, Streitgegenstand, S. 270 ff.

159 Habscheid, Streitgegenstand, S. 272.

160 Habscheid, Streitgegenstand, S. 289.

ebne. Ansonsten könne ein Kläger durch wiederholtes geändertes Vorbringen den Streit verewigen.[161]

### c) Anwendung von Habscheids Lehre auf den TÜV-Sachverhalt

Ob und inwiefern sich bei Anwendung der *Habscheid'schen* Lehre auf die TÜV-Konstellation Übereinstimmungen mit dem Ergebnis des BGH ergeben, kann nicht mit abschließender Gewissheit beurteilt werden. *Habscheid* zieht zur Streitgegenstandsabgrenzung sowohl den Klagegegenstand (die Rechtsbehauptung) als auch den Klagegrund (den Lebenssachverhalt) heran. Unterstellt man, dass das klägerische Begehren, ein bestimmtes Verhalten zu untersagen, als einheitliches Klageziel und damit als lediglich ein Klageantrag zu bewerten ist, liegt auch nur eine Rechtsbehauptung mit dem Inhalt, einen Anspruch auf diese konkrete Unterlassung zu haben, vor. Daher kommt es nach *Habscheid* allein darauf an, ob die zur Begründung des Unterlassungsanspruchs eingebrachten verschiedenen Schutzrechte und materiell-rechtlichen Unterlassungsansprüche als verschiedene selbstständige Sachverhalte zu bewerten sind. Zunächst entspringen die drei Klagemarken und das Unternehmenskennzeichen nicht einem „Dauerlebenssachverhalt", da sie nicht in einem derart engen Verhältnis zueinander stehen, dass eine separate rechtliche Bewertung Lebenszusammenhänge auseinanderreißt. Vielmehr sind sie der *Habscheid'schen* Kategorie der „Rechtsgeschäfte des täglichen Lebens" zuzuordnen, bei denen die Verkehrsanschauung darüber Auskunft gibt, ob eine Einheit oder Mehrheit der Lebensverhältnisse vorliegt.

Auf diese Unterscheidung kommt es vorliegend jedoch schon gar nicht an. In der Konstellation, die dem TÜV-Verfahren zugrunde lag, ging die Klägerin gegen die Beklagte vor, weil sie in einer einzigen Pressemitteilung verschiedene Schutzrechte verletzt sah. Auch wenn ebendiese Sachlage – eine mehrfache Beeinträchtigung durch eine einzige Handlung – in *Habscheids* Erwägungen unberücksichtigt geblieben ist, so besteht wenig Zweifel daran, dass er auch hier die Einheit bzw. Mehrheit der Sachverhalte als Anknüpfungspunkt herangezogen und nicht trotz der einheitlichen Beeinträchtigungshandlung auf die einzelnen Schutzrechte und Anspruchsnormen abgestellt hätte. Denn nach *Habscheid* spielen materiell-rechtliche Aspekte grundsätzlich keine Rolle bei der Abgrenzung des Streitgegenstands. Nur ausnahmsweise gilt etwas anderes, wenn sich das einheitliche Begehren auf mehrere Normen stützen lässt, die zu einer quantitativ unterschiedlichen Verurteilung führen. In diesen Fällen steht es dem Kläger offen, durch eine „konkrete Rechtsfolgenbehauptung" einen Ausspruch aufgrund lediglich eines der im Raum stehenden materiell-rechtlichen Gesichtspunkte zu erwirken. Auf die Frage, ob den jeweiligen zur Begründung der Entscheidung herangezogenen Schutzrechten oder Unterlassungsansprüchen derartige quantitativ unterschiedliche Wirkungen

161 Habscheid, Streitgegenstand, S. 291 f.

zukommen, sei an späterer Stelle ausführlich eingegangen.[162] Denn selbst wenn der Klägerin im TÜV-Verfahren die Möglichkeit offen gestanden hätte, im Wege einer konkreten Rechtsfolgenbehauptung eine Verurteilung aufgrund lediglich eines Schutzrechts oder einer konkreten Anspruchsgrundlage zu erreichen, dann hat sie davon gleichwohl keinen Gebrauch gemacht. Indem sie ihr einheitliches Unterlassungsbegehren gleichrangig auf alle zur Verfügung stehenden Aspekte stützte, verdeutlichte sie vielmehr, dass sie an einer Entscheidung aufgrund eines bestimmten Gesichtspunkts eben kein Interesse hatte.

Zu einem anderen Ergebnis als der BGH wäre *Habscheid* zudem aus einem weiteren Grund gekommen. Denn für ihn liegt dann, wenn der Kläger seine einheitliche Rechtsbehauptung mit mehreren Lebenssachverhalten untermauert, ein Fall der alternativen Klagehäufung vor. Hätte er in den verschiedenen Schutzrechten und/oder Unterlassungsansprüchen des TÜV-Verfahrens mehrere Streitgegenstände erblickt, dann hätte der Kläger diese dem Gericht alternativ präsentieren und die Auswahl überlassen können, auf welchen der prozessualen Ansprüche es die Entscheidung stützt.

## 6. Die Streitgegenstandslehre von *Wolfram Henckel*

### *a) Inhalt*

*Wolfram Henckel*s Streitgegenstandslehre kann in seiner Schrift „Parteilehre und Streitgegenstand im Zivilprozess" von 1961 nachvollzogen werden. Nachdem sich die Zivilprozessrechtswissenschaft zuvor weitgehend für einen rein prozessualen Streitgegenstand ausgesprochen hatte, nähert er sich wieder dem materiellen Recht an. Dabei nimmt er die Parteilehre und die Grundlagen der Prozessführungsbefugnis als Ausgangspunkt zur Bestimmung der Elemente des Streitgegenstands. Prozessführungsbefugt sei grundsätzlich nur derjenige, der die Verfügungsbefugnis über das streitige Recht innehabe oder durch eine entsprechende Zustimmung zur Geltendmachung ermächtigt worden sei. Die Zustimmung ersetze den Mangel der Verfügungsbefugnis, weshalb es naheliegend sei, sie auf das gleiche Recht zu beschränken wie eine materiell-rechtliche Verfügungsermächtigung. Erforderlich sei also ein Gleichlauf der Ermächtigung zur prozessualen Geltendmachung und der materiell-rechtlichen Verfügung. Beziehe sich aber die Prozessführungsbefugnis auf den Streitgegenstand und entspreche zudem die Prozessführungsbefugnis der Verfügungsbefugnis, so müsse der Streitgegenstand materiell-rechtlich orientiert sein.[163]

Dies bestätigten auch die §§ 265, 325 ZPO. Die Prozessstandschaft des § 265 ZPO knüpfe an materiell-rechtliche Tatbestände an, die Wirkungen der Norm träten bei einem Wechsel der Verfügungsbefugnis über ein bestimmtes materielles Recht ein. Deshalb ergäben sich aber für die Auslegung der Vorschrift Schwierigkeiten, nehme

162 S.u. B. VI.
163 Henckel, Streitgegenstand, S. 249.

man eine rein prozessual bestimmte Definition des Streitgegenstands an.[164] Stelle ein materielles Recht lediglich einen rechtlichen Gesichtspunkt dar, wie dies bei den rein prozessualen Lehren grundsätzlich der Fall sei, dann könne die Abtretung eines Anspruchs den Streitgegenstand zerreißen. Für den einen Anspruch bleibe der Kläger verfügungsberechtigter Rechtsinhaber und damit richtige Partei für eine Klage an sich selbst, für den anderen beruhe die Prozessführungsbefugnis auf § 265 ZPO und er könne Leistung nur an den Erwerber fordern.[165] Nichts anderes folge aus § 325 ZPO, erfasse doch der Begriff der Rechtsnachfolge jeden materiell-rechtlich abhängigen Erwerb. Der Erwerber eines materiellen Rechts könne aber nicht an die Rechtskraft des im Prozess des Veräußerers ergangenen Urteils gebunden sein, wenn nicht das Bestehen oder Nichtbestehen ebendieses materiellen Rechts festgestellt wurde.[166]

Gleichwohl lehnt *Henckel* eine Identität von prozessualem und materiellem Anspruch aufgrund der nicht außeracht zu lassenden Unterschiede ausdrücklich ab. So werde im Prozess nur um behauptete und nicht um bestehende Ansprüche gestritten. Zudem bleibe ein Anspruch nach materiellem Recht identisch, wenn er abgetreten werde. Anders der prozessuale Anspruch, der auch durch die behaupteten Subjekte des Rechtsverhältnisses individualisiert werde.[167] *Henckel* will sich dann auch mit seinem Streitgegenstand nur am materiellen Recht orientieren und die einzelnen Anspruchsnormen in den Hintergrund treten lassen. Dabei stellt er jedoch verschiedene Hindernisse fest. Fasse man beispielsweise Vertrags- und Deliktsansprüche zu einem einheitlichen Anspruch zusammen, dann müsse man hinsichtlich Verjährung oder Beweislast doch wieder eine Teilung vornehmen.[168] *Henckel* sieht den Irrweg darin, dass versucht werde, den Streitgegenstand einheitlich zu individualisieren. Der Anspruchsbegriff habe zahlreiche verschiedene Funktionen, die jeweils eine angemessene (und möglicherweise voneinander abweichende) Individualisierung erforderten.[169] In diesem Rahmen verweist er zunächst auf die dogmatische Funktion, die eine Verknüpfung des materiellen Rechts mit der Person des Rechtsträgers herstelle[170], die Ordnungs- und Gliederungsfunktion, die ermögliche, Inhalte des subjektiven Rechts zu bestimmen, voneinander abzugrenzen und ihre gesetzlichen Tatbestände speziell festzulegen[171], sowie die Funktion als zuständigkeitsbestimmender Faktor für akzessorische Sicherungsrechte[172]. Von besonderem Gewicht seien aber die Subsumtionsfunktion des Anspruchs sowie seine Rolle als Verfügungsobjekt. Anhand der Subsumtion eines Sachverhaltsausschnitts

164 Henckel, Streitgegenstand, S. 251.
165 Henckel, Streitgegenstand, S. 251 f.
166 Henckel, Streitgegenstand, S. 253.
167 Henckel, Streitgegenstand, S. 254.
168 Henckel, Streitgegenstand, S. 256.
169 Henckel, Streitgegenstand, S. 256.
170 Henckel, Streitgegenstand, S. 258 f.
171 Henckel, Streitgegenstand, S. 259.
172 Henckel, Streitgegenstand, S. 268 ff.

unter einen gesetzlichen Tatbestand werde ermittelt, ob die gesetzliche Rechtsfolge, d.h. der Anspruchsinhalt, das Verlangen decke. Allerdings genüge es nicht, für jeden Anspruchsinhalt nur eine Norm zur Verfügung zu stellen. Da zahlreiche verschiedene Tatbestandsvarianten einen konkreten Anspruchsinhalt rechtfertigen könnten, müsse für jede der Varianten eine Anspruchsnorm oder wenigstens eine Normalternative vorhanden sein.[173] Nichts anderes gelte hinsichtlich der Frage der Beweislastverteilung und der Verjährung. Sehe das Gesetz für einen bestimmten Anspruchsinhalt verschiedene Beweislastregelungen bzw. Verjährungsfristen vor, so erfordere der Subsumtionszweck das Vorhandensein entsprechend differenzierter Anspruchsnormen.[174]

Bei der Rolle des Anspruchs als Verfügungsobjekt gehe es hingegen um seinen wirtschaftlichen Wert, wobei die Funktion als Objekt des Rechtsverkehrs im Vordergrund stehe. Diese sei von Bedeutung für Abtretung, Erfüllung sowie Erfüllungssurrogate. Für eine Abtretung sei nicht entscheidend, dass Zedent und Zessionar den abzutretenden Anspruch rechtlich zutreffend einordneten. Es komme vielmehr darauf an, dass die Geschäftspartner ihn hinreichend individualisierten. Hierzu sei neben der Angabe der Subjekte und des Inhalts des Anspruchs die Bezeichnung des Anspruchsgrunds mittels Tatsachen erforderlich. Ob zwischen denselben Personen ein oder mehrere Anspruchsgegenstände gleichen Inhalts begründet seien, bestimme sich also nach der Einheit oder Mehrheit der durch Tatsachen individualisierten Anspruchsgründe.[175] Allerdings könne für die Abgrenzung nicht jedes sachverhaltliche Vorbringen herangezogen werden. Es kämen nur solche Aspekte in Betracht, die in einem konkreten zeitlichen Rahmen lägen. Dieser Rahmen werde von den für die Normanwendung relevanten Tatsachen „gespannt". Ein einziges Verfügungsobjekt sei demnach trotz Vorliegens mehrerer materiell-rechtlicher Ansprüche anzunehmen, wenn deren Rechtsfolge auf dasselbe wirtschaftliche Ziel gerichtet sei und „wenn der Sachverhaltsausschnitt, der den Tatbestand der einen Norm abschließend erfüllt, identisch ist mit dem, der die letzte Voraussetzung für die Anwendung der anderen Norm erfüllt".[176] So könne beispielsweise im Falle eines nichtigen Darlehensvertrags dennoch aus den Umständen, die den Vertrag begründen sollten, ein Anspruch hergeleitet werden, der allerdings nicht als Darlehens-, sondern als Bereicherungsanspruch einzuordnen wäre.[177] Die zur Individualisierung notwendigen Tatsachen träfen den Anspruch sowohl in seiner Qualität als Darlehens- als auch als Bereicherungsanspruch.[178] Die gleiche Situation ergebe sich beim Fahrgastfall. Auch hier fielen die entscheidenden Sachverhaltsmerkmale des Vertrags-, des Deliktsanspruchs sowie des Anspruchs aus dem Haftpflichtgesetz zusammen, sodass

173 Henckel, Streitgegenstand, S. 260.
174 Henckel, Streitgegenstand, S. 260 f.
175 Henckel, Streitgegenstand, S. 265.
176 Henckel, Streitgegenstand, S. 266.
177 Henckel, Streitgegenstand, S. 265.
178 Henckel, Streitgegenstand, S. 265.

die Voraussetzungen aller Normen durch ein und dieselbe unteilbare Handlung abschließend erfüllt seien.[179] Anderes gelte hingegen beim Fall des Weinkaufs. Ein einheitlicher Verfügungsgegenstand müsse abgelehnt werden, da zwei unabhängige Sachverhalte vorlägen. Schließlich sei zum Zeitpunkt des Verbrauchs der den Kaufvertrag begründende Tatsachenvorgang bereits abgeschlossen.[180]

Für *Henckel* ist die Abgrenzung anhand des Verfügungsgegenstands auch bei Erfüllung und Erfüllungssurrogaten entscheidend. So tilge die Entschädigungszahlung beim Fahrgastfall gleichzeitig sowohl den Schadensersatzanspruch aus Vertrag als auch den aus Delikt.[181]

Bei der Subsumtionsfunktion und der Rolle als Verfügungsobjekt zeige sich am deutlichsten, dass eine einheitliche Individualisierung nicht allen Funktionen des Anspruchs gerecht werden könne. Erfordere einerseits jede Tatbestandsalternative, Beweislastregelung oder Verjährungsfrist einen eigenen Anspruch, so führe andererseits bei Verfügungen kein Weg an einer Zusammenfassung mehrerer Anspruchsnormen vorbei. Da jedoch nicht ein Anspruch als Norm, sondern ein Anspruch als Objekt rechtlicher Beurteilung und vor allem als wirtschaftlicher Wert Gegenstand des Prozesses sei, liege der Schwerpunkt der Entscheidung nicht in der Frage der materiell-rechtlichen Qualifikation, sondern in dem Ausspruch, dass ein behaupteter Anspruch bestehe oder nicht.[182] Deshalb seien auch die durch dogmatische, Ordnungs-/Gliederungs- sowie Subsumtionsfunktion gebotenen Aufgliederungen für die Individualisierung des Streitgegenstands nicht maßgeblich. Für die Streitgegenstandslehre müsse vielmehr stets diejenige Individualisierung Berücksichtigung finden, die für den materiellen Anspruch als Verfügungsobjekt maßgeblich sei. Dies müsse schon allein deswegen gelten, weil während des Prozesses die Situation des § 265 ZPO eintreten oder das streitbefangene Recht nach Rechtskraft des Urteils auf einen Dritten übertragen werden könne.[183] Bei der Abgrenzung des Streitgegenstands stelle damit jedes Verfügungsobjekt einen Klagegrund i.S.v. § 253 Abs. 2 Nr. 2 ZPO dar. *Henckel* ergänzt diese Individualisierungsmerkmale um die Rechtsschutzform und kommt zum Ergebnis, dass der Streitgegenstand bestimmt werde „durch den Antrag, der die Rechtsschutzform, den Anspruchsinhalt und in der Regel auch die Anspruchssubjekte bezeichnet, und den Klagegrund, der durch Tatsachen gekennzeichnet wird".[184]

---

179 Henckel, Streitgegenstand, S. 266.
180 Henckel, Streitgegenstand, S. 266.
181 Henckel, Streitgegenstand, S. 267.
182 Henckel, Streitgegenstand, S. 271.
183 Henckel, Streitgegenstand, S. 272.
184 Henckel, Streitgegenstand, S. 278.

### b) Henckels Lehre im Prozessverlauf

Auch *Henckel* veranschaulicht seine Lehre an den „Schwerpunkten"[185] der Streitgegenstandslehre Klagehäufung, Klageänderung, Rechtshängigkeit und materieller Rechtskraft, bei denen es entscheidend auf die Identität des prozessualen Anspruchs ankomme.

Eine Mehrheit an Streitgegenständen und damit eine Klagehäufung liege – neben den unstreitigen Konstellationen, in denen mehrere Anträge auf wirtschaftlich voneinander unabhängige Ziele gerichtet sind – auch dann vor, wenn die Individualisierung anhand des Tatsachenvortrags ergebe, dass ein einheitlicher Antrag des Klägers mehrere Verfügungsobjekte beinhalte. Zwar werde in diesen Fällen objektiv lediglich eine Leistung, beispielsweise die Zahlung einer bestimmten Geldsumme, begehrt. Ergebe sich anhand des Tatsachenvortrags, dass die Tatbestände der verschiedenen vom Antrag erfassten Ansprüche nicht im gleichen maßgeblichen zeitlichen Rahmen verwirklicht worden seien, dann seien gleichwohl mehrere Verfügungsobjekte und deshalb selbstständige Rechtsbehauptungen anzunehmen. Lediglich ein Streitgegenstand liege demgegenüber vor, wenn die tatbestandsbegründenden Sachverhaltsausschnitte identisch seien. Unabhängig davon, dass mehrere materiell-rechtliche Anspruchsnormen erfüllt seien, handele es sich dann nur um einen Anspruch als Verfügungsobjekt. Während demnach beim Fahrgastfall lediglich ein prozessualer Anspruch erhoben sei, müsse beim Weinkauf eine Klagehäufung bejaht werden.

Dass die Klage aber auch im letzteren Fall wirtschaftlich auf ein Ziel gerichtet sei, zeige sich bei den infrage kommenden Anordnungsmöglichkeiten. Dem Kläger ständen dabei theoretisch sowohl eine kumulative, eine eventuelle oder eine alternative Klagehäufung offen. Da der Bereicherungsanspruch nur bestehen könne, wenn die Kaufpreisforderung unbegründet sei, sei eine kumulative Anordnung allerdings nicht in seinem Sinne.[186] Sollte er auf diesem Vorgehen bestehen, dann dürfe ihm dies gleichwohl nicht verwehrt werden. Als statthaft und interessengerecht sieht *Henckel* in dieser Konstellation neben der eventuellen eine alternative Klagehäufung an.[187] Diese solle dann zur Anwendung kommen, wenn es dem Kläger gleichgültig sei, welcher von mehreren Klagegründen vom Gericht für die Entscheidung herangezogen werde. Da sich die Alternative nicht auf den Antrag, sondern lediglich auf den Klagegrund beziehe, fehle es nicht an der Bestimmtheit des Antrags.

Entsprechend seien auch die Fälle der Klageänderung zu lösen. Da wo der Streitgegenstand durch den Klagegrund individualisiert werde, führe seine Änderung zu einer Klageänderung.[188]

Einem auf wirtschaftlich dasselbe Ziel gerichteten, weiteren Prozess stehe keine anderweitige Rechtshängigkeit entgegen, wenn sich der Kläger auf einen anderen

185 Henckel, Streitgegenstand, S. 288.
186 Henckel, Streitgegenstand, S. 290
187 Henckel, Streitgegenstand, S. 291.
188 Henckel, Streitgegenstand, S. 291 f.

Klagegrund berufe, als er dies in dem bereits anhängigen Verfahren getan habe. Dies sei beispielsweise der Fall, wenn der Kläger eines Wechselprozesses unabhängig davon auch die zugrunde liegende Kaufpreisforderung einzuklagen gedenke. Da sich die Handlungen, die den Tatbestand des Kaufvertragsschlusses ausfüllten, nicht mit denen decken könnten, die zur Begründung der Wechselverpflichtung erforderlich seien, lägen unterschiedliche Verfügungsobjekte vor.[189] Unbilligkeiten seien dabei weniger aufgrund der Möglichkeit einer Doppelverurteilung als aufgrund voneinander abweichender Entscheidungen vorstellbar. Dieser Gefahr könne jedoch durch eine Aussetzung des Verfahrens nach § 148 ZPO begegnet werden.[190]

Rechtskräftig festgestellt werde nach § 322 Abs. 1 ZPO nicht der Streitgegenstand selbst, sondern die Entscheidung, die diesen zum Gegenstand habe.[191] Infolge der Rechtskraft trete eine Bindung an die Vorentscheidung ein, wenn in einem Folgeverfahren derselbe prozessuale Anspruch erneut betroffen sei, weil entweder die Entscheidungsfrage des neuen Prozesses mit der rechtskräftig abgeurteilten identisch oder weil die rechtskräftige Entscheidung Vorfrage des neuen Prozesses sei.[192] Werde ein späteres Verfahren demnach um einen anderen Streitgegenstand geführt, dann scheide eine Bindungswirkung aus. Stehe hingegen derselbe prozessuale Anspruch in Rede, dann könne auch die vom Gericht vorgenommene rechtliche Einordnung nicht angegriffen werden.[193] Inhalt der in Rechtskraft ergehenden Entscheidung sei ebenfalls der Subsumtionsschluss, sprich die materiell-rechtliche Würdigung des Sachverhalts im Hinblick auf die begehrte Rechtsfolge. Nach Schluss der mündlichen Verhandlung entstandene neue Tatsachen, die von einer Partei in einem Folgeprozess um denselben Streitgegenstand vorgetragen würden, könnten deshalb die Rechtskraft der Entscheidung nicht überwinden, wenn sie nur für den Fall erheblich wären, dass das festgestellte oder verneinte Recht anders qualifiziert worden wäre. Eine selbstständige Erstreckung der Rechtskraft auf die rechtliche Qualifikation als solche scheide hingegen aus.[194] Für eine rechtskraftfremde Präklusion bestehe kein Bedarf. Nicht über Tatsachen, sondern über den Streitgegenstand werde entschieden. Der Eintritt der Rechtskraft verhindere damit ein erneutes Streiten über den prozessualen Anspruch unabhängig davon, ob diese im ursprünglichen Verfahren vorgetragen worden oder überhaupt bekannt gewesen sein.[195] Eine Grenze bilde dabei die in § 767 Abs. 2 ZPO gesetzlich vorgesehene zeitliche Schranke der Rechtskraft, sodass eine Erneuerung des Streitthemas unter Berufung auf nach Schluss der mündlichen Verhandlung entstandene Umstände zulässig sei.

---

189 Henckel, Streitgegenstand, S. 267.
190 Henckel, Streitgegenstand, S. 289.
191 Henckel, Streitgegenstand, S. 293.
192 Henckel, Streitgegenstand, S. 294.
193 Henckel, Streitgegenstand, S. 296.
194 Henckel, Streitgegenstand, S. 296 f.
195 Henckel, Streitgegenstand, S. 302 f.

### c) *Anwendung von Henckels Lehre auf den TÜV-Sachverhalt*

Will man den TÜV-Sachverhalt nach den Vorgaben von *Henckels* Lehre lösen, dann kommt es – unter der Prämisse, dass das Begehren der Klägerin im TÜV-Verfahren als einheitlicher Antrag zu bewerten ist – entscheidend darauf an, ob die verschiedenen zur Begründung vorgetragenen Schutzrechte und Unterlassungsansprüche ein Verfügungsobjekt oder mehrere darstellen.

Ungeachtet des Vorliegens mehrerer materiell-rechtlicher Ansprüche nimmt *Henckel* einen einheitlichen Verfügungsgegenstand an, wenn deren Rechtsfolgen auf dasselbe wirtschaftliche Ziel gerichtet und ihre Tatbestände durch einen identischen Sachverhaltsausschnitt abschließend erfüllt sind. Im vorliegenden Fall liegt die Annahme wirtschaftlich eines Ziels nahe. Wie noch zu zeigen sein wird, kann dies indes nicht bereits aus dem äußerlich einheitlichen Unterlassungsbegehren gefolgert werden.[196] Im TÜV-Verfahren hatte die Klägerin dem Gericht die verschiedenen Begründungsalternativen aber alternativ vorgelegt. Damit hat sie unzweideutig zum Ausdruck gebracht, dass es für sie allein darum geht, die entsprechende Verhaltensweise zu untersagen, und somit aus ihrer Perspektive kein Unterschied zwischen den verschiedenen Begründungsalternativen besteht. Mit Begehung der fraglichen Verletzungshandlung war zudem abschließend der Tatbestand aller streitgegenständlichen Normen erfüllt. Im Moment der Verletzungshandlung wurde gleichzeitig die Wiederholungsgefahr der auf allen Schutzrechten basierenden Unterlassungsansprüche begründet.

Für die Annahme lediglich eines Verfügungsgegenstands spricht zudem das von *Henckel* als gleichrangig erachtete Kriterium des Erfüllungseintritts. Ob bzw. wann bei Unterlassungsansprüchen eine Erfüllung eintreten kann, wird in der Literatur nicht einheitlich beantwortet.[197] Während teilweise eine subjektive Komponente im Sinne eines bewussten, willentlichen Unterlassens gefordert wird[198], soll andererseits ein bloßes Nichtstun genügen[199]. Letztere Auffassung ist überzeugender. Ungeachtet des Umstands, ob er dies bewusst oder unbewusst macht, verhält sich der Schuldner dem Gläubiger gegenüber rechtmäßig, solange er das Verhaltensgebot befolgt.[200] Auf einen etwaigen Leistungswillen kann es dann aber nicht ankommen. Er befindet sich ab dem Zeitpunkt der Entstehung der Unterlassungsverpflichtung bis zur Zuwiderhandlung im „Zustand der ‚Erfüllung'".[201] Legt man diese Auffassung hier zugrunde, dann ist eine Erfüllung zu bejahen. Alle Ansprüche sind zeitgleich

196 S.u. B. V.

197 Nach Gernhuber (§ 5 VI, S. 127) gehört die Frage zu den zählebigsten der Erfüllungslehre und zu deren „unpraktischen Problemen".

198 Gernhuber, § 5 VI, S. 129 f.

199 Fritzsche, S. 361.

200 Ahrens-*Ahrens*, Wettbewerbsprozess, Kap. 36 Rn. 98.

201 Teplitzky, Wettbewerbsrecht, Kap. 1, Rn. 21; BGH WM 1972, 1230, juris-Rz. 12 – *Kaffeewerbung*; a.A. ohne Eingehen auf die Besonderheiten von Unterlassungsansprüchen *Kodde* (Streitgegenstand, S. 239).

entstanden, sodass sich der Unterlassungsschuldner durch seine bloße Untätigkeit hinsichtlich sämtlicher Ansprüche parallel im „Erfüllungszustand“ befand.

Ein noch eindeutigeres Bild ergibt sich, wenn man die Möglichkeit einer – vorliegend freilich nicht geleisteten – strafbewehrten Unterlassungserklärung in Erwägung zieht. Durch die Unterwerfung wird die Wiederholungsgefahr ausgeräumt. Zwar soll diese keine tatsächliche Erfüllung gemäß § 362 BGB herbeiführen, da es an einem „Bewirken“ der Unterlassung fehlt. Da sie jedoch den Gläubigerinteressen entspricht und das Tatbestandsmerkmal der Begehungsgefahr ausräumt, kommt sie der Erfüllung nahe.[202] Eine Unterlassungserklärung, die sich nur auf einen einzelnen materiellen Anspruch bezieht, ist aber schwer vorstellbar und wird in der Praxis nicht vorkommen. Der Normalfall, auf den im TÜV-Verfahren auch der Unterlassungsantrag gerichtet war, ist die Verpflichtung, ein bestimmtes Verhalten zukünftig zu unterlassen. Eine entsprechende Erklärung beseitigt jedoch zeitgleich die Wiederholungsgefahr sämtlicher betroffener Unterlassungsansprüche und „erfüllt“ diese somit.[203]

Im Ergebnis sind damit sämtliche Ansprüche einem Verfügungsobjekt zuzuordnen und bilden deshalb einen auf ein wirtschaftliches Objekt zielenden Klagegrund. Es ist lediglich ein Streitgegenstand anzunehmen. Folglich besteht kein Bedarf für eine Anwendung der – nach *Henckel* grundsätzlich zulässigen – alternativen Klagehäufung.

## 7. Die Streitgegenstandslehre von *Apostolos Georgiades*

### *a) Inhalt*

#### *aa) Grundlegendes*

*Apostolos Georgiades* hat seine Lehre 1967 in der Schrift „Die Anspruchskonkurrenz im Zivilrecht und Zivilprozess“ beschrieben. Ähnlich wie bei *Henckel* ist bei ihm eine Wiederannäherung an das materielle Recht zu verzeichnen. *Georgiades*‘ Lehre setzt bei der materiell-rechtlichen Konkurrenzlehre an.

Für ihn sei es durch nichts zu rechtfertigen, dass immer dann, wenn ein Berechtigter gegenüber einem Verpflichteten aufgrund mehrerer Anspruchsnormen dieselbe Leistung verlangen könne, grundsätzlich eine Mehrheit selbstständiger Ansprüche – eine Anspruchskonkurrenz – entstehe.[204] Die materiell-rechtlichen Ansprüche seien an die Stelle der actiones des römischen Rechts getreten. So wie

---

202 Fritzsche, S. 368; Gruber (WRP 1992, 71, 86 ff.) sieht in der Unterwerfung die Herbeiführung der Streiterledigung durch Aufhebung des gesetzlichen Unterlassungsanspruchs als Teil einer abstrakten Novation. Ein neues Schuldverhältnis tritt an die Stelle des alten, welches zugleich aufgehoben wird. Das Schuldverhältnis erlischt durch eine Leistung an Erfüllungs statt (§ 364 Abs. 1 BGB).

203 OLG Hamburg, Magazindienst 2013, 29, juris-Rz. 14; Kodde, Streitgegenstand, S. 169 f.

204 Georgiades, Streitgegenstand, S. 126.

eine bestimmte actio Gerichtshilfe für einen konkreten Rechtsgrund gewährt habe, werde nun jedem einzelnen Tatbestand ein Anspruch zugeordnet. Die Anspruchskonkurrenz sei mithin aus der Aktionenkonkurrenz entstanden, ohne dem Umstand Rechnung zu tragen, dass Letztere „nur durch die Eigenart des klassisch-römischen Prozeßsystems bedingt und verständlich war".[205]

Anders als das materielle Zivilrecht habe die Zivilprozesslehre überwiegend eine Loslösung von aktionenrechtlichen Einflüssen vollzogen. Es werde nicht vom materiell-rechtlichen Anspruch, sondern von dem Klagebegehren bzw. der Rechtsbehauptung ausgegangen. Die einzelnen Anspruchsnormen seien lediglich rechtliche Gesichtspunkte, die den prozessualen Anspruch, sprich das Begehren bzw. die Rechtsbehauptung des Klägers, rechtfertigen sollten. Werde dies zwar einerseits den Anforderungen des Prozesses gerecht, so habe es andererseits das „völlige Auseinanderfallen" von materiell-rechtlichem und prozessualem Anspruchsbegriff zur Folge.[206] Vor diesem Hintergrund müsse die Frage aufgeworfen werden, „ob diese Verschiedenheit zwischen materiellem und Prozessrecht gerechtfertigt oder auch nur erlaubt ist, und ob es nicht an der Zeit wäre, die Begriffe des materiellen und des prozessualen Anspruchs wieder einander anzunähern."[207] Die Lösung des Problems sieht *Georgiades* in Anlehnung an eine Veröffentlichung *Nikischs*[208] darin, eine Korrektur des materiellen Anspruchsbegriffs vorzunehmen und diesen und den prozessualen Anspruch nach gleichen Grundsätzen zu individualisieren.[209]

*Georgiades* untersucht zunächst das Wesen des materiellen Anspruchs. Dieser stelle sich als ein Rechtsverhältnis dar, das zwei Personen bezüglich einer bestimmten Leistung verbinde.[210] Folglich müsse sich die Einheit bzw. Mehrheit der Ansprüche daran orientieren, wie viele Leistungen der Berechtigte vom Verpflichteten zu fordern berechtigt sei. Dies gelte unabhängig davon, ob die jeweiligen Leistungsbegehren lediglich von einer oder von mehreren Rechtsnormen gestützt würden.[211] Dieses Ergebnis werde durch die Legaldefinition des Anspruchs in § 194 BGB bestätigt. Denn danach sei ein Anspruch – unabhängig von seiner rechtlichen Qualifizierung – schlicht das Recht, von einem anderen ein Tun oder Unterlassen zu verlangen. In Ermangelung eines allgemeingültigen Abgrenzungskriteriums könne der Sachverhalt ebenfalls kein Bestimmungsmerkmal des Anspruchs darstellen. Orientiere man sich an einem „historischen Ereignis" oder der „Einheit der Zeit", so drohe die Gefahr, zeitlich gestreckte Vorgänge, die einen Sachverhalt darstellen, zu zerreißen.[212] Wolle man hingegen verschiedene Tatsachen zu einem Sachverhalt zusammenfassen, so bedürfe es eines Bezugspunkts, der die verschiedenen Ereignisse

205 Georgiades, Streitgegenstand, S. 126.
206 Georgiades, Streitgegenstand, S. 127.
207 Georgiades, Streitgegenstand, S. 127 f.
208 Nikisch, AcP 154 (1955), 269 ff.
209 Georgiades, Streitgegenstand, S. 128.
210 Georgiades, Streitgegenstand, S. 141.
211 Georgiades, Streitgegenstand, S. 141 f.
212 Georgiades, Streitgegenstand, S. 151.

unabhängig von der zeitlichen Einheit zu einem Komplex vereinige.[213] Da im Mittelpunkt die Beantwortung der Frage stehe, ob eine bestimmte Person eine konkrete Leistung verlangen könne, sei der Bezugspunkt ebendiese bestimmte geforderte Leistung. Der „Beurteiler" werde bemüht sein, alle Umstände, deren Vorliegen oder Nichtvorliegen für die zu findende Entscheidung von Bedeutung seien, in den von ihm zu beurteilenden Sachverhalt mit aufzunehmen.[214] Damit fasse man ihn jedoch so weit, dass er jede unterscheidende Bedeutung verliere und nicht mehr zur Individualisierung beitragen könne.[215] Aus diesem Grund orientiert sich *Georgiades* an den Grundsätzen, die *Schwab* hinsichtlich der Streitgegenstandsabgrenzung aufgestellt hat und lässt tatsächliche Aspekte grundsätzlich außen vor.[216] In Anlehnung an § 194 BGB werde der materielle Anspruchsbegriff damit im Ergebnis allein nach den Subjekten und dem Anspruchsinhalt individualisiert. Dem Sachverhalt sei gleichwohl nicht jeglicher Einfluss abzusprechen. Mitunter könne die Identität oder Verschiedenheit der Leistungen und somit der Ansprüche nur mit Hilfe von Tatsachen festgestellt werden. Dies sei insbesondere bei Geld- und Gattungsschulden der Fall. So könne eine einheitlich erscheinende Geldschuld zu einem Teil auf einer Darlehens- und zum anderen auf einer Kaufpreisforderung beruhen. Der Anspruch werde hier zwar ebenfalls durch die Personen und die Leistung individualisiert. Um die Identität der Leistung festzustellen, bedürfe es jedoch der Heranziehung von Tatsachen.[217]

#### *bb) Georgiades' Konkurrenzlehre*

Diese Überlegungen führen *Georgiades* zu seiner Neujustierung der Konkurrenzlehre. Erfülle ein Sachverhalt zwischen zwei Personen die Tatbestände mehrerer Anspruchsnormen, so kämen insgesamt vier verschiedene Konstellationen in Betracht: Gesetzeskonkurrenz, Anspruchsnormenkonkurrenz, Anspruchskonkurrenz und Anspruchsmehrheit.

Gesetzeskonkurrenz sei in Anlehnung an die Lehre von *Dietz* dann anzunehmen, wenn ein Sachverhalt zwar den Tatbestand verschiedener Normen erfülle. Da zwischen diesen jedoch ein Rangverhältnis bestehe, komme lediglich eine davon zur Anwendung.[218] In ihrem Geltungsbereich verdränge sie die subsidiären oder weniger speziellen Rechtssätze. Eine Gesetzeskonkurrenz bezeichne man daher auch als einen Fall der „zugunsten eines Gesetzes gelösten Konkurrenz".[219] Während im Falle einer Subsidiarität ein ausdrücklicher oder stillschweigender Gesetzesbefehl das Zurücktreten einer Norm hinter einer anderen anordne, ergebe sich der Vorrang bei

213 Georgiades, Streitgegenstand, S. 154 f.
214 Georgiades, Streitgegenstand, S. 155.
215 Georgiades, Streitgegenstand, S. 156.
216 Georgiades, Streitgegenstand, S. 159.
217 Georgiades, Streitgegenstand, S. 163.
218 Georgiades, Streitgegenstand, S. 78 ff., 279.
219 Georgiades, Streitgegenstand, S. 78.

der Spezialität aufgrund von logischen Gründen.[220] Der Tatbestand der lex specialis behandele die von ihm erfassten Konstellationen genauer und in engeren Grenzen als die lex generalis, weshalb letztere zurücktrete. Das sei jedoch nur dann möglich, wenn sowohl sämtliche der lex specialis unterfallenden Sachverhalte auch von der lex generalis erfasst würden, als auch die lex specialis aufgrund zusätzlicher tatbestandlicher Anforderungen einen engeren Anwendungsbereich aufweise. Da *Georgiades* jedoch – wie noch zu erläutern sein wird – generell von einer Anwendbarkeit sämtlicher infrage kommender Normen ausgeht, bleibt unklar, welche Fälle ihm hier vorschweben.

Eine Anspruchsnormenkonkurrenz liege grundsätzlich dann vor, wenn dieselbe Leistung sich aus mehreren Anspruchsnomen herleiten lasse. Entstehungsgrund des materiellen Anspruchs sei nicht ein Gesetzesparagraph, sondern die gesamte Rechtsordnung.[221] Deshalb resultiere aus den verschiedenen Rechtssätzen ein einheitlicher Anspruch, der lediglich mehrfach begründet sei.[222] Da dieser allerdings durch verschiedene, teilweise gänzlich voneinander abweichende Normen ausgestaltet sein könne, komme so auch eine gemischte Natur, z.B. vertraglich und deliktisch, infrage. Von einer Anspruchsnormenkonkurrenz solle beispielsweise auszugehen sein, wenn der Berechtigte vom jetzigen Besitzer die Herausgabe einer bestimmten Sache[223] oder der Gläubiger vom Schuldner denselben Surrogationswert[224] aufgrund mehrerer Anspruchsnormen verlangen könne. Ebenso, wenn gleichzeitig mehrere Bereicherungsansprüche verwirklicht seien[225], ein Bereicherungsanspruch und eine auf dieselbe Leistung zielende Haftung aus einem anderen Rechtsgrund[226] oder mehrere Schadensersatzansprüche[227] zusammenträfen.

Die dabei zwangsläufig auftretenden Widersprüche und Disharmonien löst *Georgiades* mit systematischen und teleologischen Erwägungen. Dabei seien zwei Leitgedanken zu beachten. Einerseits solle der Gläubiger nicht deshalb schlechter gestellt sein, weil ihm das Gesetz eine bestimmte Leistung nicht bloß aus einem, sondern aus mehreren Gründen gewähre. Indem ihm verschiedene auf dieselbe Leistung zielende Ansprüche eingeräumt würden, solle seine Stellung vielmehr verbessert werden. Daher müssten ihm grundsätzlich alle Vorteile zuerkannt werden, die er unter dem einen oder dem anderen Gesichtspunkt beanspruchen könne.[228] Andererseits existierten Normen, denen gegenüber einer für den Gläubiger günstigeren Norm der Vorrang gebühre, solle ihr Zweck nicht vereitelt werden. Um diesem Umstand Rechnung zu tragen, gelte es zunächst, die für den Gläubiger günstigste

220 Georgiades, Streitgegenstand, S. 78 f.
221 Georgiades, Streitgegenstand, S. 238, 243.
222 Georgiades, Streitgegenstand, S. 164.
223 Georgiades, Streitgegenstand, S. 191.
224 Georgiades, Streitgegenstand, S. 192.
225 Georgiades, Streitgegenstand, S. 193.
226 Georgiades, Streitgegenstand, S. 194 ff.
227 Georgiades, Streitgegenstand, S. 204 ff.
228 Georgiades, Streitgegenstand, S. 167 f, 186.

Norm festzustellen und daraufhin die Frage nach dem Rang der konkurrierenden Normen zu stellen. Erachte das Gesetz eine ungünstigere Norm als vorrangig, so komme allein diese zur Anwendung.[229] *Georgiades* führt das Beispiel der Verjährung eines Schadensersatzanspruchs wegen der Beschädigung einer Mietsache an. Da dieser sowohl auf eine positive Vertragsverletzung (jetzt §§ 535, 546 I, 280 I BGB) als auch auf § 823 BGB gestützt werden könne, kämen sowohl die Verjährung nach sechs Monaten gemäß § 558 BGB a.F. (§ 548 BGB) als auch nach drei Jahren gemäß § 852 BGB a.F. (§ 195 BGB) infrage. Wenngleich die dreijährige Verjährungsdauer hier zweifelsohne als für den Gläubiger günstiger einzuschätzen sei, so gebiete der gesetzgeberische Gedanke, die Beteiligten von Gebrauchsüberlassungsverträgen zu einer zügigen Abwicklung ihrer Ansprüche zu veranlassen, hier dennoch eine Anwendung der Sechsmonatsfrist.[230]

*Georgiades'* einheitlicher Anspruch weist im Rechtsverkehr verschiedene Besonderheiten auf. Er entstehe erst dann, wenn die Tatbestände sämtlicher konkurrierender Normen erfüllt seien. Fehle es damit an einem Tatbestandsmerkmal einer Anspruchsnorm, so bleibe sie grundsätzlich außen vor. Anders hingegen, wenn das fehlende Tatbestandselement quasi eine Sperrwirkung entfalte und die Entstehung eines Anspruchs ganz verhindere. Verlange beispielsweise der Eigentümer vom eigentümlich sorgfältigen, unentgeltlichen Verwahrer Schadensersatz, so schließe der erforderliche höhere Verschuldensgrad (Vorsatz und grobe Fahrlässigkeit) aus, dass ein einfacher deliktischer Anspruch zustande komme. Andernfalls würde die gesetzliche Besserstellung des unentgeltlich Verwahrenden ausgehebelt.[231] Der einheitliche Anspruch könne nur einmal abgetreten oder erlassen werden, er könne nur einheitlich gesichert und erfüllt werden. Ähnlich wie *Henckel* nimmt *Georgiades* ein Verfügungsobjekt an, das sich nicht weiter zerlegen lasse. Für Abtretung, Erlass, Sicherung und Erfüllung sei es unerheblich, ob, und unschädlich, wenn die Parteien eine rechtliche Qualifizierung vorgenommen hätten. Erforderlich sei lediglich, dass der Anspruch durch die Bestimmung des Leistungsinhalts (und bei Abtretung und Sicherung der Subjekte) hinreichend individualisiert sei.[232]

Von der Anspruchsnormenkonkurrenz unterscheide sich die Anspruchskonkurrenz dadurch, dass hier zwar ebenfalls zwischen denselben Subjekten mehrere auf dasselbe wirtschaftliche Ziel gerichtete Anspruchsnormen existierten. Deren besondere Funktion und rechtliche Qualität verhinderten jedoch die Entstehung eines einheitlichen Anspruchs.[233] Die konkurrierenden Rechtssätze führten deshalb nicht zu einem einzigen mehrfach begründeten Anspruch, sondern mehreren nebeneinanderstehenden Ansprüchen.[234] Da dasselbe wirtschaftliche Interesse nicht

---

229 Georgiades, Streitgegenstand, S. 168.
230 Georgiades, Streitgegenstand, S. 168 f.
231 Georgiades, Streitgegenstand, S. 173 f.
232 Georgiades, Streitgegenstand, S. 179 ff.
233 Georgiades, Streitgegenstand, S. 165.
234 Georgiades, Streitgegenstand, S. 219.

mehrmals gefordert werden könne, sei lediglich einer von ihnen zu erfüllen. *Georgiades* sieht verschiedene Konstellationen, in denen statt der Anspruchsnormenkonkurrenz die Anspruchskonkurrenz zu bejahen sei. Dies solle beispielsweise dann der Fall sein, wenn dem Berechtigten gegenüber dem Verpflichteten Ansprüche wahlweise zur Verfügung ständen, er sich etwa zwischen Wandlung, Minderung oder Schadensersatz gemäß §§ 462 – 463 BGB a.F. entscheiden könne. Hier folge schon aus den unterschiedlichen Leistungsinhalten, dass kein einheitlicher Anspruch entstehen könne.[235] Doch auch bei Normen, die zwischen denselben Personen auf dieselbe Leistung zielten, könne eine Anspruchskonkurrenz einschlägig sein. Dies sei dann anzunehmen, wenn konkurrierende Ansprüche vorlägen, denen „im Rahmen der Rechtsordnung eine besondere Funktion zukommt", da sie „eine Wesenseigenart auf[weisen], die sie als selbstständige Gebilde erscheinen lässt."[236]

Die Entstehung eines einheitlichen Anspruchs sei beispielsweise ausgeschlossen, wenn dingliche Rückgabeansprüche aus § 985 BGB und solche aus schuldrechtlichen Bestimmungen wie Miete, Leihe oder Verwahrung zusammenträfen. Auch wenn der Gläubiger hier mit der Herausgabe einer konkreten Sache nur eine Leistung fordere, verbiete die systematische Trennung von dinglichen und schuldrechtlichen Ansprüchen ein Zusammenwachsen.[237] Nichts anderes gelte beim Aufeinandertreffen von Wechsel und Grundgeschäft. Hier ergebe sich eindeutig aus Sinn und Zweck des Gesetzes, dass die Entstehung eines einheitlichen Anspruchs infolge der „besonderen Funktion und der Eigenart" der Wechselverbindlichkeit ausgeschlossen sein müsse.[238] Der Wechsel sei als abstraktes Forderungspapier geradezu darauf ausgelegt, dass über ihn selbstständig verfügt werde. Sein Bestehen, seine Fälligkeit und seine Durchsetzbarkeit seien losgelöst von der Forderung aus dem Grundgeschäft.

Anspruchshäufung liege endlich dann vor, wenn zwischen denselben Personen mehrere Ansprüche begründet seien, die sich aber weder auf dieselbe Leistung noch auf dasselbe wirtschaftliche Interesse richteten. Hier bestehe lediglich eine Anspruchsmehrheit, keine Anspruchskonkurrenz. Die Erfüllung des einen Anspruchs tangiere den anderen nicht, beide ständen selbstständig nebeneinander und könnten auch unabhängig voneinander verwirklicht werden.[239]

### *b) Georgiades' Lehre im Prozessverlauf*

Entsprechend seiner Grundintention, zu einer Angleichung von materiellem und prozessualem Anspruch zu kommen, überträgt *Georgiades* die zur Konkurrenzlehre gewonnenen Erkenntnisse auf den Streitgegenstand.

235 Georgiades, Streitgegenstand, S. 219.
236 Georgiades, Streitgegenstand, S. 220.
237 Georgiades, Streitgegenstand, S. 222.
238 Georgiades, Streitgegenstand, S. 238.
239 Georgiades, Streitgegenstand, S. 166 f.

Im Falle der Anspruchsnormenkonkurrenz handele es sich um einen einheitlichen materiellen Anspruch und damit um einen Streitgegenstand.[240] Die verschiedenen materiell-rechtlichen Anspruchsnormen stellten bloße rechtliche Gesichtspunkte dar. Das Gericht habe den vorgebrachten Sachverhalt unter jedem der Anspruchsgründe zu prüfen, bis die Sache entscheidungsreif sei.[241] Ständen die Normen hingegen im Verhältnis der Anspruchskonkurrenz zueinander, dann setze sich die Selbstständigkeit der Ansprüche im Prozess fort. Sie blieben prozessual selbstständig und bildeten mehrere Streitgegenstände.[242] Das gleiche gelte für die Fälle der Anspruchshäufung. Auch hier entspreche der Mehrheit von materiellen eine Mehrheit von prozessualen Ansprüchen.

Da bei Anspruchsnormenkonkurrenz lediglich ein einheitlicher, mehrfach begründeter Streitgegenstand vorliege, fehle es auch an einer Klagehäufung nach § 260 ZPO. Anders hingegen bei Anspruchshäufung und Anspruchskonkurrenz. Sei hier zwar jeweils eine Klagehäufung zu bejahen, so beständen dennoch Unterschiede in ihrer Natur. Berufe sich der Kläger im Fall der Anspruchshäufung auf alle der Ansprüche, dann müsse eine kumulative Klagehäufung angenommen werden. Schließlich könnten alle Ansprüche unabhängig voneinander parallel bestehen. Demgegenüber seien in Anspruchskonkurrenz stehende Ansprüche auf dasselbe wirtschaftliche Interesse gerichtet, sodass dem Berechtigten nur eine Leistung zustehe und er vor Gericht auch nur einen Urteilsspruch erwirken könne. Müsse demnach eine kumulative Klagehäufung ausscheiden, dann komme sowohl eine eventuelle als auch eine alternative Häufung in Betracht.[243] Letztere sei aus Sicht des Klägers regelmäßig vorzugswürdig. Denn wenn wirtschaftlich betrachtet lediglich eine Leistung begehrt werde, dann werde es dem Kläger grundsätzlich gleichgültig sein, welche der mehreren Normen das Gericht heranziehe, um der Klage stattzugegeben.[244]

Liege Anspruchsnormenkonkurrenz vor, so ändere sich der Streitgegenstand nicht, wenn der Kläger eine Anspruchsnorm neben oder an Stelle der ursprünglichen anführe. Da der Streitgegenstand derselbe bleibe, sei eine Klageänderung ausgeschlossen. Nichts anderes ergibt sich nach *Georgiades*, wenn der neue rechtliche Gesichtspunkt auf einen abweichenden Sachverhalt gestützt wird. Die vom Kläger vorgebrachten Tatsachen dienten lediglich der Individualisierung des Anspruchs, seien aber kein Element von diesem. Würden also die Facta ausgetauscht oder ergänzt, ohne dass dies eine Änderung der Subjekte und des Inhalts des Anspruchs mit sich bringe, so habe das neue Vorbringen keine Klageänderung zur Folge.[245] Habe

240 Ohne dass *Georgiades* auf diese Konstellation eingehen würde, ist zu unterstellen, dass er im Falle einer umfassenden Gesetzeskonkurrenz a maiore ad minus nur einen Streitgegenstand annehmen würde.
241 Georgiades, Streitgegenstand, S. 245.
242 Georgiades, Streitgegenstand, S. 247.
243 Georgiades, Streitgegenstand, S. 250.
244 Georgiades, Streitgegenstand, S. 250 f.
245 Georgiades, Streitgegenstand, S. 247.

der Kläger im Falle einer Anspruchskonkurrenz oder Anspruchshäufung zunächst einen der (konkurrierenden) Ansprüche gerichtlich geltend gemacht und wechsle er nun zum anderen, so liege eine Klageänderung vor, da jeder der Ansprüche einen individuellen Streitgegenstand darstelle.[246] Auch hier sei eine Sachverhaltsänderung nur dann von prozessualer Relevanz, wenn durch sie ein neuer materieller Anspruch und damit Streitgegenstand in das Verfahren eingeführt werde.

Die Einrede der Rechtshängigkeit sei bei einer Anspruchsnormenkonkurrenz immer dann begründet, wenn der einheitliche Anspruch in einem anderen Prozess eingeklagt werde. Damit sei es ausgeschlossen, dass ein Parallelverfahren über denselben Anspruch geführt werde, unabhängig davon, ob er dort rechtlich anders qualifiziert werde.[247] Bei Anspruchskonkurrenz und Anspruchsmehrheit seien hingegen verschiedene Streitgegenstände gegeben, über die ohne Einschränkung separat prozessiert werden könne. Da bei der Anspruchskonkurrenz mehrere Ansprüche auf dasselbe wirtschaftliche Interesse zielten, drohe hier eine doppelte Verurteilung des Beklagten. Der Beklagte verursache sie durch sein Bestreiten der Ansprüche selbst, sodass diese Gefahr in Kauf genommen werden müsse.[248]

Bei Anspruchsnormenkonkurrenz seien trotz des Vorliegens verschiedener Anspruchsnormen nur ein materieller Anspruch und gleichzeitig ein Streitgegenstand anzunehmen. Werde eine Norm nicht angewendet, so bestehe zwar eine Anfechtungsmöglichkeit. Trete jedoch Rechtskraft ein, dann seien sämtliche rechtlichen Gesichtspunkte verbraucht.[249] Etwas anderes solle auch dann nicht gelten, wenn das Gericht gar nicht abweichend hätte entscheiden können, weil ihm vom Kläger die Sachlage nicht umfassend vorgetragen worden sei. Der für die Rechtskraft maßgebliche Urteilsgegenstand und der Streitgegenstand seien identisch.[250] Seien die Facta aber kein Bestandteil des materiellen Anspruchs und dienten lediglich zur Individualisierung, so könne für die Rechtskraft nichts anderes gelten. Diese erfasse den gesamten einheitlichen Anspruch. Eine Erneuerung der Klage unter Berufung auf neue rechtliche Gesichtspunkte, die auf einem abweichenden tatsächlichen Vortrag beruhten, sei ausgeschlossen.[251] Liege eine Anspruchskonkurrenz oder Anspruchshäufung vor, so stehe die Rechtskraft der Entscheidung über einen Anspruch nie einem Verfahren über den anderen im Weg. Es handele sich schließlich um selbstständige Streitgegenstände. Habe der Kläger allerdings im Falle einer Anspruchskonkurrenz ein zusprechendes Urteil über einen der konkurrierenden Ansprüche erlangt, so sei damit sein wirtschaftliches Interesse befriedigt. Daher fehle ihm für einen Prozess über den anderen Anspruch das Rechtsschutzbedürfnis.[252]

---

246 Georgiades, Streitgegenstand, S. 251.
247 Georgiades, Streitgegenstand, S. 247.
248 Georgiades, Streitgegenstand, S. 251 f.
249 Georgiades, Streitgegenstand, S. 258
250 Georgiades, Streitgegenstand, S. 257.
251 Georgiades, Streitgegenstand, S. 258 f, 266 f.
252 Georgiades, Streitgegenstand, S. 259.

### c) *Anwendung von Georgiades' Lehre auf den TÜV-Sachverhalt*

Für die Anwendung von *Georgiades'* Streitgegenstandslehre auf die TÜV-Konstellation bedarf es einer Ermittlung des Konkurrenzverhältnisses der verschiedenen geltend gemachten Unterlassungsansprüche – auf sachverhaltliche Aspekte kommt es nicht an. Besteht zwischen den verschiedenen Normen ein Rangverhältnis oder stehen sie in Anspruchsnormenkonkurrenz zueinander, dann liegt dem Gericht nur ein materieller Anspruch und folglich ein Streitgegenstand zur Prüfung vor. Anders ist hingegen zu urteilen, wenn von einer Anspruchskonkurrenz oder Anspruchshäufung auszugehen ist. Bei diesen ist jeweils eine Streitgegenstandsmehrheit anzunehmen.

Unterstellt man auch hier, dass die Klägerin mit ihrem einheitlichen Unterlassungsantrag lediglich eine konkrete Leistung begehrte, scheidet nach *Georgiades* zunächst eine Anspruchshäufung aus. Schließlich wäre eine solche nur anzunehmen, wenn sich die verschiedenen, zwischen denselben Personen bestehenden Ansprüche weder auf dieselbe Leistung noch auf dasselbe wirtschaftliche Interesse richteten und deshalb völlig selbstständig nebeneinanderstehen und verwirklicht werden könnten. Auf den weiteren von *Georgiades* angeführten Aspekt, inwiefern sich die Erfüllung eines der Ansprüche auf den anderen auswirkt, wurde bereits im Rahmen von *Henckels* Streitgegenstandslehre eingegangen.[253]

Nimmt man aber nur eine geforderte Leistung an, so ist grundsätzlich von einer Anspruchsnormenkonkurrenz und damit von lediglich einem Streitgegenstand auszugehen. Alle auf das konkrete Ziel gerichteten Normen bilden einen einheitlichen Anspruch im Sinne *Georgiades'*. Dies muss solange gelten, wie nicht zwischen einzelnen der streitgegenständlichen Normen wesensmäßige Unterschiede bestehen, die einer Zusammenfassung entgegenstehen und die Annahme einer Anspruchskonkurrenz rechtfertigen. Ob Letzteres hier der Fall ist, kann an späterer Stelle entschieden werden.[254] Am Ergebnis ändert sich dadurch wenig. Da die konkurrierenden Ansprüche dann gleichwohl auf dieselbe Leistung zielen, ist nach *Georgiades* neben der eventuellen auch eine alternative Klagehäufung statthaft. Der Kläger muss die verschiedenen Schutzrechte bzw. Anspruchsnormen nicht in eine Reihenfolge bringen und das Gericht kann sich aussuchen, welchen der Gesichtspunkte es zur Begründung seiner Entscheidung heranzieht.

## 8. Die Streitgegenstandslehre von *Dieter Hesselberger*

### a) *Inhalt*

*Dieter Hesselberger* hat seinen Streitgegenstand in der Monographie „Die Lehre vom Streitgegenstand" erläutert. Wie *Henckel* und *Georgiades* lehnt er sich an das

253 S.u. B. II. 6. c).
254 S.u. insgesamt B. VI.

materielle Recht und dabei insbesondere an die Konkurrenzlehren an. Ziel müsse es sein, den materiellen und den prozessualen Anspruch in Einklang zu bringen.[255]

Ausgangspunkt seiner Erörterung ist die Überlegung, dass die Rechtsordnung dem Schädiger in Fällen einer Anspruchskonkurrenz – wie etwa beim oft bemühten Fahrgastfall – nicht mehrere selbstständige Pflichten, sondern nur eine einzige auferlege, die allein aus „dogmatischen Gründen an verschiedenen Stellen normiert" sei.[256] Handele ein Rechtsunterworfener nur einer einzigen Pflicht zuwider, so könnten die aus dieser Verletzung resultierenden Rechtsfolgen, soweit sie identisch seien, aber auch nur einmal eintreten. Die entstandene Forderung könne nur einmal eingeklagt, abgetreten oder erfüllt werden, weshalb lediglich ein materieller Anspruch vorliege.[257]

Unter Berufung auf *Georgiades* scheidet *Hesselberger* den Sachverhalt als ein zur Abgrenzung unbrauchbares Kriterium aus seiner Konkurrenzlehre aus. Es existiere weder eine dogmatische Begründung für die Berücksichtigung oder ein einheitlicher Sachverhaltsbegriff, noch gebe es einen Anknüpfungspunkt für die Abgrenzung der Anspruchsverhältnisse, der zu praxistauglichen Ergebnissen führe.[258] Die Anspruchsindividualisierung könne nur anhand der Subjekte und des Inhalts erfolgen. Es komme allein darauf an, dass die Ansprüche zwischen denselben Personen auf dieselbe Leistung gerichtet seien.[259] Unbeachtlich sei die Identität oder Nichtidentität der Entstehungsgründe. Dem Sachverhalt komme lediglich insofern Bedeutung zu, als er in Zweifelsfällen zur Ermittlung des Leistungsbegehrens beitragen könne.

Wie *Henckel* geht auch *Hesselberger* von einer Mehrdeutigkeit des Anspruchsbegriffs und davon aus, dass die Individualisierung nicht hinsichtlich aller Funktionen einheitlich zu sein vermöge. Als maßgeblich sei jedoch nicht der Anspruch als Verfügungsobjekt, sondern als Träger des Leistungsbegehrens anzusehen.[260] Eine Anspruchseinheit bestehe daher unter anderem, wenn gleichzeitig dingliche und schuldrechtliche Rückgabeansprüche oder Wechsel- und Kausalforderung geltend gemacht würden. Ungeachtet der gesetzlich vorgesehenen Abstraktheit folge beispielsweise beim Zusammentreffen von Wechsel und Grundgeschäft aus dem Umstand, dass der Gläubiger das Begehrte nur einmal verlangen könne, dass es sich letztlich um dieselbe Leistung handeln müsse.[261]

Die rein wirtschaftliche Abgrenzung anhand der geforderten Leistung bei gleichzeitigem Verzicht auf den Sachverhalt als Individualisierungsmerkmal führen zu

255 Hesselberger, Streitgegenstand, S. 292.
256 Hesselberger, Streitgegenstand, S. 265 f.
257 Hesselberger, Streitgegenstand, S. 266 f.
258 Hesselberger, Streitgegenstand, S. 269 f.
259 Hesselberger, Streitgegenstand, S. 278.
260 Hesselberger, Streitgegenstand, S. 286.
261 Hesselberger, Streitgegenstand, S. 290 f.

einer Zweiteilung der möglichen Anspruchsanordnungen. Stehe dem Gläubiger nur eine Leistung zu, dann liege Anspruchseinheit vor, ansonsten Anspruchsmehrheit.[262]

### *b) Hesselbergers Lehre im Prozessverlauf*

Könne der Kläger aufgrund des materiellen Rechts nur eine Leistung fordern, dann gelte auch im Prozess nichts anderes.[263] Daraus könne aber keine Identität von materiellem und prozessualem Anspruch abgeleitet werden. Vielmehr gehorche er verschiedenen Gesetzen, je nachdem, ob er als materieller oder als prozessualer in Erscheinung trete.[264] So werde im Prozess nur um behauptete und nicht um bestehende Ansprüche gestritten, da ein klageabweisendes Urteil sonst keinen Streitgegenstand gehabt hätte.[265]

Klagehäufung nach § 260 ZPO sei dann gegeben, wenn der Kläger vom Beklagten mehrere Leistungen fordere. Die Ansprüche ständen dann im Verhältnis der Anspruchsmehrheit zueinander. Werde hingegen nur eine Leistung begehrt, dann liege eine Anspruchseinheit vor, sodass von nur einem materiellen Anspruch und damit Streitgegenstand auszugehen sei. Da der Sachverhalt nichts zur Individualisierung des Anspruchs beitrage, gelte dies unabhängig davon, ob der Kläger sein Begehren mit einer Einheit oder Mehrheit von Vorgängen zu begründen suche.[266] Stelle er hingegen einen einheitlichen Antrag, beispielsweise auf Verurteilung zur Zahlung einer bestimmten Geldsumme, so müsse doch der Sachverhalt herangezogen werden, um zu ermitteln, ob eine Einheit oder Mehrheit von Leistungen anzunehmen sei. Begehre der Kläger eine Mehrheit an Leistungen und damit an prozessualen Ansprüchen, dann scheide eine alternative Anordnung grundsätzlich aus. Diese sei nur im Fall der Alternativobligation und Ersetzungsbefugnis zulässig. Ansonsten habe die alternative Verbindung eine Unbestimmtheit des Antrags zur Konsequenz.[267]

Im Falle der Anspruchseinheit sei eine Klageänderung gemäß § 263 ZPO solange ausgeschlossen, wie das ursprüngliche Leistungsbegehren identisch bleibe.[268] Dies gelte unabhängig davon, ob zur Begründung neue bzw. andere Anspruchsnormen oder ein neuer bzw. anderer Sachverhalt vorgebracht würden. Führe der Kläger hingegen ein neues Leistungsbegehren in den Prozess ein, dann sei jedenfalls eine Klageänderung gegeben. Verlange er weiterhin die ursprüngliche Leistung, so handele es sich ferner um eine Anspruchsmehrheit und damit eine (nachträgliche) objektive Klagehäufung.

---

262 Inhaltlich stimmen die Anspruchseinheit nach *Hesselberger* und die Anspruchsnormenkonkurrenz nach *Georgiades* weitgehend überein.
263 Hesselberger, Streitgegenstand, S. 276, 292 f.
264 Hesselberger, Streitgegenstand, S. 295.
265 Hesselberger, Streitgegenstand, S. 296.
266 Hesselberger, Streitgegenstand, S. 276.
267 Hesselberger, Streitgegenstand, S. 215.
268 Hesselberger, Streitgegenstand, S. 291, 293.

Dementsprechend sei die Einrede der Rechtshängigkeit gemäß § 261 Abs. 3 Nr. 1 ZPO auch nur dann begründet, wenn versucht werde, ein Parallelverfahren über dieselbe Leistung anzustrengen.[269] Hier könne es ebenfalls nicht von Belang sein, ob die Klage in dem zusätzlichen Prozess auf ein abweichendes rechtliches oder tatsächliches Vorbringen gestützt werde.

Streitgegenstand und Entscheidungsgegenstand stimmten überein. Da aber nicht der prozessuale Anspruch, sondern die Entscheidung über ihn – der Subsumtionsschluss – in Rechtskraft erwachse, könne der Umfang des Urteilsgegenstands weiter sein als der Entscheidungsinhalt.[270] Schließlich beziehe sich letzterer nur auf Tatsachen, die für den Inhalt der Entscheidung auch von Relevanz gewesen seien. Dementsprechend könne die Rechtskraft nur eine neue Klage ausschließen, die dasselbe Leistungsbegehren aufgrund des jeweils vorgebrachten Sachverhalts erfasse. Denn nur hierauf beziehe sich der Subsumtionsschluss des Gerichts. Wolle man eine Erneuerung des Klagebegehrens unter Berufung auf einen anderen Vortrag verhindern, dann könne dies jedenfalls von der Rechtskraft nicht geleistet werden. Unklar bleibt dabei, ob hier eine Präklusion zum Ausschluss führen könnte.[271]

### c) *Anwendung von* Hesselbergers *Lehre auf den TÜV-Sachverhalt*

Wendet man *Hesselbergers* Lehre auf die TÜV-Konstellation an, dann sind zunächst verschiedene Parallelen zu *Georgiades* erkennbar. Hier wie dort geht es im Kern darum, ob die auf der Verletzung unterschiedlicher Schutzrechte beruhenden verschiedenen Unterlassungsansprüche, die allesamt der Begründung eines einheitlichen Unterlassungsantrags dienen, eine Einheit oder Mehrheit von Leistungen darstellen.

Auch insofern wird vorausgesetzt, dass hinsichtlich des klägerischen Unterlassungsbegehrens von einer Leistungsidentität auszugehen ist. Nach *Hesselberger* bestätigt dies nicht zuletzt der Umstand, dass bei zusprechendem Urteil ein einheitlicher Tenor ergeht.[272] Nimmt man aber ein identisches Leistungsbegehren an, dann braucht – anders als bei *Georgiades* – die Frage nach einem wesensmäßigen Unterschied zwischen den einzelnen Anspruchsnormen nicht aufgeworfen zu werden, denn *Hesselberger* kennt lediglich Anspruchseinheit und -mehrheit. Unabhängig von ihrem exakten rechtstechnischen Verhältnis zueinander stehen verschiedene, auf dieselbe Leistung zielende Ansprüche im Verhältnis der Anspruchseinheit zueinander und bilden deshalb lediglich einen Streitgegenstand.

Vor diesem Hintergrund ist nach *Hesselberger* in der TÜV-Konstellation vom Vorliegen lediglich eines prozessualen Anspruchs auszugehen, sodass sich die Frage der – nach *Hesselberger* unzulässigen – alternativen Anspruchshäufung nicht stellt.

---

269 Hesselberger, Streitgegenstand, S. 293.

270 Hesselberger, Streitgegenstand, S. 194 f.

271 *Hesselbergers* Auseinandersetzung mit *Habscheids* Lehre (Streitgegenstand, S. 218) legt zumindest den Schluss nahe, dass er einer rechtskraftfremden Präklusion ablehnend gegenüber steht.

272 Hesselberger, Streitgegenstand, S. 289.

Das Gericht kann eine einheitliche Entscheidung basierend auf einem der Unterlassungsansprüche treffen, ohne dass der Kläger eine Abstufung hinsichtlich der verschiedenen Schutzrechte bzw. Anspruchsnormen vornehmen muss.

## 9. Der unionsrechtliche Streitgegenstand[273]

### *a) Inhalt*

Die unionsrechtliche Streitgegenstandsauffassung tritt im Rahmen von Art. 29 EuGVVO in Erscheinung. Die Norm sieht vor, dass ein Gericht unter bestimmten Voraussetzungen ein Verfahren auszusetzen hat, wenn wegen desselben Anspruchs zwischen denselben Parteien bei einem Gericht eines anderen Mitgliedstaats Klagen anhängig gemacht worden sind. Zweck der Regelung ist es, für eine geordnete Rechtspflege innerhalb der Europäischen Union zu sorgen, indem Parallelverfahren vor Gerichten verschiedener Mitgliedstaaten verhindert werden und so das Entstehen miteinander unvereinbarer Entscheidungen i.S.v. Art. 45 Abs. 1 c) EuGVVO von vornherein ausgeschlossen wird.[274] Aus diesem Grund legt der EuGH den Begriff „desselben Anspruchs" für die von Art. 29 EuGVVO behandelte Frage einer entgegenstehenden Rechtshängigkeit weit aus und stellt auf die sogenannte Kernpunkttheorie ab. Unabhängig davon, ob formal identische Klageanträge gestellt seien, liege demnach eine Streitgegenstandsidentität vor, wenn der Kernpunkt des Streits in den verschiedenen, zwischen denselben Parteien rechtshängigen Verfahren derselbe sei.[275] Das sei anzunehmen, wenn um die Rechtsfolgen aus ein und demselben Sachverhalt gestritten werde.[276] In diesen Fällen könnten sich potenziell konkurrierende Sachentscheidungen hinsichtlich ihrer rechtskraftfähigen Aussagen widersprechen. Eine Anspruchsidentität könne dementsprechend bejaht werden bei einer Zahlungsklage und einem Verfahren, in dem ein für den Zahlungsanspruch vorgreifliches Rechtsverhältnis Gegenstand sei, bei einander entgegengesetzten Klagen auf Zahlung des (Rest-)Kaufpreises und auf Rückzahlung einer Anzahlung wegen Rücktritts vom Kaufvertrag sowie bei einer zuerst erhobenen negativen Feststellungsklage und einer nachfolgenden Leistungsklage.[277]

---

273 Die unionsrechtliche Regelung des Art. 29 EuGVVO (VO (EU) Nr. 1215/2012 vom 12. Dezember 2012; abgeänderte Neufassung von Art. 27 VO Nr. 44/2001) bezieht sich allein auf die Frage der Rechtshängigkeit des Streitgegenstands. Aus diesem Grund wird im Rahmen dieser Erörterung davon abgesehen, hypothetische Erwägungen zum Verhalten eines unionsrechtlichen prozessualen Anspruchs im sonstigen Prozessverlauf (im Hinblick auf Klagehäufung, Klageänderung und materielle Rechtskraft) anzustellen.

274 MüKoZPO-*Gottwald*, Art. 27 EuGVO Rn. 1.

275 EuGH NJW 1989, 665, Rz. 16 f. – *Gubisch/Palumbo;* Stein/Jonas-*Roth*, ZPO, Artikel 27 VO (EG) 44/2001 Rn. 6.

276 MüKoZPO-*Gottwald*, Art. 27 EuGVO Rn. 10.

277 MüKoZPO-*Gottwald*, Art. 27 EuGVO Rn. 10.

### b) *Die TÜV-Konstellation aus dem Blickwinkel des unionsrechtlichen Streitgegenstands*

Da der EuGH auf Grundlage der Kernpunkttheorie zu einem sehr umfassenden Streitgegenstand gelangt, besteht wenig Zweifel daran, dass er auch im TÜV-Verfahren lediglich einen prozessualen Anspruch annehmen würde. Wenn beim Streit über die Rechtsfolgen aus einem konkreten Anlasssachverhalt trotz formal unterschiedlicher Klageanträge nur ein Streitgegenstand angenommen werden kann, dann muss dies a maiore ad minus für den hier in Rede stehenden Fall gelten, bei welchem die Klägerin aufgrund eines einzigen Vorgangs ein – unterstellt – einheitliches Petitum herleitet. Der Kernpunkt der Streitigkeit dürfte dann in der Frage liegen, ob die Klägerin der Beklagten eben diese konkrete Verhaltensweise untersagen kann oder nicht. Keine Bedeutung kann den verschiedenen rechtlichen oder tatsächlichen Aspekten zukommen, auf die sich die Klägerin zur Begründung ihres Begehrens beruft.

## 10. Die Streitgegenstandslehre der Rechtsprechung

### a) *Inhalt*

Die Rechtsprechung stellt überwiegend auf den bereits dargestellten zweigliedrigen Streitgegenstand ab, der rein prozessual durch den Klageantrag und den Klagegrund, welcher durch den Sachverhalt verkörpert wird, als gleichwertige Elemente bestimmt wird.[278] Von einer Streitgegenstandsidentität ist demnach nur auszugehen, wenn sowohl Klageantrag als auch Klagegrund übereinstimmen. Letzterer soll, anders als bei Nikisch („einheitlicher Lebensvorgang"), Rosenberg („Geschichtserzählung") und Habscheid („Lebenssachverhalt"), anhand des Kriteriums einer „natürlichen Betrachtungsweise" abgegrenzt werden. Zum Anspruchsgrund zählten danach alle Tatsachen, die „bei einer natürlichen, vom Standpunkt der Parteien ausgehenden und den Sachverhalt seinem Wesen nach erfassenden Betrachtung zu dem zur Entscheidung gestellten Tatsachenkomplex gehören", welchen der Kläger zur Begründung seines Rechtsschutzbegehrens dem Gericht vortrage.[279] Dabei sind jedoch mehrere Sonderfälle zu beachten.

### b) *Die Bewertung verschiedener Einzelfälle*

Bei der Abgrenzung des Lebenssachverhalts anhand der „natürlichen Betrachtungsweise" können verschiedene Besonderheiten identifiziert werden. So bringt beispielsweise der Kläger bei Unterhaltsstreitigkeiten im Erstprozess und bei der

---

278 Stein/Jonas-*Roth*, ZPO, vor § 253 Rn. 11; hinsichtlich der Einzelheiten sei auf die Ausführungen zu den Streitgegenstandslehren von insbesondere Nikisch, Rosenberg und Habscheid verwiesen.

279 BGH NJW 1992, 1172, juris-Rz. 16; BGH ZIP 2013, 2281, juris-Rz. 15.

Abänderungsklage unterschiedliche Sachverhalte ein, dennoch sollen die beiden Verfahren einen identischen Streitgegenstand haben.[280] Demgegenüber nimmt die Rechtsprechung, ungeachtet des einheitlichen Antrags und Sachverhalts, im Falle einer Zahlungsklage, die sowohl auf Kaufvertrag als auch auf einen gleichzeitig mit Vertragsschluss über die geschuldete Summe abgegebenen Wechsel oder abgegebenes Anerkenntnis gestützt wird, mehrere Klagegründe an.[281] Zum gleichen Ergebnis kam das OLG Karlsruhe in einem Prozess wegen fehlerhafter Anlageberatung hinsichtlich jeder einzelnen, in einem konkreten Beratungsgespräch erfolgten Pflichtverletzung.[282] Ein besonderes Augenmerk ist auf Verfahren im Wettbewerbs- und Kennzeichenrecht zu richten. So fand in jüngerer Vergangenheit im Unterlassungsprozess des Wettbewerbsrechts eine Entwicklung hin zu einem kleinteiligen Streitgegenstand statt, indem der als maßgeblich erachtete Lebenssachverhalt beispielsweise an das beanstandete Verhalten und die dadurch erzeugte Fehlvorstellung[283] oder die materiell-rechtliche Verbotsnorm[284] geknüpft wurde. Hiervon ist der BGH seit der „Biomineralwasser"-Entscheidung mittlerweile – ausdrücklich als Reaktion auf die Auswirkungen der TÜV-Rechtsprechung – jedenfalls für diejenigen Fälle wieder abgerückt, in denen die Klage gegen die konkrete Verletzungsform[285]

---

280 Rosenberg/Schwab/Gottwald, Zivilprozessrecht, § 92 Rn. 18; BGH FamRZ 1997, 488, juris-Rz. 4.

281 BGH NJW-RR 1987, 58, juris-Rz. 5; OLG Köln ZIP 2001, 563, juris-Rz. 14.

282 OLG Karlsruhe NJW-RR 2012, 1435, juris-Rz. 17; Diese Auffassung dürfte jedoch vor dem Hintergrund der späteren Entscheidung BGH ZIP 2013, 2281, juris-Rz. 20 ff. keinen Bestand haben.

283 BGH GRUR 2001, 181, juris-Rz. 13 – *dentalästhetika*; BGH GRUR 2007, 161, juris-Rz. 9 – *dentalästhetika II.*

284 BGH GRUR 1999, 1017, juris-Rz. 31 – *Kontrollnummernbeseitigung.*

285 Die „konkrete Verletzungshandlung" ist von der „konkreten Verletzungsform" zu unterscheiden. Allerdings wird diese Differenzierung selbst in der Rechtsprechung nicht einheitlich vorgenommen. In den Entscheidungen „Branchenbuch Berg" und „Biomineralwasser" ging der BGH jeweils auf die Frage ein, wie der Klagegrund abzugrenzen sei, wenn der Kläger sich gegen eine begangene Wettbewerbshandlung insgesamt wende. Während er dieses Vorgehen einerseits (BGH GRUR 2012, 184, juris-Rz. 14 f. – *Branchenbuch Berg*) als gegen die „konkrete Verletzungshandlung" gerichteten Antrag bezeichnete, sah er es andererseits (BGH GRUR 2013, 401, juris-Rz. 24 – *Biomineralwasser*) als Angriff der „konkreten Verletzungsform" an. Dieser Erörterung wird einheitlich die unter anderem von *Oppermann* vertretene Abgrenzung zugrunde gelegt. Unter der „konkreten Verletzungshandlung" ist danach ein bestimmter tatsächlicher Vorgang zu verstehen, der den Tatbestand von einer oder mehreren Verbotsnormen erfüllt und deshalb insgesamt rechtswidrig ist (Nirk/Kurtze, GRUR 1980, 645, 647; Oppermann, S. 37). Demgegenüber meint die „konkrete Verletzungsform" die Reduktion der vergangenen oder bevorstehenden Handlung auf ihre rechtlich relevanten Elemente (Oppermann, S. 36 f.). Gibt eine „konkrete Verletzungshandlung" dabei Anlass zu mehreren Beanstandungen, dann kennzeichnen diese alle ihre „konkrete Verletzungsform"

gerichtet ist. Beanstande der Kläger demnach beispielsweise eine Werbeanzeige unter mehreren Gesichtspunkten, dann richte sich das Klagebegehren gegen ein konkret umschriebenes Verhalten, das bei einer vom Standpunkt der Parteien ausgehenden natürlichen Betrachtungsweise den Tatsachenkomplex und damit die Beanstandungen umschreibe, zu der die konkrete Verletzungsform Anlass geben könne.[286] Nach dem Grundsatz „iura novit curia" bleibe es damit bei einem Erfolg der Klage dem Gericht überlassen zu bestimmen, auf welchen Aspekt das Unterlassungsgebot gestützt werde.[287] Eine Übertragung dieser Grundsätze auf das Vorgehen aus mehreren Schutzrechten ist nicht erfolgt. Zwar soll es auch im Kennzeichenrecht für die Abgrenzung des Klagegrunds unerheblich sein, ob mehrere gleichartige Verletzungshandlungen vorliegen und/oder verschiedene Verletzungsalternativen einschlägig sind.[288] Dieser Grundsatz findet jedoch dort seine Grenze, wo ein Unterlassungsbegehren auf verschiedene Schutzrechte gestützt wird. Denn in diesen Fällen bleibe es grundsätzlich dabei, dass jedem ein separater Streitgegenstand entspreche.[289]

## 11. Zusammenfassung und Bewertung

Stellt man die erörterten Streitgegenstandslehren gegenüber, so lassen sich verschiedene Gemeinsamkeiten festhalten. Neben dem Umstand, dass alle – zumindest grundsätzlich – einen prozessualen Ansatz verfolgen, ist vor allem der Wille erkennbar, soweit möglich im Interesse der Parteien eine erschöpfende Behandlung der Rechtstreitigkeit herbeizuführen. Die Lehren bestehen nicht um ihrer selbst willen, sie dienen vielmehr den Zwecken des Prozesses. Als Handwerkszeug der Prozesstechnik sind sie für eine rasche, zweckmäßige und Kräfte sparende Rechtspflege von entscheidender Bedeutung.[290] Eine Streitgegenstandslehre wird nur dann den Anforderungen der Praxis gerecht, wenn sich mit ihr bei den „Bewährungspunkten" der Klagehäufung, -änderung, Rechtshängigkeit sowie der materiellen Rechtskraft adäquate Ergebnisse erzielen lassen. Der Jurist muss zeigen, „ob er imstande ist,

---

(BGH GRUR 2013, 401, juris-Rz. 24 – *Biomineralwasser;* OLG Frankfurt WRP 2013, 1072, juris-Rz. 5 – *Zählrate*; enger Nirk/Kurtze, Wettbewerbsstreitigkeiten, Rn. 90 f., die in diesem Fall von einer „konkreten Verletzungshandlung" aber einer Mehrzahl an „konkreten Verletzungsformen" ausgehen). Im Ergebnis ist die „konkrete Verletzungshandlung" somit ein tatsächliches Handeln des Verletzers, das im Einzelfall als „konkrete Verletzungsform" mit dem Unterlassungsantrag angegriffen wird (Ahrens-*Jestaedt*, Wettbewerbsprozess, Kap. 22 Rn. 30).

286 BGH GRUR 2013, 401, juris-Rz. 24 – *Biomineralwasser.*

287 BGH GRUR 2013, 401, juris-Rz. 24 – *Biomineralwasser*; Stieper, WRP 2013, 561, 563.

288 BGH GRUR 2012, 630, juris-Rz. 17 – *CONVERSE II*; BGH GRUR 2012, 621, juris-Rz. 32 – *OSCAR.*

289 BGH GRUR 2012, 630, juris-Rz. 14 – *CONVERSE II*; BGH GRUR 2013, 397, juris-Rz. 13 – *Peek & Cloppenburg III.*

290 Nikisch, Streitgegenstand, S. 129.

seine Kunst in den Dienst des Lebens zu stellen, oder ob er seine Aufgabe darin erblickt, das Leben mit juristischen Konstruktionen zu tyrannisieren."[291] Dem werden aber nicht alle Ansätze gleichermaßen gerecht.

Ist der Streitgegenstand eng an einzelne materiell-rechtliche Anspruchsnormen angelehnt, dann führt dies zu einer Vermehrung von Streitgegenständen bei einheitlichen Anträgen und Sachverhalten. Wenn etwa *Lent* seine Rechtsbehauptung und damit seinen Streitgegenstand mit einer konkreten Anspruchsgrundlage gleichsetzt, dann hat es ein findiger Kläger theoretisch in der Hand, sich im Klagevorbringen ausdrücklich auf eine materielle Norm zu berufen und so den Umfang der Rechtskraft auf diese zu beschränken. Mit jedem neuen Anspruch ist damit eine Erneuerung der Klage möglich, sodass in manchen Konstellationen eine (nahezu) endlose Aneinanderreihung von Prozessen denkbar ist und der Beklagte durch die Rechtskraft nicht vor nachfolgenden Angriffen geschützt wird.[292] Darüber hinaus wird dieses Abgrenzungskriterium für einen Rechtsunkundigen regelmäßig nicht nachvollziehbar und damit beispielsweise einem Kläger schwer zu vermitteln sein, dass er trotz vollumfänglichen Erreichens des begehrten Klageziels mit seiner (umfassend begründeten) Klage teilweise unterliegt.[293]

*Georgiades*, *Henckel* und *Hesselberger* verfolgen einen abweichenden Ansatz. Wie auch *Lent* gehen sie von einer einheitlichen Individualisierung von sowohl materiellem als auch prozessualem Anspruch aus. Dabei wird jedoch nicht reflexartig versucht, ersteren an die einzelnen materiellen Anspruchsgrundlagen zu knüpfen. Die Autoren reden vielmehr in Fällen der Anspruchskonkurrenz einem einheitlichen Anspruch das Wort, bei welchem die konkurrierenden Normen bloße rechtliche Gesichtspunkte darstellen. Keine Einigkeit besteht hingegen bei der Frage, wann die verschiedenen Anspruchsgrundlagen einen mehrfach begründeten Anspruch einerseits bilden und wann sie andererseits eine Anspruchsmehrheit zur Folge haben. In diesem Rahmen sollen unterschiedliche Abgrenzungskriterien zur Anwendung kommen. Während sich *Georgiades* am Konkurrenzverhältnis der Ansprüche orientieren will, soll nach *Henckel* deren Eigenschaft als Verfügungs- und nach *Hesselberger* als Leistungsobjekt maßgeblich sein.

Die aus diesen Lösungsansätzen der Streitgegenstandsproblematik resultierenden Schwierigkeiten liegen weniger auf prozessualer als vielmehr auf materieller Ebene. Der Versuch, mehrere Anspruchsgrundlagen zu einem „Gesamtanspruch" zusammenzufassen, sieht sich unweigerlich damit konfrontiert, dass das Gesetz mitunter abweichende Rechtsfolgen an Ansprüche knüpft, die jeweils aus den verschiedenen, selbstständig ausgestalteten Normen erwachsen. So können etwa unterschiedliche Verjährungsfristen oder Beweislastregelungen bestehen oder der eine Anspruch kann zur Aufrechnung geeignet sei und der andere nicht.[294] Aus

291 Nikisch, Streitgegenstand, S. 137.
292 Vgl. Schwab, Streitgegenstand, S. 27.
293 Fischer, ZZP 57 (1933), 340, 342; Nikisch, Streitgegenstand, 36.
294 Habscheid, FS Schwab 181, 194.

diesem Grund verweisen sowohl *Henckel* als auch *Hesselberger* auf die verschiedenen Funktionen, die ein Anspruch zu erfüllen hat, und orientieren sich bei der Abgrenzung allein an derjenigen, die sie für die prozessuale Bewertung als wesentlich erachten. Dies führt im Ergebnis zu einem materiellen Anspruchsbegriff, der – in Widerspruch zu den gesetzlichen Vorgaben – hinsichtlich jeder seiner Funktionen unterschiedlich zu individualisieren ist.[295] Demgegenüber versucht *Georgiades* mit teleologischen Wertungen jeweils einen einheitlichen Gesamtanspruch zu „kreieren", der sämtlichen kollidierenden Regelungen gerecht wird. Insbesondere der Ausgangspunkt, grundsätzlich von einem Vorrang der Gläubigerinteressen auszugehen, vermag jedoch nicht immer zu überzeugen.[296] Im Ergebnis ist daher zunächst *Arens* zuzustimmen, dass eine einheitliche Individualisierung von prozessualem und materiellem Anspruch bereits deshalb fehlgehen muss, weil ein von mehreren Anspruchsgrundlagen begründeter materieller „Gesamtanspruch" lediglich eine Fiktion ist.[297] Daraus kann aber noch nicht zwingend gefolgert werden, dass das Heranziehen materiell-rechtlicher Wertungen für die Streitgegenstandsabgrenzung insgesamt untauglich wäre.[298] Wie noch zu zeigen sein wird, können diese Gedanken von entscheidender Bedeutung sein.

Folgt man dem von *Schwab* entwickelten eingliedrigen Streitgegenstandsbegriff und orientiert sich allein an dem vom Kläger gestellten Antrag, dann ist von lediglich einem Streitgegenstand insbesondere dann auszugehen, wenn der Kläger sein einheitliches Begehren auf mehrere Forderungen stützt, die zwar einerseits auf dieselbe wirtschaftliche Leistung zielen, andererseits aber, wie es hinsichtlich des Grundgeschäfts und eines Anerkenntnisses oder Wechsels anzunehmen ist, vom Gesetzgeber abstrakt ausgestaltet worden sind. *Schwabs* Lehre krankt zunächst daran, dass er keinen Weg aufzeigt, wie das Problem von Verfügungen über einzelne dieser abstrakten Ansprüche während des Prozesses zu behandeln ist.[299] Zudem wendet er seine Streitgegenstandsabgrenzung nicht konsequent auf alle von ihm so bezeichneten „Bewährungspunkte" an. Denn die materielle Rechtskraft soll sich nicht auf den prozessualen Anspruch als solchen beziehen. Vielmehr soll die Bindungswirkung der Entscheidung – in Widerspruch zu § 322 Abs. 1 ZPO – auf den vorgetragenen Sachverhalt beschränkt bleiben.[300]

Eine unmittelbare Übertragung der unionsrechtlichen Kerntheorie auf nationale Sachverhalte muss ausscheiden. Vor dem Hintergrund der mit ihr verfolgten speziellen Ziele, in erster Linie der Verhinderung konfligierender Entscheidungen, bietet sie allein eine Lösung für das Problem einer entgegenstehenden Rechtshängigkeit

295 Althammer, Streitgegenstand, S. 67.
296 Schwab, Jus 1976, 69, 72; Schwab, FS Lüke, 793, 802; Arens, AcP 170 (1970), 392, 402 ff.
297 Arens, AcP 170 (1970), 392, 406; Kodde, Streitgegenstand, S. 204.
298 vgl. Zöller-*Vollkommer*, ZPO, Einl., Rn. 83; Althammer, Streitgegenstand, S. 67 f.
299 Rosenberg/Schwab/Gottwald, Zivilprozessrecht, § 92 Rn. 15.
300 Nikisch, AcP 154 (1955), 269, 280.

an.[301] Dies führt dann auch dazu, dass dem Klageantrag, in Widerspruch zu seiner besonderen Bedeutung für das Rechtsschutzbegehren, für dessen Bestimmung nur eine untergeordnete Rolle zugestanden wird.[302] Aufgrund dieser singulären Ausrichtung erscheint es als ausgeschlossen, dass sich über eine einheitliche Anwendung der Kerntheorie im Prozess im Allgemeinen und bei den „Bewährungspunkten" im Speziellen durchgängig praxistaugliche Ergebnisse erzielen lassen.

Dem von Literatur und Rechtsprechung präferierten zweigliedrigen (bzw. nach *Habscheid* dreigliedrigen) Streitgegenstand, dem Abstellen sowohl auf Klageantrag als auch auf Klagegrund, können ebenfalls nicht zu unterschlagende Schwachpunkte attestiert werden. Der Klagegrund wird regelmäßig mit Elementen des zur Begründung des Begehrens vorgetragenen Sachverhalts gleichgesetzt. Allerdings bildet nicht jede einzelne vom Kläger eingebrachte Tatsache einen eigenen Klagegrund. Stattdessen setzt er sich aus einer Mehrzahl von Tatsachenbehauptungen zusammen, die anhand unterschiedlicher Kriterien zu einem „Tatsachenkomplex" zusammengefasst werden. Während *Nikisch* die Grenze durch den „einheitlichen Lebensvorgang" ziehen will, spricht *Rosenberg* schlicht von der „Geschichtserzählung", *Habscheid* sieht den „Lebenssachverhalt" als maßgeblich an und die Rechtsprechung stellt auf eine „natürliche Betrachtungsweise" ab. Im konkreten Einzelfall kann es damit abhängig von der zugrunde gelegten Auffassung zu einer abweichenden Einordnung kommen, welche Fakten den Klagegrund bilden und damit für die Abgrenzung des prozessualen Anspruchs entscheidend sind. Diese Festlegung wird so zur „Stellschraube" für den Umfang des Streitgegenstands.[303] Im Ergebnis wird deshalb zu Recht der Vorwurf erhoben, dass die Abhängigkeit vom Sachverhalt einen Moment der Rechtsunsicherheit in die zweigliedrige Streitgegenstandslehre trägt.[304]

Dieser Kritikpunkt darf jedoch nicht davon ablenken, dass das Heranziehen von sowohl Klagegegenstand als auch Klagegrund seine Stütze im Wortlaut von § 253 Abs. 2 Nr. 2 ZPO findet, wonach die Klage einen bestimmten Antrag und einen bestimmten Grund enthalten muss.[305] Zudem gibt diese Individualisierung des prozessualen Anspruchs keinen Anlass zu grundsätzlichen Bedenken im Hinblick auf Klagehäufung, Klageänderung, Rechtshängigkeit und materielle Rechtskraft.

## 12. Ergebnis

Einer Anwendung sowohl der materiell-rechtlich orientierten Lehren als auch der eingliedrigen Streitgegenstandstheorie *Schwabs* stehen erhebliche Bedenken entgegen. Während erstere einen vom Gesetzgeber nicht vorgesehenen materiell-rechtlichen

301 Musielak/Voit-*Musielak*, ZPO, Einl. Rn. 72a.
302 v. Ungern-Sternberg, GRUR 2009, 901, 902.
303 Ahrens, WRP 2013, 129, 130.
304 Schwab, FS Lüke, 793, 794.
305 Althammer, ZZP 123 (2010), 163, 170; Rosenberg/Schwab/Gottwald, Zivilprozessrecht, § 92 Rn. 10.

Einheitsanspruch voraussetzen, scheitert letztere daran, dass sie nicht allen prozessualen Anforderungen gerecht wird.

Demgegenüber erfüllt allein der von der h.M. vertretene zweigliedrige Streitgegenstandsbegriff die gesetzgeberischen Vorgaben des § 253 Abs. 2 Nr. 2 ZPO und besteht auch bei den prozessualen „Bewährungspunkten". Diesem Nutzwert steht jedoch die Rechtsunsicherheit gegenüber, die durch die Unbestimmtheit des Sachverhaltsbegriffs hervorgerufen wird. Inwiefern diesem Manko begegnet werden kann, darauf gilt es im weiteren Verlauf der Abhandlung einzugehen.

## III. Das normative[306] Element des zweigliedrigen Streitgegenstands

### 1. Die Abhängigkeit des Klagegrunds von materiell-rechtlichen Wertungen

Wie die obigen Ausführungen gezeigt haben, ist der zweigliedrige Streitgegenstand den anderen Varianten aus Praktikabilitätserwägungen vorzuziehen.

Dies wirft aber die Frage auf, ob nicht am erkannten neuralgischen Punkt der Lehre, der Abgrenzung des Sachverhalts bzw. Klagegrunds, für mehr Klarheit gesorgt und damit dem Dilemma der drohenden Rechtsunsicherheit begegnet werden kann.

Dabei gilt es zunächst, der Ursache dieser Problematik auf den Grund zu gehen. Wenn der Kläger sein Begehren begründet, dann stützt er sich dabei regelmäßig auf einen historischen Vorgang. Die Gesamtheit aller in der Vergangenheit liegenden Ereignisse (ob vorgetragen oder nicht) bildet aber eine nicht abreißende Kette, die sich nur unter Bezugnahme auf einen bestimmten Gesichtspunkt zu einem greifbaren, für die Entscheidungsfindung verwertbaren Sachverhalt vereinigen lässt.[307] Unabhängig davon, ob dieser Gesichtspunkt zur Abgrenzung des Klagegrunds in dem „einheitlichen Lebensvorgang", der „Geschichtserzählung", dem „Lebenssachverhalt" oder der „natürlichen Betrachtungsweise" zu sehen ist; bei Licht betrachtet täuschen die verschiedenen Begrifflichkeiten über ihre wahre Natur hinweg. Sie stellen vordergründig ein allgemeingültiges Schema dar, welches anhand von objektiven Kriterien einzelne Fakten zu einem zusammenhängenden Ausschnitt aus der historischen Welt verbindet.[308] Tatsächlich steht aber ein normatives Element

306 Die Bezeichnung „normativ" wird in verschiedenen Bedeutungsnuancen verwendet (vgl. Hilgendorf, FS Rottleuthner, 45 ff.). Im Rahmen dieser Untersuchung steht sie für die „vorzugswürdige" Alternative der „Wertausfüllungsbedürftigkeit" (Engisch, Einführung, S. 197). Danach erfordert die Anwendung eines normativen Begriffs immer eine (Eigen-)Wertung des Rechtsanwenders im zu beurteilenden Einzelfall (Hilgendorf, a.a.O., 45, 60).

307 Georgiades, Streitgegenstand, S. 153.

308 Bruns, FS Schmidt-Rimpler, 237, 239 f.

im Mittelpunkt. Letztlich handelt es sich um ein Einfallstor für rechtspolitische Wertungen, um im Einzelfall zu sachgerechten Ergebnissen zu gelangen und so den Rechtsschutz folgenorientiert und unter Effektivitätsgesichtspunkten zweckmäßig zu organisieren.[309] Allein aus der Streitgegenstandsbestimmung auf Grundlage sowohl des Klageantrags als auch des vorgetragenen Sachverhalts erhält der prozessuale Anspruch eine Flexibilität, die es dem Richter gestattet, unter Berücksichtigung der tangierten Interessen auf prozessuale Eventualitäten einzugehen und nach Möglichkeit eine umfassende und schnelle Streiterledigung herbeizuführen.[310]

Um der Natur dieses normativen Kriteriums auf den Grund zu gehen, hilft die Erkenntnis, wie die von den Parteien eingebrachten Tatsachen für die Entscheidungsfindung verwertet werden. Da das Gericht notwendigerweise in rechtlichen Kategorien denkt, betrachtet es die gesamte Geschichtserzählung zwangsläufig durch eine „juristische Brille". Auf diesem Wege werden aus dem „Roh-Sachverhalt" anhand von rechtlichen Gesichtspunkten diejenigen Elemente herausgefiltert, die geeignet scheinen, das Klagebegehren positiv wie negativ zu beeinflussen.[311] Dabei finden beispielsweise – ungeachtet des zeitlichen Abstands – beim erörterten Fahrgastfall nicht nur das Verletzungsereignis, sondern auch die Umstände Berücksichtigung, die zur Begründung des Vertrags-verhältnisses zwischen geschädigtem Passagier und Beförderungsunternehmen erforderlich sind. Genauso werden Kauf und Verbrauch der Ware im Weinfall als im Hinblick auf das Klagebegehren zusammengehörig betrachtet. Umgekehrt bewertet die Rechtsprechung einerseits eine Wechselbegebung oder die Abgabe eines abstrakten Schuldanerkenntnisses und andererseits den Abschluss des zugrunde liegenden Rechtsgeschäfts als unabhängige Sachverhalte, obwohl diese zeitlich zusammenfallen, oder sieht im Kennzeichenprozess bei einer einheitlichen Verletzungshandlung jedes Schutzrecht als eigenen Klagegrund an. Wenn man wie im Fahrgast- und Weinfall die verschiedenen tatsächlichen Vorgänge als einheitlichen Sachverhalt bewertet, beim Zusammentreffen von Wechsel und Grundgeschäft oder bei einer gleichzeitigen Verletzung verschiedener Kennzeichenrechte aber eine Mehrheit an Sachverhalten annimmt, dann kann dies schwerlich mit einer rein objektiven „natürlichen Betrachtung" des Geschehensablaufs begründet werden.[312] Indem man die entsprechenden vorgetragenen Fakten gemeinsam oder separat betrachtet, nimmt man keine natürliche Auslese vor, sondern vollzieht eine juristische Selektion. Allein aufgrund der „Spiegelung" einer materiell-rechtlichen Wertung wird – unabhängig von der Einheitlichkeit des Faktenpools – auf einen oder mehrere Klagegründe erkannt.[313]

309 Vgl. Meyer, NJW 2003, 2887, 2888; Ahrens-*Ahrens*, Wettbewerbsprozess, Kap. 36 Rn. 20.
310 Zeiss/Schreiber, Rn. 309.
311 Larenz/Canaris, Methodenlehre, S. 278 ff.
312 vgl. Musielak, NJW 2000, 3593, 3595.
313 Vgl. Bruns, FS Schmidt-Rimpler, 237, 243; Rosenberg/Schwab/Gottwald, Zivilprozessrecht, § 92 Rn. 10; Teplitzky, Wettbewerbsrecht, Kap. 46 Rn. 2b.

Die Abhängigkeit der Sachverhaltsabgrenzung von diesen normativen Erwägungen ist aber nur solange angemessen, wie diese einerseits nachvollziehbar sind und andererseits zu sachgerechten Ergebnissen führen. Das Gebot der Zweckmäßigkeit und Praktikabilität muss im Vordergrund stehen.[314] Das ist jedoch nicht immer der Fall.

## 2. Bewertung verschiedener Einzelfälle

Im Fahrgastfall stellen die (materiell-rechtlichen) Ansprüche aus Vertrag, Delikt und Haftpflichtgesetz für sämtliche Vertreter einer zweigliedrigen Lehre einen einheitlichen Streitgegenstand dar. Unabhängig vom jeweiligen Abgrenzungskriterium bilden die verschiedenen Anspruchsgrundlagen eine untrennbare Einheit und daher lediglich einen Klagegrund. Dies auch zu Recht. Die verschiedenen Ansprüche dienen der Befriedigung desselben Interesses. Für einen Rechtsunkundigen wäre es nicht nachvollziehbar, wenn beispielsweise der Anspruch aus Vertrag bejaht würde, ihm damit der beantragte Betrag zugesprochen würde, er aber gleichwohl aufgrund eines nicht gegebenen Anspruchs aus Delikt oder Haftpflichtgesetz in der Sache teilweise unterläge und Kosten zu tragen hätte. Zudem führte die Annahme mehrerer Streitgegenstände im Hinblick auf Klagehäufung, Klageänderung, Rechtshängigkeit und Rechtskraft zu prozessual bedenklichen Ergebnissen.

Im Weinfall erfasst der Klagegrund bzw. der Sachverhalt nicht ausschließlich den Kauf, sondern darüber hinaus einen eventuellen Verbrauch der Getränke. Es kommt nicht darauf an, ob die verschiedenen Umstände gleichzeitig oder mit langem Abstand voneinander eintreten. Auch hier ist die Zusammenfassung der verschiedenen Sachverhaltselemente zu einer logischen Einheit als sachgerecht einzustufen. Einerseits stehen dem keine praktischen Bedenken entgegen, andererseits ist es leicht nachvollziehbar, dass zu einem Verbrauch einer Ware auch der vorangegangene Erwerb gerechnet wird.[315] Das klägerische Petitum ist auf die Befriedigung lediglich eines wirtschaftlichen Interesses gerichtet. Im Zweifelsfall wird es dem Kläger gleichgültig sein, ob ihm dieses konkrete Begehren unter Berufung auf den einen oder den anderen historischen Vorgang, ob unter dem rechtlichen Gesichtspunkt des Vertrags oder dem der Bereicherung zugesprochen wird.

Die umgekehrte Situation liegt dann vor, wenn beispielsweise Ansprüche aus einem Darlehen und zusätzlich einem abstrakten Schuldanerkenntnis oder aus einem Kauf und einem Wechsel zusammentreffen. Mögen sich die jeweiligen Rechtsgeschäfte auch zeitlich überschneiden, so sind dennoch immer mehrere Streitgegenstände anzunehmen.[316] In diesem Fall ist das Ergebnis ebenfalls als angemessen

314 Stieper, GRUR 2012, 5, 14.

315 Habscheid, Streitgegenstand, S. 207.

316 Wird zur Sicherung einer Forderung eine Grundschuld bestellt und darüber hinaus – was nicht unüblich ist – noch ein abstraktes Schuldanerkenntnis abgegeben, so erfolgt dies sogar regelmäßig in derselben Urkunde (vgl. Hoffmann-Becking/Rawert-*Dieckmann*, IV.A.26.)

einzustufen. Zwar mag der juristische Laie die prozessuale Trennung auf den ersten Blick nicht nachvollziehen können. Nur sie wird jedoch dem Ziel des Gesetzgebers gerecht, mit den Rechtsinstituten des Wechsels und des Anerkenntnisses die Möglichkeit zur Begründung abstrakter, selbstständiger (und damit unabhängig von der Grundforderung einklagbarer) Forderungen zu schaffen.[317]

## 3. Der Unterlassungsprozess im Wettbewerbs- und Kennzeichenrecht

Wie das hier gegenständliche TÜV-Verfahren allerdings zeigt, führt die „natürliche Betrachtungsweise" zur Abgrenzung des Klagegrunds im Unterlassungsprozess des Kennzeichen- und Wettbewerbsrechts nicht zu durchweg zufriedenstellenden Ergebnissen. Mag die Rechtsprechung wieder teilweise von ihrer vorübergehend praktizierten sehr kleinteiligen, weil eng an einzelnen materiell-rechtlichen Unterlassungstatbeständen orientierten, Streitgegenstandsbetrachtung abgerückt sein, so soll bei kennzeichenrechtlichen Streitigkeiten aber nach wie vor jedem Schutzrecht ein Streitgegenstand entsprechen.[318] Der mitunter vertretenen Auffassung[319], dass eine Mehrzahl an Streitgegenständen auch dann vorliege, wenn der vorgetragene Sachverhalt mehrere auf ein Kennzeichen gestützte Unterlassungsansprüche mit unterschiedlichen Tatbestandsvoraussetzungen rechtfertige, hat der BGH hingegen eine ausdrückliche Absage erteilt.[320] Allerdings führt das strenge Abgrenzungsdogma der Rechtsprechung – ein Kennzeichen, ein Streitgegenstand – zu einer Annäherung an die materiell-rechtlichen Lehren und hat teilweise eine fragwürdige Vermehrung an prozessualen Ansprüchen zur Folge.[321] So resultierten beispielsweise in der „Stofffähnchen I"-Entscheidung aus dem klägerischen Vorgehen gegen drei verschiedene Verletzungsformen unter Berufung auf fünf registrierte und eine Benutzungsmarke 18 Streitgegenstände.[322]

Zunächst erscheint es bedenklich, dass die Beweggründe, die Anlass für die Rechtsprechungsänderung des BGH in der „Biomineralwasser"-Entscheidung waren, im Kennzeichenrecht keine Beachtung finden. Aufgrund der parallelen Problematik wäre eine einheitliche Lösung interessengerecht.

Durch die Bewertung werden überdies prozessuale Prinzipien infrage gestellt. Der Rechtsgrundsatz „iura novit curia" wandelt sich zu einem „iura novit actor" – der Kläger hat das Recht zu kennen.[323] Schutzrechte werden nur dann Gegenstand des

317 Bülow, WechselG, Einf. Rn. 3, 6; MüKoBGB-*Habersack*, § 780 Rn. 6.
318 BGH GRUR 2001, 755, juris-Rz. 18 – Telefonkarte; BGH GRUR 2007, 1066, juris-Rz. 60 – Kinderzeit.
319 Büscher/Dittmer/Schiwy-*Büscher*, § 14 MarkenG Rn. 698.
320 BGH GRUR 2012, 621, juris-Rz. 32 – *OSCAR*.
321 Meyer, NJW 2003, 2887, 2887; Teplitzky, WRP 2012, 261, 263.
322 BGH GRUR 2009, 766 – Stofffähnchen I; Büscher/Dittmer/Schiwy-*Büscher*, § 14 MarkenG, Rn. 698.
323 Stieper, GRUR 2012, 5, 14.

Verfahrens, wenn der Kläger sein Vorgehen in den Tatsacheninstanzen ausdrücklich auf sie stützt.[324] Kann dies noch nachvollzogen werden, wenn sie einer Registrierung oder Anmeldung bedürfen, so ist es jedenfalls fragwürdig, wenn – wie bei einem Urheberrecht, einer Benutzungsmarke oder einem Unternehmenskennzeichen – die tatrichterliche Beurteilung eines vorgetragenen Sachverhalts im Mittelpunkt steht.[325] Dies gilt umso mehr, da ein richterlicher Hinweis auf die Möglichkeit, das Begehren gestützt auf einen anderen Klagegrund zu erreichen, grundsätzlich ausscheiden muss.[326]

Auch in prozessökonomischer Hinsicht sind Bedenken zu erheben. Die Vermehrung an Streitgegenständen leistet einer „Verfahrenszersplitterung“ Vorschub. Der Kläger wird dazu angehalten, seine Klage zunächst auf einzelne Schutzrechte zu beschränken.[327] Ist er dann mit einem oder mehreren unterlegen, so kann das identische Unterlassungsbegehren unter Berufung auf andere Kennzeichen oder Ansprüche ohne Weiteres in einem neuen Verfahren eingebracht werden.[328]

Vor Erlass des „TÜV I“-Beschlusses wurde die Entstehung „kaum mehr erträglicher“[329] Folgen dadurch verhindert, dass man dort, wo mehrere Schutzrechte bzw. Ansprüche zur Begründung eines einheitlichen Unterlassungsanspruchs vorgetragen wurden, eine alternative Klagehäufung als zulässig erachtete. Damit trug man dem Umstand Rechnung, dass es dem Berechtigten bei seinem Begehren, ein bestimmtes Verhalten zu untersagen, häufig nicht darauf ankommt, auf welcher rechtlichen Grundlage das Verbot erfolgt. Vergleichbare Tendenzen bestehen in zahlreichen Streitgegenstandslehren. So gestatten sowohl *Habscheid, Henckel* als auch *Georgiades* in den fraglichen Fällen die alternative Klagehäufung unter Berufung auf das einheitliche Petitum.[330]

Der dahinterstehende Gedanke ist leicht nachvollziehbar. Außer bei Alternativobligationen wird eine alternative Klagehäufung durchweg abgelehnt, sofern sich die verschiedenen Streitgegenstände auf einen abweichenden Entscheidungsinhalt beziehen. Begehrt der Kläger hingegen eine einheitliche Leistung, dann soll diese, auch wenn sie sich durch mehrere Streitgegenstände begründen lässt, unkompliziert in einem Verfahren eingebracht werden können. Vor diesem Hintergrund wird zudem die Frage aufgeworfen, ob denn überhaupt von mehreren Streitgegenständen

---

324 BGH GRUR 2007, 1066, juris-Rz. 61 – Kinderzeit; BGH GRUR 2001, 755, juris-Rz. 18 – Telefonkarte.

325 Stieper (GRUR 2012, 5, 14) kritisiert diese strengen Anforderungen u. a. im Hinblick auf den Anspruch des Klägers auf rechtliches Gehör gem. Art. 103 GG.

326 S.u. C. I. 1.

327 Stieper, GRUR 2012, 5, 13.

328 Vgl. BGH GRUR 2001, 755, juris-Rz. 17 ff. – Telefonkarte; Ahrens, WRP 2013, 129, 131; Teplitzky, GRUR 2003, 272, 279.

329 Teplitzky, GRUR 2011, 1091, 1092.

330 *Schwab* und *Hesselberger* kommen ohne das Konstrukt der alternativen Klagehäufung aus, da nach ihren Lehren in den fraglichen Konstellationen immer nur ein Streitgegenstand anzunehmen ist.

die Rede sein könne, wenn diese dann doch im Wege der alternativen Klagehäufung nur als mehrere Begründungen angesehen würden.[331]

Nach der nun vollzogenen Abkehr des BGH von der alternativen Klagehäufung muss ein Kläger in vergleichbaren Konstellationen entweder zu einer kumulativen oder eventuellen Klagehäufung greifen. Da ein kumulatives Vorgehen – insbesondere bei einer großen Anzahl an Streitgegenständen – zu einer erheblichen finanziellen Mehrbelastung führt, ist anzunehmen, dass bevorzugt der Weg der Eventualhäufung beschritten wird und die verschiedenen Schutzrechte und Ansprüche in einem Stufenverhältnis zur Entscheidung gestellt werden. Die Suche nach dem „richtigen" vorrangigen Klagegrund erschwert dem Kläger sein Vorgehen aber erheblich.[332] Oft wird die Wahl gar willkürlich erfolgen, kann er doch häufig nicht mit hinreichender Sicherheit beurteilen, welches Klagekennzeichen sich in Zukunft als rechtsbeständiger erweisen wird.[333]

### 4. Zusammenfassung

Im Ergebnis bleibt damit zu konstatieren, dass die verschiedenen Ausprägungen der Lehre vom zweigliedrigen Streitgegenstand zur Festlegung des Klagegrunds nur vordergründig einen objektiven Maßstab anlegen. Tatsächlich greifen sie bei der Abgrenzung auf normative, insbesondere auf materiell-rechtliche Gesichtspunkte zurück. Unter dem Deckmantel der von der Rechtsprechung praktizierten „natürlichen Betrachtungsweise" verbergen sich voneinander erheblich abweichende Individualisierungskriterien, die zu einer im Einzelfall praxistauglichen Festlegung des Klagegrunds und damit des Streitgegenstands führen sollen. Die im Kennzeichenprozess herangezogenen Wertungen nähern den Streitgegenstand – ohne größere Einwände der zivilprozessualen Lehre – bedenklich den materiell-rechtlichen Theorien an und bringen verschiedene Folgeprobleme mit sich.

## IV. Der alternative Streitgegenstand im Unterlassungsprozess des Wettbewerbs- und Kennzeichenrechts

### 1. Der klägerische Antrag als Ausgangspunkt des alternativen Streitgegenstands

Die bisherigen Ausführungen haben gezeigt, dass die insbesondere von der Rechtsprechung praktizierte materiell-rechtlich orientierte Abgrenzung des Klagegrunds jedenfalls im Kennzeichenprozess nicht zu durchweg befriedigenden Ergebnissen

331 Vgl. Stieper, GRUR 2012, 5, 13; Bei *Hesselberger* (Streitgegenstand, S. 217) findet sich dieser Gedankengang in Bezug auf die Verhinderung von Doppelverurteilungen.
332 Vgl. Teplitzky, GRUR 2011, 1091, 1092.
333 Stieper, GRUR 2012, 5, 9 f.

führt. So widerspricht der feingliedrige Streitgegenstand prozessökonomischen Grundsätzen, da er der prozessualen Sachbereinigung im Weg steht. Zudem verkehrt er das Prinzip des „iura novit curia" ins Gegenteil und bereitet dem Kläger erhebliche Probleme bei der Antragsstellung. Abhilfe kann nur eine Neujustierung des Klagegrunds schaffen, die einen umfassenderen Streitgegenstand zur Folge hat.[334]

Ausgangspunkt muss dabei das klägerische Begehren sein, welches seinen Niederschlag im Klageantrag findet. Unabhängig davon, ob man Anhänger einer eingliedrigen oder einer zweigliedrigen Lehre ist und damit den Antrag als allein maßgeblich erachtet oder aber für die Streitgegenstandsabgrenzung zusätzlich auf den Klagegrund abstellt, steht immer das vom Kläger verfolgte Petitum im Zentrum der Betrachtung.[335] Der Zivilprozess dient zuvörderst der Feststellung und Verwirklichung des vom Kläger behaupteten subjektiven Rechts.[336]

Mag auch jede Streitgegenstandslehre auf Sachverhaltselemente angewiesen sein[337], so existiert gleichwohl keine gesetzliche Vorgabe, der zufolge die Streitgegenstandsindividualisierung anhand von Sachverhaltselementen zu erfolgen hätte. Zudem belegen doch gerade die hier im Mittelpunkt stehenden Unterlassungsprozesse, dass eine überproportionale Orientierung an tatsächlichen Gesichtspunkten einer Verwirklichung des klägerischen Willens zuwider läuft.[338]

Ohne gleich den von *Schwab* vorgezeichneten radikalen Weg eines gänzlichen Verzichts auf den Klagegrund zu gehen, erscheint es deshalb sachgerecht, dem Begehren des Klägers größeres Gewicht beizumessen. Wie die folgenden Ausführungen zeigen werden, kann dies erreicht werden, indem bei der Abgrenzung des Klagegrunds das Verhältnis der verschiedenen im Raum stehenden Unterlassungsansprüche (und gegebenenfalls das der zugrunde liegenden Schutzrechte) zueinander berücksichtigt wird.

## 2. Die Abgrenzung des Klagegrunds anhand des Konkurrenzverhältnisses der verschiedenen Unterlassungsansprüche

### *a) Vorbemerkungen*

Beanstandet der Kläger im Wege der Unterlassungsklage ein bestimmtes Verhalten des Beklagten, dann kann er sich teilweise auf unterschiedliche Unterlassungsansprüche stützen. Handelt es sich um eine kennzeichenrechtliche Konstellation, dann werden

334 So auch BGH GRUR 2013, 401, juris-Rz. 23 f. – *Biomineralwasser.*

335 Aufgrund ihrer besonderen Zielrichtung macht allein die unionsrechtliche Kernpunkttheorie hiervon eine Ausnahme (s.o. B. II. 9. a).

336 Rosenberg/Schwab/Gottwald, ZPO, § 1 Rn. 7.

337 So muss selbst im Rahmen der eingliedrigen Streitgegenstandslehre *Schwabs* auf die Klagebegründung zurückgegriffen werden, um zu ermitteln, ob der Kläger ein Ziel oder mehrere verfolgt (s.o. B. II. 4. a).

338 S.o. B. III. 4.

diese mitunter auf verschiedenen Schutzrechten beruhen. Dabei ist zunächst nichts Außergewöhnliches daran zu finden, wenn einer einheitlichen Antragsfassung ein durch verschiedene materiell-rechtliche Ansprüche begründeter Streitgegenstand zugrunde liegt.[339] Umgekehrt können ungeachtet eines einheitlichen Petitums ohne Weiteres mehrere prozessuale Ansprüche anzunehmen sein. Nach der Lehre vom zweigliedrigen Streitgegenstand ist dies jedenfalls dann möglich, wenn der Antrag auf eine der Gattung nach bestimmte Leistung oder eine Geldsumme gerichtet ist. Eine Streitgegenstandsmehrheit liegt dann vor, wenn der Kläger verschiedene Interessen verwirklichen will, er voneinander unabhängige Ziele verfolgt.[340] Ungeachtet des äußeren Bildes als lediglich eines Begehrens handelt es sich prozessual um mehrere getrennt zu bewertende Klageanträge.

Aber auch wenn tatsächlich nur ein Antrag gestellt wird, sind mehrere Streitgegenstände zu bejahen, wenn sich der Kläger auf verschiedene Klagegründe stützt. Bislang konnte die Erkenntnis gewonnen werden, dass alle Ausprägungen der zweigliedrigen Streitgegenstandslehre zur Abgrenzung des Klagegrunds aus Praktikabilitätsgründen auf normative Kriterien angewiesen sind, wobei die Orientierung an materiell-rechtlichen Aspekten nicht unüblich ist.[341] Vor diesem Hintergrund ist allerdings zu erwägen, ob es angemessen ist, insbesondere bei einem auf verschiedene Schutzrechte gestützten einheitlichen Unterlassungsantrag auf eine Mehrheit an prozessualen Ansprüchen zu erkennen. Dabei ist vertieft der Frage nachzugehen, ob man der Natur der Schutzrechte überhaupt gerecht wird, wenn man aufgrund von materiell-rechtlichen Wertungen zu einer derart streng isolierten Betrachtung gelangt.[342]

### *b) Die Individualisierung des Klagegrunds auf Grundlage von Georgiades' Lehre*

Dass eine allein an den Sachverhalt angelehnte Abgrenzung nicht sachgerecht erscheint und die Anknüpfung an das materielle Recht einen zu engen Streitgegenstand hervorbringt, ist keine unbekannte Problemstellung. *Henckel* und *Georgiades* führte dieses Dilemma zu ihren materiell-rechtlich beeinflussten Konkurrenz- und Streitgegenstandstheorien. Beiden Autoren ist gemein, dass sie untersuchen, inwiefern trotz Vorliegens verschiedener, auf ein identisches Ziel gerichteter, materiell-rechtlicher Ansprüche tatsächlich von lediglich einem einheitlichen, mehrfach begründeten materiellen Anspruch auszugehen sein soll, welcher prozessual nur einen Streitgegenstand zur Folge hat. Vermögen die von *Henckel* und *Georgiades* erzielten Ergebnisse auch grundsätzlich zu überzeugen, so scheitern beide letztlich am Irrweg, materiellen und prozessualen Anspruch ausnahmslos übereinstimmend

339 Schulbeispiel ist hier der bereits mehrfach angeführte Fahrgastfall.
340 Zöller-*Vollkommer*, ZPO, Einl. Rn. 72.
341 Zöller-*Vollkommer*, ZPO, Einl. Rn. 83.
342 Bereits angedacht bei Teplitzky, Wettbewerbsrecht, Kap. 46 Rn. 5a.

individualisieren zu wollen.[343] Daher kann es selbstredend nicht darum gehen, lediglich die hier gegenständliche Problemstellung anhand der fraglichen Theorien zu lösen, wie dies oben bereits ansatzweise erfolgt ist.[344] Angesichts der vergleichbaren Ausgangssituation erscheint es gleichwohl nur konsequent, sich die Gedanken *Henckels* und vor allem *Georgiades'* fruchtbar zu machen.

Letzterer sieht das Konkurrenzverhältnis der das Begehren tragenden materiellrechtlichen Ansprüche als für die Abgrenzung des materiellen wie des prozessualen Anspruchs entscheidend an. Lässt sich ein konkretes Begehren einer Person gegenüber einer anderen theoretisch aus mehreren Anspruchsnormen herleiten, dann existieren nach *Georgiades'* neujustierter Konkurrenzlehre vier Alternativen. Fehlt es an einem eine Gesetzeskonkurrenz begründenden Rangverhältnis zwischen mehreren Rechtssätzen, dann können alle auf ihnen beruhenden Ansprüche zur Anwendung kommen und zueinander im Verhältnis der Anspruchsnormenkonkurrenz, der Anspruchskonkurrenz sowie der Anspruchshäufung stehen.[345] Wie bei der Anspruchsnormenkonkurrenz zielen die verschiedenen materiell-rechtlichen Ansprüche auch bei der Anspruchskonkurrenz auf dieselbe Leistung (bei letzterer zumindest auf das gleiche wirtschaftliche Interesse). Aufgrund ihrer besonderen Funktion und rechtlichen Qualität verbietet sich bei einer Anspruchskonkurrenz jedoch eine gemeinsame Betrachtung. Im Fall der Anspruchshäufung sind die Ansprüche letztlich nur auf ein scheinbar einheitliches Ziel gerichtet. Tatsächlich stehen sie aber selbstständig nebeneinander, sodass ein Konkurrenzverhältnis von vornherein ausscheiden muss.

Ohne die weitreichenden Konsequenzen des mehrfach begründeten materiellen Anspruchs in Kauf nehmen zu müssen, kann eine Anwendung der Lehre *Georgiades'* und mit ihr des Konkurrenzverhältnisses der einzelnen materiell-rechtlichen Ansprüche zueinander als normatives Kriterium für die Individualisierung des Klagegrunds dort erwogen werden, wo – wie im Falle kennzeichenrechtlicher Unterlassungsstreitigkeiten – die insbesondere von der Rechtsprechung zugrunde gelegten Abgrenzungskriterien nicht überzeugen. Hat das Gericht aufgrund eines Vorrangs eines Anspruchs lediglich diesen zu bewerten oder folgt aus dem Konkurrenzverhältnis der mehreren Ansprüche zueinander, dass das Gericht diese gemeinsam betrachten kann, dann ist von nur einem Klagegrund und damit von einem prozessualen Anspruch auszugehen. Demgegenüber ist im Falle von Anspruchskonkurrenz und Anspruchshäufung auch prozessual eine Mehrheit an Klagegründen und Streitgegenständen anzunehmen. Denn in diesen Konstellationen ist eine gemeinsame, einheitliche Beurteilung der dann verschiedenen Ansprüche ausgeschlossen.

---

343 s.o. B. II. 11.; Rosenberg/Schwab/Gottwald, Zivilprozessrecht, § 92 Rn. 16 f.

344 S.o. B. II. 6. c) sowie B. II. 7. c).

345 S.o. B. II. 7. a) bb); Georgiades, Streitgegenstand, S. 164 ff.

### *c) Die Bedeutung und Feststellung von Gesetzeskonkurrenzen*

Von den verschiedenen von *Georgiades* identifizierten Konkurrenzmöglichkeiten ist der Gesetzeskonkurrenz in zweierlei Hinsicht besondere Aufmerksamkeit zu widmen. Sie soll, in Übereinstimmung mit *Georgiades*, Konstellationen bezeichnen, in denen zwischen verschiedenen, zwischen mehreren Personen einschlägigen Rechtssätzen ein Rangverhältnis besteht, vermöge dessen die eine Norm durch die andere verdrängt wird und deshalb nur eine von mehreren zum Einsatz kommt.[346]

Zunächst wird bereits aus dieser Definition ersichtlich, dass es sich im Falle der Gesetzeskonkurrenz nicht notwendigerweise um eine Anspruchskonkurrenz i.w.S., als dem Aufeinandertreffen mehrerer auf ein identisches Ziel gerichteter materiell-rechtlicher Ansprüche, handeln muss.[347] Sie bezieht sich stattdessen allein auf die Anwendbarkeit von Vorschriften, sodass sie weder als ein Unterfall der Anspruchskonkurrenz i.w.S. eingeordnet werden kann noch dieser gegensätzlich gegenüber steht.[348] Während mehrere Normen nur dann miteinander konkurrieren, wenn ihre Tatbestände durch dieselbe Sachverhaltskonstellation ausgefüllt werden, liegt eine Konkurrenz von Ansprüchen vor, wenn sie alle, unabhängig von ihrem Ursprung, auf dasselbe Ziel gerichtet sind.[349] Gegenstück zur Gesetzeskonkurrenz ist dementsprechend die Normenkonkurrenz, bei der alle zur rechtlichen Bewertung eines Vorgangs zur Verfügung stehenden Rechtssätze dem Grunde nach Geltung beanspruchen können. Im Rahmen sowohl von *Georgiades'* Lehre als auch der hier gegenständlichen Untersuchung ermöglicht die Gesetzeskonkurrenz allerdings im Vorfeld der Beurteilung des Konkurrenzverhältnisses der Ansprüche die Feststellung, ob in der zu entscheidenden Konstellation überhaupt auf alle Normen, die den materiell-rechtlichen Ansprüchen zugrunde liegen, zurückgegriffen werden kann. Ist das infolge eines Rangverhältnisses nicht der Fall, dann bleiben die verdrängten Normen und damit auch die auf ihnen beruhenden Ansprüche bei der Bewertung des Konkurrenzverhältnisses außen vor.

---

346 Hinsichtlich dieser Terminologie besteht in der Zivilrechtsliteratur allerdings keineswegs Einigkeit. Während etwa *Dietz* (Anspruchskonkurrenz, S. 16) und *Rüthers/Fischer/Birk* (Rechtstheorie, Rn. 770 ff.) mit der hier zugrunde gelegten Begrifflichkeit übereinstimmen, verstehen beispielsweise *Lent* (Gesetzeskonkurrenz, S. 5, 70) sowie *Enneccerus/Nipperdey* (BGB AT, S. 349 f.) unter der Gesetzeskonkurrenz allgemein den Fall, dass mehrere Rechtsnormen auf einen bestimmten Sachverhalt anwendbar sind. Sie kennen die in Rede stehenden Verdrängungskonstellationen aber unter anderen Bezeichnungen (vgl. dazu die Übersicht bei Fischer, S. 238 ff.: „konsumierende Konkurrenz", „Normenverdrängung").

347 Hesselberger, Streitgegenstand, S. 259.

348 Lent, Gesetzeskonkurrenz, S. 72 f.

349 Fischer, S. 237; Rüthers/Fischer/Birk, Rechtstheorie, Rn. 770; Lent, Gesetzeskonkurrenz, S. 9, 72; Dementsprechend scheidet die Annahme eines Konkurrenzverhältnisses zwischen den verschiedenen Rechtssätzen (gleich ob Gesetzes- oder Normenkonkurrenz) von vornherein aus, wenn ihre abstrakten Tatbestände durch unabhängige Sachverhalte ausgefüllt werden.

Dem schließt sich die Folgefrage an, wann überhaupt im Einzelfall ein derartiges Zusammentreffen von Rechtssätzen angenommen werden kann. Dies wird sehr uneinheitlich beurteilt. Als Anwendungsfälle identifiziert *Georgiades* unter Berufung auf *Dietz* dabei die Spezialität und die Subsidiarität. Während bei Subsidiarität ein ausdrücklicher oder stillschweigender Gesetzesbefehl das Zurücktreten einer Norm hinter einer anderen anordne, folge eine Spezialität aus einem logisch feststellbaren Abhängigkeitsverhältnis, weil der Tatbestand der spezielleren Norm die erfassten Konstellationen genauer und in engeren Grenzen als der der allgemeinen Norm behandele.[350]

Demgegenüber vertreten andere die Auffassung, dass der Vorrang bzw. das Zurücktreten von Rechtssätzen auf Grundlage allgemeiner Auslegungsregeln (grammatisch, systematisch, historisch und insbesondere teleologisch) festzustellen sei.[351] Führten diese zum Ergebnis, dass eine der Normen die andere(n) insgesamt ausschließe, dann handele es sich um eine Spezialvorschrift, solle der nachrangigen hingegen die Rolle eines bloßen Auffangtatbestands zukommen, dann liege eine Subsidiarität vor.[352]

Wenngleich im Rahmen dieser Abhandlung auf die Auffassung *Georgiades'* Bezug genommen wird, so ist dennoch der zuletzt genannten Ansicht zuzustimmen. Ein logisch bedingtes Zurücktreten der allgemeineren Norm hinter der spezielleren kann nur für den (seltenen) Fall angenommen werden, dass sich die Rechtsfolgen der konkurrierenden Vorschriften unvereinbar gegenüber stehen. Sind sie hingegen miteinander verträglich, dann muss eine Auslegung ergeben, ob die Rechtsfolge der spezielleren Norm die der allgemeineren verdrängen oder lediglich ergänzen bzw. modifizieren soll.[353] Im Ergebnis ist damit von einer Gesetzeskonkurrenz auszugehen, wenn ein Vorgang die Tatbestände mehrerer Normen erfüllt, allgemeine Auslegungsregeln aber die Schlussfolgerung zulassen, dass einer der Rechtssätze als gegenüber dem oder den anderen vorrangig zu bewerten ist und diese(n) deshalb verdrängt.

Für die Beurteilung, ob es sich um lediglich einen Vorgang oder um mehrere handelt, führt damit allerdings kein Weg an der Berücksichtigung tatsächlicher Gesichtspunkte vorbei. Das wiegt jedoch insofern weniger schwer, als diese nicht der Abgrenzung des Streitgegenstands selbst dienen, sondern lediglich für die abstrakte Vorfrage der Identifizierung konkurrierender Normen von Bedeutung sind. Bei der Streitgegenstandsbestimmung stellt der Lebenssachverhalt neben dem Antrag, welcher allein der klägerischen Disposition unterliegt, die entscheidende Stellschraube für den Umfang des prozessualen Anspruchs und damit für zahlreiche daran anknüpfende Folgefragen dar und ist deshalb Einfallstor für rechtspolitische Wertungen, die im Einzelfall interessengerechte Ergebnisse gewährleisten sollen.

---

350 Vgl. B. II. 7. a) bb); eingehend Dietz, Anspruchskonkurrenz, 16 f., 20 ff., 40 ff.

351 Enneccerus/Nipperdey, BGB AT, S. 351; Larenz/Canaris, Methodenlehre, S. 88.

352 Rüthers/Fischer/Birk, Rechtstheorie, Rn. 771 f.

353 So auch Larenz/Canaris, Methodenlehre, S. 88.

Demgegenüber dienen die sachverhaltlichen Kriterien bei der Beurteilung von Konkurrenzen in erster Linie diesem Zweck und stehen so lediglich in mittelbarem Zusammenhang mit prozessualen Aspekten.

Die Beantwortung der Frage, ob die verschiedenen in Betracht kommenden Normen gleichermaßen einschlägig sind, hängt entscheidend davon ab, ob ihre „Individualisierungsmomente", bestimmte als maßgeblich zu erachtende Tatbestandsmerkmale, von denselben Tatsachen erfüllt sind.[354] Dies werden grundsätzlich nicht alle Tatbestandsmerkmale der Vorschriften sein, da Konkurrenzen dann insgesamt kaum vorstellbar wären. Schließlich ergeben mehrere sich vollständig deckende Regelungen aus gesetzgeberischer Perspektive wenig Sinn. Unerheblich ist dabei, wenn die als relevant identifizierten Tatbestandsmerkmale vom Gesetz unterschiedlich bezeichnet sind. Entscheidend ist die Identität von Tatsachen und nicht die der Begriffe, unter die diese zu subsumieren sind.[355] Für die Feststellung, wann in positiver Hinsicht eine Konkurrenzsituation zu bejahen ist, kommt es folglich auf die jeweiligen Individualisierungsmomente der verschiedenen Vorschriften an. Ein Vorgang im Konkurrenzsinn ist damit im Ergebnis zu bejahen, wenn bestimmte historische Tatsachen gleichzeitig wesentliche Tatbestandsmerkmale verschiedener Normen ausfüllen.

Umgekehrt kann damit allerdings in negativer Hinsicht festgehalten werden, dass eine Konkurrenz mehrerer Normen jedenfalls dann von vornherein ausscheidet, wenn sie insgesamt an das Vorliegen unterschiedlicher Tatsachen anknüpfen. In diesem Fall können ihre Individualisierungsmomente nicht übereinstimmen. Hiervon ist auszugehen, wenn sich ihre Anwendungsbereiche gegenseitig ausschließen.[356]

## V. Die Bedeutung des konkreten Unterlassungsziels

Sollen die vorstehend beschriebenen Erkenntnisse auf die als problematisch erkannte Unterlassungsklage im Wettbewerbs- und Kennzeichenrecht, übertragen werden, dann ist das Verhältnis der infrage kommenden materiell-rechtlichen Anspruchsnormen bzw. -ansprüche zueinander nach den Vorgaben *Georgiades'* zu kategorisieren. Zur Identifizierung der zu berücksichtigenden Ansprüche ist zunächst herauszuarbeiten, auf welches konkrete Untersagungsziel das Vorgehen gerichtet ist. Denn eine Konkurrenzsituation liegt überhaupt erst vor, wenn es sich tatsächlich um ein identisches Ziel handelt.[357] Im Falle der Unterlassungsklage verlangt der Kläger, dem Beklagten die Vornahme einer in der Zukunft liegenden Handlung zu verbieten.[358] Ein bestimmtes Verhalten kann aber denknotwendig nur

354 Lent, Gesetzeskonkurrenz, S. 87.
355 Lent, Gesetzeskonkurrenz, S. 88.
356 Vgl. Kodde, Streitgegenstand, S. 263.
357 s.o. B. IV. 2. c); Hesselberger, Streitgegenstand, S. 259.
358 Büttner, FS Doepner, 107, 111.

einmal unterlassen werden.[359] Aus diesem Grund erfüllt der Schuldner bereits durch seine bloße Untätigkeit gleichzeitig sämtliche, das konkrete Petitum tragenden Ansprüche des Gläubigers.[360] Allerdings ist zu beachten, dass äußerlich identische – weil vordergründig lediglich die Untersagung einer konkreten Verhaltensweise bezweckende – Anträge nicht zwangsläufig auf dasselbe Ziel gerichtet sein müssen, weshalb der konkreten Antragsfassung nur eine eingeschränkte Bedeutung beizumessen ist. So sind Konstellationen vorstellbar, in denen jeweils ein und derselbe Untersagungswortlaut zulässig und zweckmäßig ist, obwohl der Kläger beispielsweise einerseits ein uneingeschränktes und andererseits ein eingeschränktes Unterlassungsbegehren verfolgt.[361] Um in diesen Fällen das vorliegende Petitum bzw. die vorliegenden Petita festzustellen, ist es unbedenklich und in der Praxis nicht unüblich, auf Sachvortrag und Klagebegründung zurückzugreifen.[362] Ergibt die Auslegung des klägerischen Vorbringens dann aber, dass die verschiedenen eingebrachten Aspekte – und die diesen zugrunde liegenden Rechte, Anspruchsnormen oder Ansprüche – nur scheinbar der Begründung eines einheitlichen Ziels dienen und der Kläger tatsächlich mehrere unterschiedliche Entscheidungen verlangt, dann folgt daraus gleichzeitig, dass auch die jeweiligen Ansprüche unabhängig voneinander und selbstständig nebeneinander verwirklicht werden können und damit im Verhältnis der Anspruchshäufung zueinander stehen.[363]

Führt die Antragsauslegung hingegen zum Ergebnis, dass tatsächlich nur ein Ziel verfolgt wird, so ist weiter zu differenzieren. In diesem Fall ist die Klage auf ein bestimmtes Interesse gerichtet, dem eine einzige, „aus dogmatischen Gründen an verschiedenen Stellen normierte" Pflicht des Schädigers entspricht.[364] Das Vorliegen einer Leistungsidentität allein trifft aber noch keine Aussage über das jeweils

359 BGH GRUR 2006, 421, juris-Rz. 25 – Markenparfümverkäufe.

360 S.o. B. II. 6. c); vgl. Stieper, GRUR 2012, 5, 8; Dem tritt *Kodde* (Streitgegenstand, S. 238 f.) mit dem Verweis auf die Schutzzwecke, die den verschiedenen gewerblichen Schutzrechten zugrunde liegen, entgegen. Indem der Kläger eine Marke eintrage oder einen schöpferischen Akt vornehme, drücke er sein spezifisches Interesse an dem jeweiligen Leistungsergebnis aus. Da diese Interessenlage beim Vorgehen aus den unterschiedlichen Schutzrechten immer im Vordergrund stehe, könne das beanstandete Verhalten nicht für die Bestimmung des Klageziels maßgeblich sein. Dem kann nicht gefolgt werden. Unabhängig davon, welche Interessen ein Schutzrechtsinhaber bei der Schutzerlangung verfolgt hat, steht es doch in seinem alleinigen Belieben zu entscheiden, wofür er die Rechtsposition einsetzt. Welches Begehren er aber in der konkreten Klagesituation verfolgt, bringt er mit seinem Antrag zum Ausdruck. Geht es ihm dann beispielsweise primär um die zeitnahe Unterlassung eines verletzenden Verhaltens und verdeutlicht er das mit seinem allein auf diese „pauschale" Untersagung ausgerichteten Petitum unmissverständlich, dann ist genau dies das Klageziel.

361 Vgl. die Beispiele bei Ahrens-*Ahrens*, Wettbewerbsprozess, Kap. 36 Rn. 66 ff.

362 Teplitzky, Wettbewerbsrecht, Kap. 51 Rn. 10.

363 Georgiades, Streitgegenstand, S. 166 f.

364 Hesselberger, Streitgegenstand, S. 266.

einschlägige Konkurrenzverhältnis der verschiedenen Unterlassungsansprüche und die daraus folgenden Konsequenzen. Nach *Georgiades* kommen in diesem Fall Gesetzes-, Anspruchsnormen- und Anspruchskonkurrenz in Betracht.

Für die Beurteilung bietet sich damit eine dreistufige Herangehensweise an. Auf Grundlage des klägerischen Vorbringens ist zunächst auf der ersten Ebene herauszuarbeiten, ob das Begehren auf einen oder auf mehrere Unterlassungsansprüche gestützt wird und worauf dieser beruht bzw. diese beruhen. Handelt es sich um eine Mehrheit an Ansprüchen, dann ist anschließend auf der zweiten Ebene zu ermitteln, ob ihnen verschiedene Normen zugrunde liegen und – falls dies der Fall ist – ob zwischen diesen eine Gesetzeskonkurrenz und damit ein verdrängendes Rangverhältnis besteht. Beruhen sie alle auf demselben Rechtssatz bzw. führt die Untersuchung der unterschiedlichen Normen zur Erkenntnis, dass nicht eine als insgesamt vorrangig anzusehen ist, so ist grundsätzlich von einer Anspruchsnormenkonkurrenz auszugehen, bei der alle (verbleibenden) Ansprüche gleichzeitig zur Anwendung kommen und der gemeinsamen Begründung eines einheitlichen Antrags dienen. Hiervon ist jedoch eine Ausnahme zu machen, wenn auf der dritten Ebene die besondere Funktion und rechtliche Qualität der einzelnen Ansprüche eine gemeinsame Betrachtung verbieten. Anders als bei sowohl einer Anspruchsnormenkonkurrenz als auch einer Gesetzeskonkurrenz, bei denen lediglich ein Streitgegenstand zu bejahen ist, liegt in letzterem Fall eine Anspruchskonkurrenz vor, die eine Mehrheit an Streitgegenständen begründet.

## VI. Das Konkurrenzverhältnis der bei wettbewerbs- und kennzeichenrechtlichen Streitigkeiten relevanten Normen und der auf ihnen beruhenden Unterlassungsansprüche

### 1. Vorbemerkungen

Unter Berücksichtigung der vorstehenden Erwägungen ist zunächst zu ermitteln, ob die verschiedenen Unterlassungsansprüche, die zur Begründung der Untersagung eines bestimmten Verhaltens theoretisch zur Verfügung stehen, in der streitgegenständlichen Konstellation überhaupt Berücksichtigung finden können. Dies ist nicht der Fall, wenn die den Ansprüchen zugrunde liegenden Normen in einem Rangverhältnis und damit einer Gesetzeskonkurrenz zueinander stehen, sodass die eine von der anderen verdrängt wird. Können hingegen alle Vorschriften zur Anwendung kommen, dann gilt dies auch für die auf ihnen beruhenden Unterlassungsansprüche. Sie stehen im Verhältnis der Anspruchsnormenkonkurrenz oder Anspruchskonkurrenz zueinander und können gleichzeitig zur Begründung des konkreten Unterlassungsziels herangezogen werden. In terminologischer Hinsicht soll diese Variante hier einheitlich unter dem Oberbegriff der Anspruchskonkurrenz i.w.S. zusammengefasst werden.[365]

In Rahmen dieser Darstellung werden die Konkurrenzverhältnisse der in Wettbewerbs- und Kennzeichenstreitigkeiten relevanten Unterlassungsansprüche insgesamt untersucht. Zwar hat der BGH als Reaktion auf die Auswirkungen seiner TÜV-Entscheidung mittlerweile in Wettbewerbsstreitigkeiten einen anderen Ansatz zur Streitgegenstandsabgrenzung gewählt und dadurch teilweise einen Ausweg aus dem Dilemma gefunden, welches aus dem Verbot der alternativen Klagehäufung resultierte.[366] Da für diese Vorgehensweise aber nur ein eingeschränkter Anwendungsbereich vorgesehen und eine Übertragung insbesondere auf kennzeichenrechtliche Verfahren weder aktuell erfolgt, noch in Zukunft zu erwarten ist, ist die Situation im Kennzeichenprozess durch das fortbestehende Dogma der Rechtsprechung „ein Schutzrecht, ein Streitgegenstand" nach wie vor als unbefriedigend zu bewerten und deshalb besonders überdenkenswert. Gleichwohl ist aufgrund der parallelen, dem Unterlassungsprozess sowohl des Wettbewerbs- als auch des Kennzeichenrechts innewohnenden Interessenlage allein eine einheitliche Lösung sachgerecht und die Untersuchung der Anspruchskonkurrenzen insoweit auszudehnen. Da die kennzeichenrechtlichen Streitigkeiten als nach gegenwärtigem Stand am problematischsten einzuordnen sind, ihre Behandlung damit als am „dringlichsten" zu bewerten ist und darüber hinaus mit dem TÜV-Verfahren eine marken- und folglich kennzeichenrechtliche Unterlassungsklage den Ausgangspunkt dieser Untersuchung darstellt, ist ihnen hier eine prominente Stellung einzuräumen. Allerdings dürfen wettbewerbsrechtliche Fallgestaltungen aufgrund ihrer großen praktischen Relevanz daneben ebenfalls nicht unberücksichtigt bleiben.

## 2. Das Konkurrenzverhältnis bei kennzeichenrechtlichen Streitigkeiten

### *a) Vorbemerkungen*

Verlangt der Kläger die Unterlassung einer ihn vermeintlich beeinträchtigenden Verhaltensweise, dann ist nicht ausgeschlossen, dass ihm zur Begründung unterschiedliche Anlasssachverhalte und Anspruchsnormen zur Verfügung stehen. Geht er gegen eine Kennzeichenbeeinträchtigung vor, dann können letztere sowohl auf verschiedenen Schutzrechten basieren als auch verschiedenen Rechtsgebieten, etwa dem Marken-, Design- oder Urheberrecht, entwachsen. Vor diesem Hintergrund ist zu erörtern, in welchem Verhältnis unterschiedliche Ansprüche zueinander stehen,

365 Bei der Erörterung anderer Literaturstimmen wird aus diesem Grund – unabhängig davon, ob dort schlicht von einer „Anspruchskonkurrenz" die Rede ist – der Begriff der Anspruchskonkurrenz i.w.S. verwendet, sofern kein Fall einer Gesetzeskonkurrenz und damit eines Rangverhältnisses zwischen den zugrunde liegenden Normen vorliegt.

366 S.o. B. II. 10. b).

die entweder auf einem oder aber auf einer Mehrheit an Schutzrechten beruhen. Darüber hinaus ist der Frage nachzugehen, ob und inwiefern Besonderheiten zu beachten sind, wenn die zugrunde liegenden Schutzrechte aus abweichenden Rechtsmaterien stammen.

### *b) Das Konkurrenzverhältnis innerhalb des Markenrechts*

#### *aa) Das Verhältnis auf unterschiedlichen markenrechtlichen Schutzrechten beruhender Ansprüche zueinander*

Beruft sich der Kläger zur Begründung eines konkreten Unterlassungsbegehrens auf die Beeinträchtigung mehrerer markenrechtlicher Schutzrechte, dann können auf ihnen allen Unterlassungsansprüche beruhen. Die den Ansprüchen zugrundliegenden Vorschriften stehen in Konkurrenz zueinander, wenn bestimmte in einer bestimmten Verletzungshandlung enthaltene Tatsachen zu beurteilen sind, die möglicherweise den Vorwurf eines Eingriffs in unterschiedliche, einer bestimmten Person zustehende Kennzeichen hervorrufen. In dieser Konstellation erfüllen dieselben Tatsachen die wesentlichen Tatbestandsmerkmale der Vorschriften, da sowohl die Anspruchssubjekte übereinstimmen, als auch die Verletzungshandlung die vermeintlichen Beeinträchtigungen gleichermaßen begründet.

Vor dem Hintergrund der hier gegenständlichen Fragestellung ist insofern zu untersuchen, ob bereits hinsichtlich der verschiedenen Schutzrechte eine Rangordnung identifiziert werden kann, die geeignet erscheint, sich auf das Verhältnis der auf ihnen beruhenden Normen und Unterlassungsansprüche auszuwirken. Dabei muss zunächst festgehalten werden, dass bloße Zweckmäßigkeitsgesichtspunkte keine Berücksichtigung finden können. Im Nachklang der TÜV-Rechtsprechung wurde etwa von verschiedenen Seiten die Einbringung bestimmter Marken in den Prozess als überflüssig bezeichnet. Verletze eine konkrete Handlung etwa sowohl eine Wortmarke als auch eine den entsprechenden Wortbestandteil beinhaltende Wort-/Bildmarke, dann sei letztere für die Rechtsdurchsetzung unter bestimmten Voraussetzungen nicht notwendig.[367] Zudem werde der Kläger schon aus Kostengründen eine Beschränkung auf die aussichtsreichsten Schutzrechte und Ansprüche vornehmen.[368] Diese Anregungen oder praktischen Erwägungen haben aber keine Gesetzeskonkurrenz zwischen den auf den unterschiedlichen Schutzrechten beruhenden Rechtssätzen zur Konsequenz. Sie sind nicht geeignet, ein im Zivilrecht hierfür erforderliches Rangverhältnis zu begründen.

Etwas anderes folgt aber auch nicht aus anderen Gesichtspunkten. So besteht zwischen verschiedenen Marken keine Abhängigkeit oder Rangfolge, die Grundlage für einen Vorrang oder ein Zurücktreten sämtlicher auf einem der Schutzrechte basierenden Anspruchsnormen sein könnte. Es ist nicht ausgeschlossen, dass dasselbe Zeichen gleichzeitig sowohl als nationale Marke, als international

---

367 Büscher, GRUR 2012, 16, 20.
368 Teplitzky, GRUR 2011, 1091, 1094.

registrierte (IR-)Marke auf Grundlage des Madrider Markenabkommen (MMA)[369] oder als Gemeinschaftsmarke nach der Gemeinschaftsmarkenverordnung (GMV)[370] zur Unterscheidung von Waren oder Dienstleistungen, als Unternehmenskennzeichen zur Bezeichnung eines Unternehmens und im Hinblick auf einen gedanklichen Werkinhalt als Werktitel Schutz genießt.[371] Dabei handelt es sich jeweils um unterschiedliche Rechte, die unabhängig voneinander Geltung beanspruchen können. Alle zeichnet ein individuell abgrenzbarer Anwendungsbereich aus, keinem ist die Existenzberechtigung abzusprechen. Hinsichtlich des Verhältnisses von identischen nationalen und Gemeinschaftsmarken ergibt sich dies etwa aus den unterschiedlichen Verkehrskreisen, die für die Beurteilung einer potenziellen Markenbeeinträchtigung heranzuziehen sind.[372] Dementsprechend bringt nicht jede Verletzung der einen Marke gleichzeitig eine Beeinträchtigung der anderen mit sich. Auch aus dem Umstand, dass – wie im angeführten Beispielsfall – mitunter eine Wortmarke tatsächlich als konkretisierte Variante einer bestimmten Wort-/Bildmarke erscheinen mag, kann nichts anderes gefolgert werden. Schließlich sind ohne Weiteres Konstellationen denkbar, in denen eben nur die Wort- und nicht zusätzlich die Wort-/Bildmarke verletzt ist.[373]

Infolge der unterschiedlichen Schutzrichtung ist damit im Ergebnis von einem Nebeneinander der verschiedenen Schutzrechte auszugehen, sodass aus diesem Gesichtspunkt Auswirkungen auf das Verhältnis der auf ihnen beruhenden Normen und Ansprüche ausgeschlossen sind.[374]

Diese Überlegungen gelten analog für andere Schutzrechtkategorien. Unabhängig davon, ob sich der Kläger auf eine Mehrzahl ihm zustehender Marken-, Design- oder Urheberrechte beruft, handelt es sich jeweils um unterschiedliche Schutzobjekte, die in keinem Rangverhältnis zueinander, sondern selbstständig nebeneinanderstehen.

#### *bb) Das Verhältnis mehrerer auf einer Marke oder geschäftlichen Bezeichnung beruhender Rechtssätze zueinander*

Unterlassungsansprüche gegen die Beeinträchtigung einer Marke oder geschäftlichen Bezeichnung können sich aufgrund von Identitätsschutz, Verwechslungsgefahr und Bekanntheitsschutz gemäß § 14 Abs. 2 Nr. 1 – 3 i.V.m. Abs. 5 MarkenG bzw.

---

369 Madrider Abkommen über die internationale Registrierung von Marken vom 14. April 1891.

370 Verordnung (EG) Nr. 207/2009 des Rates vom 26. Februar 2009 über die Gemeinschaftsmarke.

371 Hacker, Markenrecht, § 1 Rn. 12.

372 Lange, Rn. 389, 394 ff.

373 Dies ist beispielsweise dann anzunehmen, wenn der Wortbestandteil keine prägende Wirkung auf die Wort-/Bildmarke entfaltet.

374 vgl. BGH GRUR 1998, 155, juris-Rz. 18 – *PowerPoint*; BGH GRUR 2000, 504, juris-Rz. 33 – *FACTS*.

Verwechslungsgefahr und Bekanntheitsschutz gemäß § 15 Abs. 2, Abs. 3 i.V.m. Abs. 4 MarkenG ergeben.

Dabei ist zunächst das Verhältnis der Identitätsschutz und Schutz vor Verwechslungsgefahr vermittelnden Normen auf der einen Seite zu Bekanntheitsschutz gewährenden Normen auf der anderen Seite als unproblematisch zu bewerten. Aufgrund der sich gegenseitig ausschließenden Tatbestandsmerkmale (Identität bzw. Verwechslungsgefahr einerseits, Fehlen von Verwechslungsgefahr andererseits) bezwecken sie Schutz vor nicht in Zusammenhang stehenden Verletzungsalternativen und konkurrieren folglich nicht miteinander.

Besonderes Augenmerk ist demgegenüber auf die Konstellation zu legen, dass ein Dritter im geschäftlichen Verkehr ohne Zustimmung des Markeninhabers ein mit einer Marke identisches Zeichen für eine identische Ware oder Dienstleistung benutzt. Neben der offensichtlich verwirklichten Beeinträchtigungsalternative einer Markenverletzung bei Doppelidentität gemäß § 14 Abs. 2 Nr. 1 MarkenG kommt auch eine Markenverletzung aufgrund von Verwechslungsgefahr nach § 14 Abs. 2 Nr. 2 MarkenG in Betracht. Da diese bei einer Identität von Marke und Ware bzw. Dienstleistung einschlägig ist und ausweislich des Wortlauts der Vorschrift lediglich das zusätzliche Tatbestandsmerkmal der Verwechslungsgefahr aufweist, welches allerdings gemäß Art. 16 Abs. 1 S. 2 TRIPs-Übereinkommen in Fällen der Doppelidentität unwiderleglich vermutet wird, scheint jede unter § 14 Abs. 2 Nr. 1 MarkenG fallende Konstellation vom allgemeineren § 14 Abs. 2 Nr. 2 MarkenG erfasst zu werden. Daher könnte § 14 Abs. 2 Nr. 1 MarkenG einen Spezialfall von § 14 Abs. 2 Nr. 2 MarkenG darstellen und diesem vorgehen.[375] Dies ist jedoch nicht der Fall. Eine logisch begründete Rangordnung muss zunächst ausscheiden, da die von den Normen vermittelten Rechtsfolgen nicht in Widerspruch zueinander stehen.[376] Zu einem anderen Ergebnis gelangt man aber auch nicht, wenn das Verhältnis der Rechtssätze zueinander auf Grundlage allgemeiner Auslegungsregeln und dabei insbesondere einer teleologischen Auslegung untersucht wird. Da sich weder aus Wortlaut, Systematik oder Normhistorie Rückschlüsse ziehen lassen, ist dem Sinn

375 Ströbele/Hacker-*Hacker*, MarkenG, § 14 Rn. 102; Ingerl/Rohnke, MarkenG, 2. Aufl. 2003, § 14 Rn. 217; da die Wirkung der Gesetzeskonkurrenz immer auf einen bestimmten Vorgang beschränkt ist (s.o. B. IV. 2. c)), kann auch der Einfluss eines etwaigen Spezialitätsverhältnisses zwischen den unterschiedlichen Verletzungsalternativen nur zu einem Ausschluss von Unterlassungsansprüchen führen, bei denen die verschiedenen Tatbestandsmerkmale durch einen identischen Sachverhaltsablauf verwirklicht worden sind. Demgegenüber scheidet eine Verdrängung aus, wenn mehrere konkrete Verletzungshandlungen jeweils zu einer Beeinträchtigung derselben Marke führen, die eine aber aufgrund von Doppelidentität nach § 14 Abs. 2 Nr. 1 MarkenG und die andere wegen Verletzungsgefahr gemäß § 14 Abs. 2 Nr. 2 MarkenG. Dienen diese Ansprüche dann dem Vorgehen gegen eine beiden Handlungen innewohnende Verhaltensweise, dann stehen sie in Anspruchskonkurrenz i.w.S. zueinander.

376 S.o. B. IV. 2. c).

und Zweck der Vorschriften nachzugehen. Alle Verletzungstatbestände des § 14 Abs. 2 MarkenG enthalten das ungeschriebene Tatbestandsmerkmal einer „markenmäßigen Benutzung“ der rechtsverletzenden Kennzeichnung. Allerdings geht der EuGH hinsichtlich Art. 5 Abs. 1 S. 2 lit. a der Markenrichtlinie (MRRL)[377], welcher § 14 Abs. 2 Nr. 1 MarkenG zugrunde liegt und im Wege einer unionsrechtskonformen Auslegung zu berücksichtigen ist[378], von einem erweiterten Benutzungsbegriff aus. Demnach schützt die Vorschrift – anders als der § 14 Abs. 2 Nr. 2 MarkenG entsprechende Art. 5 Abs. 1 S. 2 lit. b MRRL – nicht lediglich vor Handlungen, die die Herkunftsfunktion der Marke schädigen. Sie gewährt darüber hinaus dem Markeninhaber auch ein Recht, gegen Beeinträchtigungen der Werbe- und Investitionsfunktion vorzugehen.[379] Da die Vorschriften damit aber einen voneinander abweichenden Normzweck aufweisen und den Markeninhaber so vor verschiedenen Verletzungsalternativen schützen, kann keine von ihnen als Spezialfall der anderen aufgefasst werden.

Kein Konkurrenzverhältnis besteht hingegen zwischen Verletzungsunterlassungsansprüchen nach §§ 14 Abs. 5 S. 1, 15 Abs. 4 S. 1 MarkenG und vorbeugenden Unterlassungsansprüchen nach §§ 14 Abs. 5 S. 2, 15 Abs. 4 S. 2 MarkenG. Während erstere eine bereits erfolgte Beeinträchtigung voraussetzen, muss es an einer solchen für eine Bejahung eines vorbeugenden Vorgehens gerade fehlen. Aufgrund ihrer unterschiedlichen, wechselseitige Überschneidungen ausschließenden tatbestandlichen Anknüpfungspunkte stehen sie folglich nicht in Konkurrenz zueinander.[380]

Zusammenfassend ist demnach zu konstatieren, dass zwischen den verschiedenen miteinander konkurrierenden markengesetzlichen Rechtssätzen kein Rangverhältnis und folglich eine Normenkonkurrenz besteht und somit alle auf einer Marke oder geschäftlichen Bezeichnung beruhenden Ansprüche zur Anwendung kommen können.[381]

---

377 Richtlinie 2008/95/EG des Europäischen Parlaments und des Rates vom 22. Oktober 2008 zur Angleichung der Rechtsvorschriften der Mitgliedstaaten über die Marken.

378 BGH GRUR 2014, 182, juris-Rz. 9 – *Fleurop.*

379 EuGH GRUR 2009, 756, Rz. 58 – *L'Oréal/Bellure*; ungeachtet der umfassenden Kritik an dieser Neuausrichtung hat der EuGH in der Folge explizit an seiner Auffassung festgehalten (EuGH GRUR 2011, 1124, Rz. 35 ff. – *Interflora*; zur Thematik eingehend Ströbele/Hacker-*Hacker*, MarkenG, § 14 Rn. 87 ff.).

380 Teplitzky, Wettbewerbsrecht, Kap. 9 Rn. 4; Eine Sonderkonstellation stellen dabei die „gemischten Unterlassungsansprüche“ dar. Bei diesen hat der Unterlassungsschuldner bereits eine Verletzungshandlung begangen, wird darüber hinaus zukünftig aber mit hoher Wahrscheinlichkeit andere, ähnliche Verstöße begehen. In diesen Fällen ergänzen sich Verletzungs- und vorbeugender Unterlassungsanspruch und ermöglichen gemeinsam das Vorgehen gegen die bevorstehende Beeinträchtigung (Fritzsche, S. 131; Teplitzky, Wettbewerbsrecht, Kap. 9 Rn. 5).

381 Deutsch, WRP 2000, 854, 857.

### c) *Das Markengesetz als lex specialis gegenüber anderen Kennzeichenschutz vermittelnden Rechtsmaterien?*

#### *aa) Die Vorrangthese der Rechtsprechung*

Eine unter dem Markengesetz relevante Verletzungshandlung wird oftmals auch die Tatbestandsmerkmale von Abwehransprüchen aus weiteren Gesetzen erfüllen. Insofern stand es einem wegen einer Kennzeichenverletzung angerufenen Gericht lange Zeit offen, seine Entscheidung (auch) auf gleichzeitig verwirklichte lauterkeitsrechtliche Ansprüche zu stützen. Das Warenzeichenrecht wurde als bloßer „Teil des Wettbewerbsrechts" angesehen, sodass man hinsichtlich beider Rechtsmaterien von einer übereinstimmenden Schutzrichtung und deshalb konsequenterweise von einem Nebeneinander ausging.[382] Dort, wo es notwendig war, wurden die „spärlichen Vorschriften" des Warenzeichengesetzes – des Vorgängers des Markengesetzes – um solche des UWG oder des allgemeinen Deliktsrechts ergänzt.[383] Aus der Fallgruppe „Schutz der bekannten Marke vor Verwässerung" des § 1 UWG 1909 ließ sich ein Unterlassungsanspruch begründen, ohne dass auf markenrechtliche Aspekte überhaupt eingegangen zu werden brauchte.[384]

Eine Abkehr hiervon erfolgte jedoch im Jahr 1998 mit der „MAC Dog"-Entscheidung[385] des BGH. Vor dem Hintergrund der vorangegangenen Ablösung des Warenzeichengesetzes durch das Markengesetz zum 1. Januar 1995 und der damit verbundenen Erschaffung eines Kennzeichengesetzes im eigentlichen Sinne[386] wurde erstmals höchstrichterlich auf das Verhältnis des wettbewerbsrechtlichen zum markenrechtlichen Bekanntheitsschutz eingegangen. Der BGH kam damals zu dem Schluss, dass das Markengesetz eine „umfassende spezialgesetzliche Regelung" darstelle, die an die Stelle des bisherigen von der Rechtsprechung entwickelten Schutzes getreten sei und für eine Anwendung von § 1 UWG oder § 823 BGB lediglich Raum lasse, wenn der Schutz nach dem Markengesetz versage.[387] Die durch das Markenrecht vermittelte Vorzugsstellung im Wettbewerb solle nur dem Inhaber des ausschließlichen Rechts, nur unter den Tatbestandsvoraussetzungen der Schutzrechte und nur in den gesetzlich festgelegten Grenzen zukommen.[388]

Reiht man diese Ausführungen in den Kontext der hier gegenständlichen Problematik ein, dann führt einen dies zwangsläufig zu der Frage, ob das Verhältnis von markenrechtlichen Normen zu solchen aus anderen Rechtsgebieten, insbesondere dem Lauterkeitsrecht, als ein Fall der Gesetzeskonkurrenz beschrieben werden kann.

---

382 Reimer, 3. Aufl. 1954, S. 3; Ströbele/Hacker-*Hacker*, MarkenG, § 2 Rn. 5; Bornkamm, GRUR 2005, 97, 98.

383 Fezer, WRP 2000, 863, 865; Ströbele/Hacker-*Hacker*, MarkenG, § 2 Rn. 5.

384 BGH GRUR 1991, 863, juris-Rz. 38 – *Avon.*

385 BGH GRUR 1999, 161 – *MAC Dog.*

386 Fezer, Markenrecht, § 2 Rn. 2.

387 BGH GRUR 1999, 161, juris-Rz. 14 – *MAC Dog.*

388 Ströbele/Hacker-*Hacker*, MarkenG, § 2 Rn. 9.

### *bb) Die Notwendigkeit einer separaten Bestimmung des Verhältnisses der Anspruchsnormen*

Die Einordnung des Markengesetzes als „umfassende spezialgesetzliche Regelung“ legt rein oberflächlich betrachtet den Schluss nahe, dass ein genereller Vorrang aller daraus erwachsenden Ansprüche besteht; dass – mit anderen Worten ausgedrückt – das Markengesetz als Gesamtheit lex specialis gegenüber sämtlichen weiteren, theoretisch auf kennzeichenrechtliche Sachverhalte anwendbaren Rechtssätzen ist und somit zu diesen in Gesetzeskonkurrenz steht.

Das ist indes nicht der Fall. Mag auch *Dietz*, dem die Gesetzeskonkurrenz die Bedeutung als Ausdruck für eine Verdrängungswirkung zu verdanken hat, diese als den Fall einer „zugunsten des einen Gesetzes“[389] gelösten Konkurrenz definieren, so lassen doch seine Ausführungen einzig den Schluss zu, dass er allein vom Vorrang oder Zurücktreten einzelner Normen ausgeht, dass er also „Gesetz“ und „Anspruchsgrundlage“ synonym gebraucht.[390] So spricht er vom Tatbestand der Gesetze oder davon, dass eine Kollision nicht immer „zugunsten der einen Norm“ gelöst werde.[391] Einen Tatbestand kann aber denknotwendig nur ein einzelner Rechtssatz haben.

Tatsächlich muss demnach der Fokus auch nicht auf das Markengesetz als Ganzes, sondern vielmehr auf die Gesamtheit der im Markengesetz enthaltenen Anspruchsnormen gerichtet werden. Dass diese in toto die für die Bejahung eines Rangverhältnisses erforderlichen Voraussetzungen erfüllen, ist aber ausgeschlossen.[392] Davon abgesehen, dass § 2 MarkenG ausdrücklich andere Vorschriften zum Kennzeichenschutz neben denen des Markengesetzes für anwendbar erklärt, existieren, wie noch zu zeigen sein wird, zahlreiche Konstellationen, in denen eine parallele Anwendung nicht-markenrechtlicher Ansprüche statthaft ist.[393]

Bestätigt wird diese Sichtweise nicht zuletzt durch den BGH selbst. Dieser hatte zwar in späteren Entscheidungen zunächst die „Vorrangthese“ auf den Schutz von geographischen Herkunftsangaben und Werktiteln ausgedehnt und lange ihre Fortgeltung betont. Allerdings waren bereits bei „MAC Dog“ Ausnahmen angelegt, die gegen die Annahme eines generellen Vorrangs markenrechtlicher Normen sprachen. So wurde die „Vorrangthese“ von Anfang an überhaupt nur auf das Verhältnis von Markenrecht zu Lauterkeitsrecht und BGB bezogen und die Möglichkeit eines Rückgriffs auf § 1 UWG oder § 823 BGB nur „grundsätzlich“ verneint. Nachdem dann in der Folge weitere Einschränkungen angeführt worden waren[394], gab der BGH 2013 seine bisherige Rechtsprechungslinie in der „Hard Rock Cafe“-Entscheidung ausdrücklich

389 Dietz, Anspruchskonkurrenz, S. 16 f.

390 So auch ausdrücklich Lent, Gesetzeskonkurrenz, S. 5.

391 Dietz, Anspruchskonkurrenz, S. 17.

392 Vgl. nur Deutsch, WRP 2000, 854, 855 f. zum Verhältnis der §§ 14 Abs. 2 Nr. 3, 15 Abs. 3 MarkenG zu § 1 UWG, §§ 12, 823 BGB.

393 Lange, Rn. 3876.

394 In der „Stufenleitern"- (BGH GRUR 2007, 339, juris-Rz. 33 – *Stufenleitern*) und der „Rillenkoffer"-Entscheidung (BGH GRUR 2008, 793, juris-Rz. 26 – *Rillenkoffer*)

auf und erklärte, dass der individualrechtliche Schutz aus dem Markenrecht und der lauterkeitsrechtliche Schutz nach dem Gesetz gegen den unlauteren Wettbewerb nunmehr nebeneinander beständen.[395]

Damit ist im Ergebnis festzuhalten, dass ein genereller Vorrang sämtlicher Normen des Markengesetzes nicht vorliegt und folglich das Verhältnis der jeweils infrage kommenden Vorschriften zueinander weiter zu untersuchen ist.

### *d) Das Verhältnis von Markenrecht zu Urheber-, Design- und Handelsrecht*

Die Beurteilung einer ein Kennzeichen beeinträchtigenden Verletzungshandlung kommt möglicherweise nicht nur unter dem Markengesetz, sondern auch aus anderen rechtlichen Blickwinkeln infrage. So kann etwa eine konkrete Marke ebenso als urheberrechtlich geschützte, persönliche geistige Schöpfung gemäß § 2 Abs. 2 UrhG oder als designrechtlich geschütztes, neues und eigenartiges Design[396] gemäß § 2 Abs. 1 DesignG zu qualifizieren sein.[397] Ist das der Fall, dann können dieselben von der konkreten Verletzungshandlung umfassten Tatsachen gleichsam auf all diesen Schutzrechten beruhende und dementsprechend miteinander in Konkurrenz stehende Anspruchsnormen erfüllen. Unter Berücksichtigung der unterschiedlichen Verletzungstatbestände und der ihnen zugrunde liegenden Normzwecke schließen sich diese nicht gegenseitig aus.[398] Die abweichenden Gegenstände der verschiedenen Rechtsmaterien führen dazu, dass für den Fall, dass die jeweiligen Voraussetzungen gegeben sind, ihr Schutz nebeneinander zur Geltung gelangen kann.[399] Die zur Abwehr der Schutzrechtsbeeinträchtigung vorhandenen Normen richten sich deshalb ausschließlich nach den für sie jeweils geltenden Regelungen und werden vom Markengesetz nie verdrängt.[400]

---

wurde die parallele Anwendbarkeit von sowohl Marken- als auch Lauterkeitsrecht mit den voneinander abweichenden Rechtsschutzzielen begründet.

395 BGH GRUR 2013, 1161, juris-Rz. 60 – *Hard Rock Cafe*.

396 Hier ist zu beachten, dass gemäß § 3 Abs. 2 Nr. 3 MarkenG / Art. 7 Abs. 1 lit. e iii) GMV Zeichen vom markenrechtlichen Schutz ausgeschlossen sind, wenn sie ausschließlich aus einer Form bestehen, die der Ware einen wesentlichen Wert verleiht. Dementsprechend ist ein gleichzeitiger Schutz einer Warenform als Design und 3D-Marke und eine Konkurrenz von Marken- und Designgesetz regelmäßig ausgeschlossen (EuGH GRUR 2014, 1097, Rz. 28 ff. – *Hauck/Stocke*).

397 Ströbele/Hacker-*Hacker*, MarkenG, § 2 Rn. 3; Wandtke/Bullinger, GRUR 1997, 573, 574.

398 Vgl. Amtl. Begründung MarkenrechtsreformG, BT-Drucks. 12/6581, S. 64; Köhler, GRUR 2009, 445, 447.

399 Für das Verhältnis von Urheberrecht zu Designrecht: BGH GRUR 2014, 175, juris-Rz. 39 – *Geburtstagszug*; v. Falckenstein, GRUR 1999, 881, 882; Allgemein: Dreyer/Kotthoff/Meckel-*Dreyer*, Urheberrecht, Einl. Rn. 62;.

400 Ingerl/Rohnke, MarkenG, § 2 Rn. 14; *Eichmann*/v. Falckenstein/Kühne, Designgesetz, § 50 Rn. 1.

Nichts anderes gilt für die firmenrechtlichen Vorschriften des HGB. Unterlassungsansprüche gegen die Verwendung einer Firma im geschäftlichen Verkehr können sich neben marken- und namensrechtlichen Regelungen auch aus der handelsregisterrechtlichen Bestimmung des § 37 Abs. 2 S. 1 HGB i.V.m. dem Unterscheidungsgebot nach § 30 HGB ergeben.[401] Materielles und handelsrechtliches Firmenrecht stehen aber unabhängig nebeneinander. Während das Markengesetz dabei das materielle Ausschließlichkeitsrecht der Firma gemäß §§ 15 Abs. 1, 5 Abs. 2 MarkenG regelt, befasst sich das Handelsrecht mit dem „Firmenpolizeirecht" als den formalordnungspolitischen Aspekten des Firmenrechts.[402] Eine wechselseitige Abhängigkeit scheidet darüber hinaus schon deshalb aus, weil die Ingebrauchnahme der Bezeichnung im geschäftlichen Verkehr und die Firmeneintragung nicht zusammenfallen müssen.[403]

### *e) Das Verhältnis von MarkenG und BGB*

Bei der Bewertung der in Rede stehenden Tatsachen kann darüber hinaus eine Konkurrenz mit bürgerlich-rechtlichen Normen in Betracht kommen. Insbesondere Unternehmenskennzeichen und ausnahmsweise auch Marken können namensrechtlichen Schutz nach § 12 BGB (analog) für sich beanspruchen.[404] So ist der überwiegende Teil der von § 5 Abs. 2 MarkenG erfassten Unternehmenskennzeichen auch unter den weiten Namensbegriff des BGB zu subsumieren.[405] Darüber hinaus begründet eine unerlaubte Handlung aufgrund der Verletzung eines absoluten Rechts gemäß § 823 Abs. 1 BGB einen Unterlassungsanspruch nach § 1004 Abs. 1 S. 2 BGB (analog).[406] Soweit vorliegend von Belang fallen unter die „sonstigen Rechte" im Sinne des § 823 Abs. 1 BGB zunächst einerseits die absoluten Rechte des Marken-, Urheber-, Design- und Namensrechts[407] sowie andererseits das Recht am eingerichteten und ausgeübten Gewerbebetrieb (kurz: Recht am Unternehmen)[408].

Um das Unterlaufen kennzeichenrechtlicher Wertungen zu verhindern, geht unter anderem der BGH von einer grundsätzlichen Verdrängung des bürgerlich-rechtlichen Namensschutzes im Anwendungsbereich des Markengesetzes aus.[409] Nur in Konstellationen, die nicht unter die „spezielleren Normen des Markengesetzes"

401 Ingerl/Rohnke, MarkenG, Nach § 15 Rn. 250.
402 Ströbele/Hacker-*Hacker*, MarkenG, § 2 Rn. 4.
403 Ingerl/Rohnke, MarkenG, § 5 Rn. 32 f.
404 BeckOKBGB-*Bamberger*, § 12 Rn. 30 f.; Fezer, Markenrecht, § 15 Rn. 52.
405 Ingerl/Rohnke, MarkenG, Nach § 15 Rn. 2.
406 Jauernig-*Berger*, BGB, § 1004 Rn. 2.
407 BeckOKBGB-*Förster*, § 823 Rn. 161; MüKoBGB-*Wagner*, § 823 Rn. 226; Deutsch, WRP 2000, 854, 857.
408 OLG Hamburg NJW-RR 1998, 552, juris-Rz. 4 f.; Palandt-*Sprau*, BGB, § 823 Rn. 133.
409 BGH GRUR 2002, 706, juris-Rz. 26 – *vossius.de*; BGH GRUR 2002, 622, juris-Rz. 24 – *shell.de*; Ingerl/Rohnke, MarkenG, Nach § 15 Rn. 3; Staudinger-*Habermann*, BGB, § 12 Rn. 9.

fallen, komme der Schutz eines als Marke oder Firmenbestandteil genutzten Namens gemäß § 12 BGB in Betracht.[410] Auch im Bereich der unerlaubten Handlungen wird teilweise eine Verdrängung von §§ 823, 1004 BGB durch die „spezialgesetzlichen Regelungen" angenommen, damit die vom Gesetzgeber vorgesehenen Schutzgrenzen nicht überspielt werden.[411] Sachgerecht ist aber vielmehr, von einem grundsätzlichen Nebeneinander und damit allenfalls einer Normenkonkurrenz der verschiedenen Rechtssätze auszugehen. Aufgrund der abweichenden Normzwecke, Schutzvoraussetzungen, Sanktionen und Zuständigkeiten können alle infrage kommenden Rechtsmaterien parallel zur Anwendung kommen, soweit die jeweiligen Tatbestandsvoraussetzungen erfüllt sind.[412] Es gilt einzig zu gewährleisten, dass über Bestehen und Inhalt der spezialgesetzlichen Schutzrechte allein die Sondergesetze entscheiden, dass also dort, wo kein Sonderrechtsschutz besteht, dieser auch nicht über den Umweg etwa des § 823 BGB erlangt werden kann.[413] Wie noch zu zeigen sein wird, lässt sich dieses Ziel jedoch besser erreichen, wenn im Verhältnis der verschiedenen Ansprüche zueinander eine Anspruchskonkurrenz i.w.S. angenommen wird, als wenn man bereits zwischen den zugrunde liegenden Normen, sofern sie gleichzeitig erfüllt sind, von einer Gesetzeskonkurrenz mit ihren starren Verdrängungsregelungen ausgeht.[414]

Eine Sonderstellung nimmt indes das Recht am eingerichteten und ausgeübten Gewerbebetrieb ein. Dieses wurde vom Reichsgericht als sonstiges Recht im Sinne von § 823 Abs. 1 BGB anerkannt und ursprünglich primär in Fällen unberechtigter Schutzrechtsverwarnungen zur Anwendung gebracht.[415] In der Folge hat es durch den BGH insofern eine Modifikation erfahren, als nun jeder unmittelbare, weil betriebsbezogene Eingriff in den gewerblichen Tätigkeitsbereich eines Unternehmens als Beeinträchtigung des Rechts zu qualifizieren sein soll.[416] Das wird auch bejaht, wenn Schutzrechte eines Unternehmens in unzulässiger Weise verwendet werden.[417] Will man dem Rechtskonstrukt die Daseinsberechtigung nicht – wie von verschiedenen Seiten gefordert[418] – von vornherein absprechen, so dürfen dessen Besonderheiten dennoch nicht unberücksichtigt bleiben. Denn das Recht am eingerichteten und ausgeübten Gewerbebetrieb ist von der Rechtsprechung allein zur Füllung von

---

410 BGH GRUR 1998, 696, juris-Rz. 12 – *Rolex-Uhr mit Diamanten.*

411 BGH NJW 1952, 784, 785; MüKoBGB-*Wagner*, § 823 Rn. 226.

412 Hefermehl, FS Nipperdey, 283, 288 f.; Fezer, Markenrecht, § 2 Rn. 29 f.,§ 14 Rn. 824.

413 Schack, Urheber- und Urhebervertragsrecht, Rn. 805.

414 S.u. B. VI. 2. f) ff).

415 RGZ 58, 24, 29 f.; MüKoBGB-*Wagner*, § 823 Rn. 251.

416 BGH GRUR 2011, 1018, juris-Rz. 75 – *Automobil-Onlinebörse*; BGH GRUR 2012, 417, juris-Rz. 31 – *gewinn.de*; *Köhler*/Bornkamm, UWG, Einl. Rn. 7.16.

417 BGH GRUR 1983, 467, juris-Rz. 18 – *Photokina.*

418 Canaris, VersR 2005, 577 ff.; Larenz/Canaris, Schuldrecht BT, § 81 IV 1.; Sack, VersR 2006, 1001 ff.; Teilweise wird es daher als vorzugswürdig angesehen, von einer Rechtsfortbildung mittels einer „deliktsrechtlichen kleinen Generalklausel zum Schutz des Unternehmens" zu sprechen (MüKoBGB-*Wagner*, § 823 Rn. 258).

Schutzlücken im Sinne eines Auffangtatbestandes entwickelt worden.[419] Daraus folgt sein subsidiärer Charakter: Eine Anwendung kommt nur infrage, wenn eine andere Rechtsgrundlage nicht gegeben ist und der Zusammenhang der auf dem jeweiligen Rechtsgebiet geltenden Normen ergibt, dass eine Lücke besteht, die mit Hilfe des § 823 Abs. 1 BGB geschlossen werden darf.[420] Hiervon wird etwa ausgegangen, wenn markenrechtliche Ansprüche mangels markenmäßiger Benutzung eines Zeichens zu verneinen sind.[421] Im Ergebnis steht § 823 Abs. 1 BGB i.V.m. dem Recht am Unternehmen folglich in Gesetzeskonkurrenz zu markenrechtlichen Regelungen und tritt hinter diesen zurück, soweit sie eine Regelung eines Sachverhalts treffen.

### *f) Das Verhältnis des Markenrechts zum Lauterkeitsrecht*

#### *aa) Die Neubewertung der Vorrangthese aufgrund der Richtlinie über unlautere Geschäftspraktiken*

Wie dargestellt ging die Rechtsprechung nach der „MAC Dog"-Entscheidung lange von einem grundsätzlichen Vorrang von markengesetzlichen vor konkurrierenden Normen des Lauterkeitsrechts aus. Diese „Vorrangthese" wurde in der Literatur von Anfang an kontrovers diskutiert. Während sie beispielsweise Unterstützung von *Ingerl*[422], *Bornkamm*[423] und *Teplitzky*[424] fand, ging *Sosnitza*[425] sogar über die Erwägungen des BGH hinaus und redete einem generellen Ausschluss der lauterkeitsrechtlichen Normen das Wort, sollte ein Sachverhalt vom Markenrecht erfasst sein. Andererseits rief sie auch verschiedene ablehnende Stimmen auf den Plan. Unter Berufung auf die Regelung des § 2 MarkenG und dessen Entstehungsgeschichte wendeten sich so unter anderem *Deutsch*[426] und *Fezer*[427] gegen einen Vorrang markenrechtlicher Vorschriften.

Nachdem die Diskussion zwischenzeitlich abgeebbt war, wurde sie 2005 mit dem Erlass der Richtlinie über unlautere Geschäftspraktiken (UGP-RL)[428] aufs Neue belebt. Der Grund ist in Art. 6 Abs. 2 lit. a UGP-RL zu sehen. Danach gilt eine Geschäftspraxis unter anderem als irreführend, wenn sie eine Verwechslungsgefahr mit einem anderen Produkt, Warenzeichen, Warennamen oder anderen Kennzeichen

---

419 BeckOKBGB-*Förster*, § 823 Rn. 177.

420 BGH GRUR 1962, 310, juris-Rz. 11 – *Gründerbildnis*; BGHZ 38, 200, juris-Rz. 11 – *Kindernähmaschinen*; Jauernig-*Teichmann*, BGB, § 823 Rn. 97.

421 BGH GRUR 1983, 467, juris-Rz. 16 – *Photokina*.

422 Ingerl, WRP 2004, 809 ff.

423 Baumbach/Hefermehl-*Bornkamm*, Wettbewerbsrecht, 23. Aufl., § 5 UWG, Rn. 1.68 ff.; GRUR 2005, 97 ff.

424 Teplitzky, Wettbewerbsrecht, 8. Aufl. 2002, Kap. 4, Rn. 10a.

425 Sosnitza, WRP 2003, 1186, 1187.

426 Deutsch, WRP 2000, 854, 856.

427 Fezer, WRP 2000, 863, 865.

428 Richtlinie 2005/29/EG des Europäischen Parlaments und des Rates vom 11. Mai 2005 über unlautere Geschäftspraktiken.

eines Mitbewerbers begründet. Wie aus der Formulierung von Artikel 1 und den Erwägungsgründen 6, 8, 11, 12, 13 und 15 der Richtlinie ersichtlich ist, hat der europäische Gesetzgeber eine Vollharmonisierung des Lauterkeitsrechts vorgesehen.[429] Dementsprechend fand Art. 6 Abs. 2 lit. a UGP-RL mit der UWG-Reform 2008 mit § 5 Abs. 2 UWG in äußerlich wenig und inhaltlich unveränderter Form in nationales Recht Umsetzung.[430]

Vor diesem Hintergrund finden sich verschiedene Stimmen, die, wie nun der BGH auch selbst, die Vorrangthese insgesamt oder zumindest teilweise als überholt ansehen, während andere an ihr festhalten wollen. Insofern gilt es zunächst, darauf hinzuweisen, dass hier weder Anlass noch Raum für ein umfassendes Eingehen auf sämtliche Feinheiten der zahlreichen Ansichten und dabei insbesondere auf deren Bewertung der unterschiedlichen materiell-rechtlichen Rechtssätze besteht. Die Untersuchung der Rechtsmaterien auf mögliche Gesetzeskonkurrenzen stellt lediglich eine Vorfrage für die Behandlung der Anspruchskonkurrenzen i.w.S. dar, sodass es schwerpunktmäßig auf die Feststellung ankommt, ob eine parallele Anwendbarkeit der marken- und lauterkeitsrechtlichen Vorschriften möglich ist oder aber ob Normen aus der einen Rechtsmaterie gegenüber denen aus der anderen generell vorrangig sind.

#### *bb) Beibehaltung der Vorrangthese*

Ungeachtet der dargestellten Neuerungen des UWG 2008 plädieren *Pahlow*, *Sosnitza* und *Lange* für eine Fortgeltung der Vorrangthese.

*Pahlow* begründet seine Auffassung mit der durch eine Anwendbarkeit aller Normen drohenden Gefahr, dass Kennzeichenschutz ohne Prüfung der markenrechtlichen Voraussetzungen und Schranken gewährt werden könne.[431] Erst recht im Verhältnis zum neuen UWG sei eine „klare Grenzziehung“ erforderlich, denn Folge des Nebeneinanders wäre eine erhebliche Rechtsunsicherheit, sodass die unionsrechtlich bezweckte Vereinheitlichung des Kennzeichenschutzes verhindert würde.

*Sosnitza* hingegen leitet das lauterkeitsrechtliche Zurücktreten aus Art. 3 Abs. 4 UGP-RL ab, wonach Bestimmungen der Richtlinie bei einer Kollision mit anderen Rechtsvorschriften der Europäischen Union, die besondere Aspekte unlauterer Geschäftspraktiken regelten, nachrangig seien.[432] Als solche vorrangigen Regelungen seien die Verwechslungstatbestände der Markenrechtsrichtlinie und der Gemeinschaftsmarkenverordnung zu sehen. Bestätigt würde dies überdies durch Erwägungsgrund 9 der UGP-Richtlinie, denn danach solle diese u. a. die

---

429 Amtl. Begründung UWG 2008, BT-Drucks. 16/10145, S. 10; Loschelder/Dörre, KSzW 2010, 242, 245; Köhler, GRUR 2009, 445, 447.

430 Vgl. Amtl. Begründung UWG 2008, BT-Drucks. 16/10145, S. 17, 23 f; Köhler/*Bornkamm*, UWG, § 5 Rn. 1.89; BGH GRUR 2010, 80, juris-Rz. 17 – *LIKEaBIKE.*

431 Ekey/Bender/Fuchs-Wissemann-*Pahlow*, Markenrecht, § 2 Rn. 3.

432 Ohly/*Sosnitza*, UWG, § 5 Rn. 700.

unionsrechtlichen und nationalen Vorschriften im Bereich des geistigen Eigentums unberührt lassen.

Wie *Sosnitza* stützt sich *Lange* bei der Begründung des markenrechtlichen Vorrangs auf die Kollisionsnorm des Art. 3 Abs. 4 UGP-RL sowie deren Erwägungsgrund 9.[433] Zudem verweist er darauf, dass den Erwägungsgründen der UGP-Richtlinie keine Anhaltspunkte für eine intendierte Erweiterung der Aktivlegitimation auf Verbraucher und Mitbewerber in Fällen von Markenverletzungen zu entnehmen seien.[434] Soweit der Anwendungsbereich des Markenrechts eröffnet sei, würden lauterkeitsrechtliche Vorschriften durch solche des Markenrechts deshalb generell verdrängt. Dabei nimmt er zunächst einen grundsätzlichen Vorrang von §§ 14 Abs. 2 Nr. 1–3, 15 Abs. 2, 3 MarkenG gegenüber § 5 Abs. 2 UWG sowie Nr. 13 Anhang zu § 3 Abs. 3 UWG (bzw. den zugrunde liegenden Normen der UGP-Richtlinie) an. Weder beständen relevante Tatbestandsunterschiede, die eine andere Bewertung gebieten würden, noch könnte sich eine solche aus den abweichenden Schutzzielen – Schutz des älteren Kennzeicheninhabers einerseits und Verbraucherschutz andererseits – ergeben.[435] Entscheidend sei vielmehr, dass auch im Markenrecht Verbraucherinteressen zu berücksichtigen seien.[436] Wie sich aus Erwägungsgrund 9 der UGP-Richtlinie ergebe, erstrecke sich der Vorrang darüber hinaus auf die Frage der Aktivlegitimation. Denn zu den danach von der Richtlinie unangetastet bleibenden Vorschriften im Bereich des geistigen Eigentums zähle auch das Recht des Kennzeicheninhabers, allein darüber zu entscheiden, ob eine Verletzung verfolgt oder toleriert werde.[437] Anders müsse jedoch geurteilt werden, wenn die konkurrierenden Vorschriften abweichende Anforderungen stellten. Hier kämen Marken- und Lauterkeitsrecht unabhängig voneinander zur Anwendung. Dies sei beispielsweise in den Fällen des wettbewerbsrechtlichen Leistungsschutzes nach § 4 Nr. 9 UWG a.F. (§ 4 Nr. 3 UWG) und der vergleichenden Werbung nach § 6 UWG anzunehmen.[438]

### *cc) (grundsätzliche) Aufgabe der Vorrangthese*

Infolge des Erlasses der UGP-Richtlinie haben sich demgegenüber verschiedene Autoren für eine vollständige oder jedenfalls grundsätzliche Aufgabe der Vorrangthese ausgesprochen.

Für *Loschelder/Dörre* widerspräche es dem Zweck der Richtlinie, der Gewährleistung eines hohen Verbraucherschutzniveaus, würde man bei im Kern kennzeichenrechtlichen Sachverhalten die Irreführungsvorschriften der Art. 6 Abs. 1 lit. b, Abs. 2 lit. a und Nr. 13 Anhang I UGP-RL bzw. deren nationale Umsetzungen in § 5 Abs. 1

433 Lange, Rn. 3886.
434 Lange, Rn. 3889.
435 Lange, Rn. 3891 ff.
436 Lange, Rn. 3893.
437 Lange, Rn. 3888, 3894.
438 Lange, Rn. 3902.

S. 2 Nr. 1, Abs. 2 und Nr. 13 Anhang zu § 3 Abs. 3 UWG nicht anwenden.[439] Zu berücksichtigen seien überdies die unterschiedlichen Schutzzwecke der verschiedenen Rechtsmaterien. Während das Kennzeichenrecht nur das ausschließliche Recht des Kennzeicheninhabers schütze, ständen hinter der UGP-Richtlinie, wie deren Erwägungsgrund 8 zu entnehmen sei, die wirtschaftlichen Interessen der Verbraucher vor unlauteren Geschäftspraktiken im Geschäftsverkehr zwischen Unternehmern und Verbrauchern. Die Entstehung unlösbarer Wertungswidersprüche sei dabei nicht zu befürchten. So könne die im Lauterkeitsrecht erforderliche Verhältnismäßigkeitsprüfung ergeben, dass eine Kennzeichenverwendung trotz Irreführungspotenzial keine wettbewerbsrechtlichen Ansprüche begründe, wenn die Zeichennutzung nach den Wertungen des Kennzeichenrechts nicht zu beanstanden sei. Nichts anderes gelte, wenn die Schutzschranken der §§ 23 – 25 MarkenG erfüllt seien. Auch hier müsse eine markenrechtliche Zulässigkeit die wettbewerbsrechtliche Unzulässigkeit ausschließen.[440]

*Henning-Bodewig* ist ebenfalls der Auffassung, dass von einem Vorrang des Markenrechts im Speziellen oder der Rechte des geistigen Eigentums im Allgemeinen gegenüber dem Lauterkeitsrecht keine Rede mehr sein könne. Letzteres gewähre einen Schutz vor Irreführungen durch Nachahmung, der nicht zur Disposition des Rechteinhabers stehe, sondern im Interesse der Mitbewerber, Verbraucher und der Allgemeinheit gewährt werde.[441] Da sich der immaterialgüterrechtliche Schutz des geistigen Eigentums und der lauterkeitsrechtliche Nachahmungsschutz trotz dogmatischer Unterschiede oftmals überschnitten, seien praktikable Abgrenzungskriterien erforderlich, die sich aus den verschiedenen Normzwecken ergäben.[442]

*Henning-Bodewig* sieht den Unterschied der Rechtsmaterien dabei vor allem darin, dass im Lauterkeits- anders als etwa im Markenrecht die Verletzungsfolgen zu den Tatbestandsvoraussetzungen zählten. Während es aus markenrechtlicher Sicht irrelevant sei, ob es zu einer Beeinflussung des Entscheidungsverhaltens komme oder eine solche möglich sei, müsse im Wettbewerbsrecht eine „wesentliche“ Beeinflussung (§ 3 Abs. 2 UWG bzw. Art. 5 Abs. 2 lit. b UGP-RL) bzw. die Möglichkeit einer entsprechenden Wirkung bejaht werden können.[443] Bei den gleichwohl denkbaren Überschneidungen sei den Wertungen der jeweils anderen Materie so weit wie möglich Rechnung zu tragen. Aus diesem Umstand könne jedoch kein Vorrang abgeleitet werden.[444]

Auch *Köhler* geht davon aus, dass infolge der UGP-Richtlinie die Notwendigkeit einer Neubestimmung des Verhältnisses vom Wettbewerbsrecht zum Recht des geistigen Eigentums bestehe. Maßgeblich seien die gesetzlichen Wertungen der

439 Loschelder/Dörre, KSzW 2010, 242, 245.
440 Loschelder/Dörre, KSzW 2010, 242, 246.
441 Henning-Bodewig, GRUR Int 2007, 986, 990.
442 Henning-Bodewig, GRUR Int 2007, 986, 988.
443 Henning-Bodewig, GRUR Int 2007, 986, 989.
444 Henning-Bodewig, GRUR Int 2007, 986, 990.

Vorschriften, die sich durch eine „Rückbesinnung auf die Schutzzwecke der beiden Regelungssysteme" ermitteln ließen.[445] Da sich auf der einen Seite im Falle des Markenrechts der Schutz des Rechtsinhabers vor Verletzungen seines Rechts durch Dritte und auf der anderen Seite im Wettbewerbsrecht die Interessen der Schutzzwecktrias aus Mitbewerbern, Verbrauchern (und sonstigen Marktteilnehmern) und der Allgemeinheit an einem unverfälschten Wettbewerb gegenüberständen und die beiden Rechtsmaterien zudem unterschiedliche Tatbestände und Rechtsfolgen aufwiesen, seien sie grundsätzlich autonom zu beurteilen und ständen gleichrangig und -wertig nebeneinander.[446] Wertungswidersprüche seien bei der Auslegung zu vermeiden, wobei dem Recht des geistigen Eigentums kein automatischer Vorrang gebühre.[447] Deshalb müsse das Interesse des Schutzrechtsinhabers, frei über die Geltendmachung von Abwehransprüchen wegen Verletzungen seines Rechts zu entscheiden, hinter dem Interesse des Verbrauchers am Schutz vor Irreführungen zurücktreten.[448] Das Verständnis vom unabhängigen Nebeneinander liege im Übrigen auch den Richtlinien der Europäischen Union zugrunde. Erwägungsgrund 9 Satz 2 der UGP-Richtlinie lege fest, dass diese nicht die unionsrechtlichen und nationalen Vorschriften im Bereich des Schutzes des geistigen Eigentums berühre. Ebenso könnten auf Marken nach Erwägungsgrund 7 der Markenrichtlinie andere Rechtsvorschriften der Mitgliedsstaaten als die des Markenrechts, wie unter anderem die gegen den unlauteren Wettbewerb, Anwendung finden.[449]

Die Möglichkeit eines Vorrangs erkennt *Köhler* lediglich dort an, wo nicht infolge unionsrechtlicher Vorgaben ein unüberwindbarer Geltungsanspruch des Wettbewerbsrechts bestehe. Beim Zusammentreffen eines Anspruchs wegen der Verletzung einer bekannten Marke oder geschäftlichen Bezeichnung nach §§ 14 Abs. 2 Nr. 3, 15 Abs. 3 MarkenG mit der genuin nationalen Regelung des § 4 Nr. 9 UWG a.F. (§ 4 Nr. 3 UWG) sieht er die markenrechtlichen Vorschriften als abschließend und folglich vorrangig an. Dieser strenge Grundsatz erfahre jedoch insofern Einschränkungen, als er nicht bei Formmarken und auch dann nicht greife, wenn gleichzeitig § 5 Abs. 2 UWG einschlägig sei. Zudem müsse die Kennzeichnung einerseits in den beteiligten Verkehrskreisen bereits in gewissem Umfang bekannt und ihrer Natur nach geeignet sein, über die Benutzung als betriebliches Herkunftszeichen zu wirken, und andererseits – im Falle der Nachahmung einer gekennzeichneten Ware oder Dienstleistung – die verwerfliche Absicht vorliegen, Verwechslungen herbeizuführen oder den Ruf des anderen wettbewerbshindernd zu beeinträchtigen oder auszunutzen.[450]

445 Köhler, GRUR 2007, 548, 549.
446 Köhler, GRUR 2007, 548, 549 f.; Köhler, GRUR 2009, 445, 446.
447 Köhler, GRUR 2007, 548, 550.
448 Köhler, GRUR 2007, 548, 553.
449 Köhler, GRUR 2009, 445, 446 f.
450 *Köhler*/Bornkamm, UWG, § 4 UWG, Rn. 3.9 ff.

*Schadt* sieht die Vorrangthese ebenfalls als überholt an. Diese könne jedenfalls seit Erlass der UGP-Richtlinie 2008 nicht mehr überzeugen. Da in Art. 6 Abs. 2 lit. a und Nr. 13 Anhang I UGP-RL bzw. § 5 Abs. 1, 2 und Nr. 13 Anhang zu § 3 Abs. 3 UWG explizit kennzeichenrechtliche Sachverhalte geregelt seien, könne die Markenrichtlinie insoweit nicht abschließend sein und ein Vorrang der markenrechtlichen Regelungen nicht mehr gerechtfertigt werden.[451] Aufgrund der abweichenden Schutzrichtungen müssten Markengesetz und UWG autonom nebeneinander zur Anwendung kommen, wobei auftretende Kollisionen auf Konkurrenzebene zu lösen seien.[452] Danach sei grundsätzlich weder das eine noch das andere Recht als vorrangig einzustufen, vielmehr müssten die Regelungsziele der Rechtsmaterien wechselseitig Berücksichtigung finden.[453] Eine Ausnahme hiervon will *Schadt* lediglich im Verhältnis des Schutzes bekannter Kennzeichen zu dem Anspruch aus § 4 Nr. 9 lit. b UWG a.F. (§ 4 Nr. 3 lit. b UWG) zulassen. Sofern keine Formmarke in Rede stehe, solle dem Markengesetz hier grundsätzlich abschließender Charakter zukommen.[454]

*Dreyer* geht ebenso von einem Nebeneinander von wettbewerbsrechtlichem Irreführungsschutz und Kennzeichenrecht aus. Letzteres sei keine externe Schranke des Irreführungsrechts, sondern ein autarkes Schutzsystem für Ausschließlichkeitsrechte. Die Vorrangthese kollidiere deshalb mit europäischem Recht und erweise sich zudem als nicht interessengerecht.[455] Vor diesem Hintergrund sei es auch abzulehnen, durch eine Übertragung der markenrechtlichen Schutzschranken auf das Lauterkeitsrecht festzustellen, ob eine relevante Irreführungshandlung vorliege. Dies liefe im Ergebnis wieder auf einen – auf Teilbereiche beschränkten – Vorrang des Markenrechts heraus.[456] *Dreyer* spricht sich stattdessen für einen „normativen Irreführungsbegriff“ aus. Im Gegensatz zum starre Schranken erfordernden Markenrecht sei es hinsichtlich des flexiblen Lauterkeitsrechts vorzugswürdig, im Wege einer abwägenden Einzelfallbetrachtung – unter Berücksichtigung möglicher und zumutbarer Maßnahmen zur Vermeidung einer Irreführung – zu ermitteln, ob eine Irreführung tatsächlich vorliege oder nicht.[457] Ständen Marken- und Lauterkeitsrecht aber unabhängig nebeneinander, dann sei es durchaus vorstellbar, dass der Kennzeicheninhaber durch das Verbraucherinteresse an einem unverfälschten Wettbewerb gewisse Einschränkungen im Umgang mit seinem Kennzeichen hinnehmen müsse.[458]

---

451 Schadt, S. 121 f.
452 Schadt, S. 122.
453 Schadt, S. 266.
454 Schadt, S. 189.
455 Harte/Henning-*Dreyer*, UWG, § 5 UWG, J. Rn. 10.
456 Harte/Henning-*Dreyer*, UWG, § 5 UWG, J. Rn. 11.
457 Harte/Henning-*Dreyer*, UWG, § 5 UWG, J. Rn. 11.
458 So könne es dem Zeichenbenutzer zumutbar sein, durch entsprechende Hinweise oder andere Maßnahmen relevante Irreführungen auszuräumen (vgl. Harte/Henning-*Dreyer*, UWG, § 5 UWG, J. Rn. 12).

Nach *Ingerl/Rohnke* könne die Vorrangthese keinen Bestand mehr haben, da der wettbewerbsrechtliche Irreführungsschutz der UGP-Richtlinie unter anderem im Kernbereich des Kennzeichenrechts ansetze. Wenn sich aber auf Unionsrecht beruhende lauterkeitsrechtliche Vorschriften mit kennzeichenrechtlichen Aspekten befassten, ohne dass ein Zurücktreten hinter markenrechtlichen Vorschriften vorgesehen sei, dann könne nicht mehr von einem „geschlossenen System" oder von einem Unterlaufen des unionsrechtlich harmonisierten Markenrechts durch die konkurrierende Anwendung nationalen Wettbewerbsrechts die Rede sein.[459] Es müsse vielmehr ein Nebeneinander der Rechtsmaterien angenommen werden, wobei Widersprüche zu marken-rechtlichen Wertungen zu vermeiden seien. Dementsprechend dürften dort, wo eine bestimmte Interessenlage explizit im Markengesetz geregelt sei, keine UWG-Normen herangezogen werden, um ein anderes Ergebnis zu begründen. Die markenrechtlichen Wertungen füllten in diesen Fällen den offenen Tatbestand der Unlauterkeit aus.[460] Mangels unionsrechtlicher Harmonisierung käme allenfalls ein Vorrang vor der genuin nationalen Regelung des § 4 Nr. 9 UWG a.F. (§ 4 Nr. 3 UWG) in Betracht. Eine Differenzierung anhand dieses Kriteriums wäre jedoch insofern wenig sinnvoll, als im praktisch relevantesten Bereich der Herkunftstäuschung ohnehin eine weitgehende Überschneidung zwischen § 5 Abs. 1, 2 UWG und § 4 Nr. 9 lit. a UWG a.F. (§ 4 Nr. 3 lit. a UWG) bestehe.[461]

*Fezer* hat sich seit jeher vehement für eine parallele Anwendbarkeit kennzeichen- und lauterkeitsrechtlicher Normen ausgesprochen. Die „Reduktion des Wettbewerbsrechts auf eine [solche] Lückenbüßerfunktion" sei im Ansatz verfehlt.[462] Während sich der Anwendungsbereich der Sonderrechtsgesetze nach dem Schutzzweck der einzelnen gewerblichen Schutzrechte bestimme, diene das Wettbewerbsrecht dem Schutz der unternehmerischen Leistung.[463] Infolge der Verschiedenheit der Normzwecke, Schutzvoraussetzungen, Sanktionen und Zuständigkeiten sei eine am normspezifischen Schutzzweck orientierte, autonome Anwendung des UWG neben Immaterialgüterrechtsschutz vermittelnden Vorschriften gerechtfertigt, soweit die jeweiligen Tatbestandsvoraussetzungen vorlägen.[464] Dies folge sowohl aus der Entstehungsgeschichte der Rechtsmaterien als auch aus § 2 MarkenG. Die Regelung sei unter Berücksichtigung des vor Inkrafttreten des Markengesetzes bestehenden Nebeneinanders von Kennzeichen- und Wettbewerbsrecht entstanden. Nachdem mit der Schaffung des Markengesetzes die Vereinigung des gesamten Kennzeichenrechts unter einem gemeinsamen Dach erfolgt sei, habe § 2 MarkenG den gesetzgeberischen Willen zum Ausdruck bringen sollen, dass das Markengesetz nicht als Normierung eines Spezialgesetzes gegenüber anderen kennzeichenschützenden Vorschriften

459 Ingerl/Rohnke, MarkenG, § 2 Rn. 2.
460 Ingerl/Rohnke, MarkenG, § 2 Rn. 2.
461 Ingerl/Rohnke, MarkenG, § 2 Rn. 2.
462 Fezer, WRP 2000, 863, 870; Fezer, Markenrecht, § 2 Rn. 16.
463 Fezer, WRP 1993, 63, 64.
464 Fezer, GRUR 2010, 953, 957; Fezer, Markenrecht, § 2 Rn. 43.

zu verstehen sei.[465] Hiermit sei die rechtstheoretische These vom abschließenden Charakter des Markengesetzes weder vereinbar, noch sei sie rechtspraktisch sachgerecht.[466] Einer Neuorientierung des Konkurrenzverhältnisses zwischen Kennzeichen- und Lauterkeitsrecht im Sinne einer Abwendung der Rechtsprechung von der Vorrangthese sei daher „nachhaltig zuzustimmen".[467]

Dieses Ergebnis finde seine Bestätigung nicht zuletzt in Erwägungsgrund 7 der Markenrichtlinie, Erwägungsgrund 9 Satz 2 der UGP-Richtlinie sowie der Rechtsprechung des EuGH[468] zum Verhältnis der Werberichtlinie (WerbeRL)[469] zur Markenrichtlinie. Danach gehe auch das Unionsrecht, auf dem wesentliche Teile der nationalen Regelungen beruhten, von einem unabhängigen Nebeneinander von Kennzeichen- und Lauterkeitsrecht aus.[470]

Eine Ausnahme von dem Grundsatz, dass miteinander konkurrierende Rechtssätze parallel zur Anwendung kommen könnten, sei nur zu bejahen, wenn eine Vorschrift nach dem eindeutigen, im Normzweck zum Ausdruck kommenden Willen des Gesetzgebers abschließenden Charakter haben solle. Dies sei jedoch im Kennzeichenrecht allgemein nicht der Fall.[471] Aus diesem Grund sei von einer kumulativen Normenkonkurrenz auszugehen, bei der es – anders als von der „Vorrangthese" vorgesehen – nicht zu einer lediglich ausnahmsweisen, sondern vielmehr einer generellen Anwendbarkeit der lauterkeitsrechtlichen Vorschriften komme. Dabei werde mittels einer Interessenabwägung anhand von Schutzzweckgesichtspunkten nicht schon abstrakt die Anwendbarkeit, sondern erst konkret der Anwendungsbereich des anzuwendenden UWG auf den zu entscheidenden Sachverhalt festgelegt.[472]

*Fezer* plädiert für eine kumulative Normenkonkurrenz und damit grundsätzlich parallele Anwendung kennzeichen- und lauterkeitsrechtlicher Vorschriften. Auftretenden Wertungswidersprüchen sei über die Begrenzungsfunktion der Kennzeichentatbestände zu begegnen. Die Tatbestandsfunktion der Kennzeichenrechte des Markengesetzes bestimme im Wege der Auslegung den Anwendungsbereich der konkurrierenden außermarkengesetzlichen Vorschriften.[473] Wende man neben dem Markenrecht auch die Vorschriften des UWG oder BGB auf einen Sachverhalt an, dann müsse – wie dies der EuGH bereits für das Verhältnis der Werberichtlinie zur Markenrichtlinie zum Ausdruck gebracht habe[474] – der spezifische Gegenstand des immaterialgüterrechtlichen Kennzeichenrechts bei der Konkretisierung der

---

465 Fezer, WRP 2000, 863, 865.
466 Fezer, Markenrecht, § 2 Rn. 16.
467 Fezer, Markenrecht, § 2 Rn. 100.
468 EuGH GRUR 2008, 698, Rz. 32 ff. – *O²*.
469 Richtlinie 2006/114/EG des Europäischen Parlaments und des Rates vom 12. Dezember 2006 über irreführende und vergleichende Werbung.
470 Fezer, Markenrecht, § 2 Rn. 49 ff.
471 Fezer, Markenrecht, § 2 Rn. 30, 43.
472 Fezer, GRUR 2010, 953, 957; Fezer, Markenrecht, § 2 Rn. 40.
473 Fezer, Markenrecht, § 2 Rn. 34.
474 EuGH GRUR 2008, 698, Rz. 45 ff. – O².

Lauterkeit bzw. allgemein bei der zur Feststellung der Rechtswidrigkeit notwendigen Güter- und Interessenabwägung berücksichtigt werden.[475] Das Ergebnis sei die Herstellung einer Schutzzweckkonkordanz zwischen Kennzeichenrecht und den weiteren Vorschriften unter Berücksichtigung des jeweiligen konkreten Einzelsachverhalts.[476] Indem sich die Reichweite des lauterkeitsrechtlichen Schutzes der immateriellen Güter nach dem Normzweck der Sonderrechtsgesetze richte, werde die Gefahr einer Aushöhlung der markengesetzlichen Ansprüche verhindert.[477] Selbst wenn man sich jedoch einer kumulativen Normenkonkurrenz nicht anschließen wolle, dann wäre die Vorrangthese mit ihrem Postulat eines Spezialitätsverhältnisses zwischen Marken- und Lauterkeitsrecht gleichwohl abzulehnen. Die darin liegende allgemeine Vorrangregelung sei rechtsmethodisch verfehlt.[478] Sachgerecht wäre jedenfalls eine subsidiäre Normenkonkurrenz, bei der das UWG zwar nicht im Wege einer parallelen Anspruchsbegründung, aber zumindest ergänzend neben dem Markengesetz zur Anwendung komme.[479]

#### *dd) Abwandlung der Vorrangthese*

Neben den angeführten Autoren, welche die Vorrangthese nunmehr als überholt ansehen und für eine parallele Anwendbarkeit der Rechtsmaterien plädieren, existieren andere, die weniger drastisch für ein Fortbestehen unter Einschränkungen eintreten.

So sieht *Teplitzky* nach Erlass der UGP-Richtlinie zwar keinen Raum mehr für eine einschränkungslose Geltung der Vorrangthese. Deswegen bestehe aber kein Anlass, das gesamte Vorrangsystem mit seinen verschiedenen Konsequenzen aufzugeben. Vorzugwürdig sei es vielmehr, grundsätzlich am Vorrang des Markenrechts festzuhalten und nur dort, wo die „Tatbestandsvoraussetzungen für eine solche Parallelität" erfüllt seien, von einer Normenkonkurrenz auszugehen.[480]

Auch *Bornkamm* geht von der Möglichkeit einer Normenkonkurrenz zwischen kennzeichen- und lauterkeitsrechtlichen Regelungen aus.[481] Allerdings beharrt er auf einem weitgehenden Vorrang zumindest der markenrechtlichen Wertungen. So setzten etwa das Kennzeichenrecht und der lauterkeitsrechtliche Verwechslungsschutz des § 5 Abs. 2 UWG trotz unterschiedlicher Schutzrichtung am selben Phänomen, einer Zeichenverwechslung seitens des angesprochenen Verkehrs, an.[482] In Konstellationen, in denen das Kennzeichenrecht aus bestimmten Gründen eine Kennzeichenverwechslung toleriere, müsse daher stets gefragt werden, ob

475 Fezer, Markenrecht, § 2 Rn. 35.
476 Fezer, WRP 2008, 1, 5; Fezer, Markenrecht, § 2 Rn. 58, 60.
477 Fezer GRUR 2010, 953, 957; Fezer, Markenrecht, § 2 Rn. 43.
478 Fezer, Markenrecht, § 2 Rn. 59.
479 Fezer, Markenrecht, § 2 Rn. 24.
480 Teplitzky, Wettbewerbsrecht, Kap. 4 Rn. 10a.
481 Vgl. Köhler/*Bornkamm*, UWG, § 5 Rn. 4.241.
482 Bornkamm, GRUR 2011, 1, 6; Bornkamm, FS Loschelder, 31, 43.

das Ergebnis durch eine Anwendung des Lauterkeitsrechts konterkariert werden dürfe.[483]

In diesem Rahmen identifiziert *Bornkamm* drei potenzielle „Konfliktzonen".[484] Erstens könnten die Ansprüche des Kennzeicheninhabers mit denen des lauterkeitsrechtlich Berechtigten in Konkurrenz treten. Vor dem Hintergrund des unionsrechtlichen Geltungsanspruchs des Lauterkeitsrechts könne insofern eine alleinige Aktivlegitimation des Schutzrechtsinhabers nicht mehr vertreten werden. Gleichwohl sei ein „gewisser Vorrang" des Kennzeichenrechts oder der daraus fließenden Wertungen anzuerkennen.[485] So dürfe etwa ein lauterkeitsrechtlicher Anspruch nicht dazu führen, dass sich eine prioritätsjüngere Marke gegenüber einer prioritätsälteren durchsetze, nur weil erstere früher am Markt etabliert gewesen sei.[486]

Dementsprechend könnten zweitens wettbewerbsrechtliche Ansprüche grundsätzlich keine Einschränkung des Zeicheninhabers zur Folge haben. Werde beispielsweise eine Koexistenz Gleichnamiger im Kennzeichenrecht hingenommen, dann müsse das Verbraucherinteresse an der Vermeidung von Irreführungen zurücktreten. Ein kennzeichenrechtlich zu duldendes Verhalten dürfe nicht durch Lauterkeitsrecht unterbunden werden.[487] Nichts anderes gelte dann, wenn seitens des Markeninhabers zulässigerweise eine Lizenz erteilt worden sei. Wolle man eine legitime Gestattung eines Kennzeichengebrauchs nicht vollständig infrage stellen, dann müsse ein diesbezügliches Irreführungspotenzial ein Stück weit hingenommen werden.[488]

Zuletzt solle drittens keine Ausdehnung des Kennzeichenschutzes über lauterkeitsrechtliche Ansprüche erfolgen. Setze das Kennzeichenrecht dem Schutzrechtsinhaber Grenzen, dann dürften diese nicht über den Umweg des Wettbewerbsrechts unterlaufen werden. Bestehe kein Markenschutz mehr, weil dieser infolge einer nicht vorgenommenen Verlängerung ausgelaufen oder weil die Marke gelöscht worden sei, dann scheide auch ein Anspruch aus § 5 Abs. 2 UWG aus.[489] Ebenso könnten einem lauterkeitsrechtlichen Anspruch die Schutzschranken der §§ 23 – 25 MarkenG entgegengehalten werden.[490] Werde ein Kennzeichen in lediglich beschreibender Weise entsprechend § 23 MarkenG benutzt, dann könne eine Untersagung nicht auf eine Irreführungsgefahr gestützt werden. Des Weiteren unterbinde der Ausschluss markenrechtlicher Ansprüche wegen mangelnder Benutzung gemäß § 25 MarkenG gleichzeitig solche aufgrund einer möglichen lauterkeitsrechtlich relevanten Verwechslung. Demgegenüber verhindere die Verjährung oder Verwirkung eines kennzeichenrechtlichen Anspruchs nicht die Geltendmachung eines gleichgerichteten, aber auf Wettbewerbsrecht gestützten Untersagungsbegehrens.

483 Köhler/*Bornkamm*, UWG, § 5 Rn. 4.240.
484 Bornkamm, GRUR 2011, 1, 3 ff.; Bornkamm, FS Loschelder, 31, 36 ff.
485 Bornkamm, GRUR 2011, 1, 4; Bornkamm, FS Loschelder, 31, 36.
486 Köhler/*Bornkamm*, UWG, § 5 Rn. 4.242.
487 Bornkamm, GRUR 2011, 1, 4; Bornkamm, FS Loschelder, 31, 37.
488 Bornkamm, GRUR 2011, 1, 5; Bornkamm, FS Loschelder, 31, 38.
489 Bornkamm, GRUR 2011, 1, 5; Bornkamm, FS Loschelder, 31, 40.
490 Bornkamm, GRUR 2011, 1, 6; Bornkamm, FS Loschelder, 31, 41 f.

Die Ansprüche aus dem Kennzeichen und die lauterkeitsrechtlichen Ansprüche aus §§ 8, 5 Abs. 2 UWG seien grundsätzlich unabhängig voneinander, sodass ein Übergreifen des markenrechtlichen Ausschlusstatbestands hier nicht gerechtfertigt sei.[491]

Der prinzipielle Vorrang der markenrechtlichen Wertungen folgt für *Bornkamm* zunächst aus den unionsrechtlichen Vorgaben. Das europäische Recht gehe von einer Koexistenz und der Lizenzierbarkeit von Marken aus. Die Schutzschranken stellten zudem eine unionsrechtlich vorgegebene Wertung dar, dass bestimmte kennzeichenbeeinträchtigende Handlungen aus übergeordneten Gründen hinzunehmen seien. Diese Regelungen dürften nicht durch den lauterkeitsrechtlichen Verwechslungsschutz beeinträchtigt werden. Dieses Ergebnis werde nicht zuletzt von Erwägungsgrund 9 der UGP-Richtlinie gestützt, wonach diese die unionsrechtlichen und nationalen Vorschriften im Bereich des geistigen Eigentums unberührt lasse.[492]

*Hacker* sieht aufgrund der UGP-Richtlinie ebenfalls keinen Raum mehr für einen uneingeschränkten Vorrang markenrechtlicher Vorschriften.[493] Da sich diese aber nur auf den Bereich unlauterer Handlungen gegenüber Verbrauchern erstreckten, sei eine Korrektur der Vorrangthese jedenfalls dort nicht erforderlich, wo ausschließlich das Verhältnis der Mitbewerber untereinander betroffen sei.[494] Derartige Regelungen erkennt er im Sonderschutz der bekannten Kennzeichen nach §§ 14 Abs. 2 Nr. 3, 15 Abs. 3 MarkenG sowie der geographischen Herkunftsangaben mit besonderem Ruf nach § 127 Abs. 3 MarkenG. Hier bleibe es grundsätzlich dabei, dass die markenrechtlichen Regelungen zu einem Ausschluss der wettbewerbsrechtlichen Vorschriften führten. So dürfe beispielsweise ein Kennzeichen, dass nicht die Schwelle der für eine Schutzfähigkeit gemäß §§ 14 Abs. 2 Nr. 3, 15 Abs. 3 MarkenG notwendigen Bekanntheit erreiche, nicht über den Umweg des Wettbewerbsrechts doch Schutz erlangen.[495] Auch der ergänzende wettbewerbsrechtliche Leistungsschutz gemäß §§ 3, 4 Nr. 9 UWG a.F. (§ 4 Nr. 3 UWG) betreffe allein Fälle einer mitbewerberbezogenen Unlauterkeit und müsse verwehrt bleiben, wenn unter das markenrechtliche Regime fallende Sachverhalte vorlägen.[496]

---

491 In Betracht komme hier insbesondere eine markenrechtliche Verwirkung gemäß § 21 MarkenG aufgrund der Duldung einer laufenden Benutzung. Anders als dem Kennzeicheninhaber könne man in diesem Fall Mitbewerbern oder Verbänden, die sich auf § 8 Abs. 3 Nr. 1, §§ 3, 5 Abs. 2 UWG stützten, § 21 MarkenG nicht entgegenhalten (Köhler/*Bornkamm*, UWG, § 5 Rn. 4.249).

492 Bornkamm, GRUR 2011, 1, 7; Bornkamm, FS Loschelder, 31, 43.

493 Ströbele/Hacker-*Hacker*, MarkenG, § 2 Rn. 19.

494 Ströbele/Hacker-*Hacker*, MarkenG, § 2 Rn. 15.

495 Ströbele/Hacker-*Hacker*, MarkenG, § 2 Rn. 57; *Hacker* sieht Durchbrechungen dieses Dogmas in den Fällen der vergleichenden Werbung sowie bei der Herabsetzung oder Verunglimpfung unbekannter Zeichen gemäß § 4 Nr. 7 UWG a.F. (§ 4 Nr. 1 UWG) (Ströbele/Hacker-*Hacker*, MarkenG, § 2 Rn. 59).

496 Ströbele/Hacker-*Hacker*, MarkenG, § 2 Rn. 69; Mit dieser Auffassung setzt sich *Hacker* in Widerspruch zur Rechtsprechung des BGH, welcher trotz markenrechtlicher Zulässigkeit auf Ansprüche aus dem Lauterkeitsrecht zurückgreift, sofern

Anders sei hingegen zu urteilen, wenn die Vorschriften über den Identitätsschutz und die Verwechslungsgefahr nach §§ 14 Abs. 2 Nr. 1 u. 2, 15 Abs. 2 MarkenG auf die verbraucherbezogenen Irreführungsverbote des UWG, insbesondere § 5 Abs. 2 UWG, träfen. Infolge der unionsrechtlichen Vorgaben führe hier kein Weg an einer Normenkonkurrenz zwischen Regelungen des Markengesetzes und des UWG vorbei.[497] Drohende Wertungswidersprüche könnten jedoch über eine konsequente Abgrenzung der Vorschriften weitestgehend auf Tatbestandsebene gelöst werden. So müsse § 5 Abs. 2 UWG auf die Fälle beschränkt bleiben, in denen über die im Kennzeichenrecht erforderliche Zeichen- und Waren-/Dienstleistungsähnlichkeit hinaus eine tatsächliche Gefahr von Produktverwechslungen zu bejahen sei.[498] Entscheidende Bedeutung komme darüber hinaus der für einen lauterkeitsrechtlichen Anspruch erforderlichen Spürbarkeit der Beeinträchtigung zu. Demnach werde der Gefahr, dass § 5 Abs. 2 UWG auch bei fehlendem Kennzeichenschutz eingreife, dadurch begegnet, dass die notwendige wettbewerbliche Relevanz nur dann vorliege, wenn eine nicht unerhebliche Verkehrsbekanntheit zu bejahen sei.[499] Auch dann, wenn im Kennzeichenrecht, wie bei der Gleichnamigkeit oder der Erteilung von Lizenzen, ein Nebeneinander verwechslungsfähiger Zeichen toleriert werde oder vorgesehen sei, dürfe das Irreführungspotenzial grundsätzlich nicht als spürbare Beeinträchtigung bewertet werden.[500]

Zu lösende Wertungswidersprüche träten hingegen beim Aufeinandertreffen mehrere Marken abweichender Priorität sowie hinsichtlich der kennzeichenrechtlichen Schrankenregelungen und der Aktivlegitimation auf. *Hacker* geht in diesen Konstellationen von einer wechselseitigen Beeinflussung der Rechtsmaterien aus. So stelle sich im ersten Fall das lauterkeitsrechtliche Vorgehen aus einem Kennzeichen mit jüngerer Priorität gegenüber einem mit älterer Priorität unter gewissen

---

dem Erzeugnis wettbewerbliche Eigenart zukommt und besondere Umstände die Nachahmung unlauter erscheinen lassen (vgl. BGH GRUR 2003, 973, juris-Rz. 22 – *Tupperwareparty*; BGH GRUR 2001, 251, juris-Rz. 28 – *Messerkennzeichnung*).

497 Ströbele/Hacker-*Hacker*, MarkenG, § 2 Rn. 19, 43.

498 Ströbele/Hacker-*Hacker*, MarkenG, § 2 Rn. 30.

499 Ströbele/Hacker-*Hacker*, MarkenG, § 2 Rn. 35; Die zuvor in § 3 Abs. 1, 2 UWG enthaltene Bagatellklausel existiert unter dem reformierten UWG 2015 nur noch in eingeschränkter Form. *Hackers* Ansatz bleibt aber vor dem Hintergrund der Neufassung von § 5 Abs. 1 UWG gültig, wonach eine irreführende geschäftliche Handlung nur dann als unlauter zu bewerten ist, wenn sie geeignet ist, den Verbraucher oder sonstigen Marktteilnehmer zu einer geschäftlichen Entscheidung zu veranlassen, die er andernfalls nicht getroffen hätte. Unter Berücksichtigung seiner bisherigen Argumentationslinie ist anzunehmen, dass *Hacker* einer Verletzungshandlung diese Eignung absprechen wird, wenn ein beeinträchtigtes Zeichen nicht die erforderliche Verkehrsbekanntheit aufweist oder ein Nebeneinander verwechslungsfähiger Zeichen toleriert wird oder vorgesehen ist.

500 Ströbele/Hacker-*Hacker*, MarkenG, § 2 Rn. 36.

Umständen[501] als treuwidrig dar.[502] Die markenrechtlichen Schranken hingegen – insbesondere die der beschreibenden Benutzung nach § 23 MarkenG – will *Hacker* anders als *Bornkamm* nicht ins Lauterkeitsrecht übernehmen, sondern umgekehrt, aufgrund des Erfordernisses eines Verstoßes gegen die guten Sitten (§ 23 MarkenG a.E.), die (kennzeichenrechtliche) Freistellung davon abhängig machen, dass der Gebrauch nicht als unlauter i.S.v. § 5 Abs. 2 UWG zu bewerten sei.[503] Hinsichtlich der Aktivlegitimation sieht *Hacker* es als mit den unionsrechtlichen Vorgaben in Art. 11 Abs. 1 S. 2 UGP-RL konform an, wenn diese bei der Nachahmung eines geschützten Kennzeichens – entsprechend der Vorgehensweise im Rahmen des ergänzenden wettbewerblichen Leistungsschutzes gemäß § 4 Nr. 9 UWG a.F. (§ 4 Nr. 9 UWG) – allein auf den Kennzeicheninhaber beschränkt werde.[504]

Im Bereich der vergleichenden Werbung geht *Hacker* hingegen unter Berufung auf das Unionsrecht und die Rechtsprechung des EuGH von einer Spezialität der wettbewerblichen Vorschriften gegenüber denen des Markenrechts aus. Mit der Werberichtlinie seien die Bedingungen, unter denen eine vergleichende Werbung zulässig sei, abschließend harmonisiert worden. Darüber hinaus stelle Erwägungsgrund 15 der Richtlinie klar, dass eine den unionsrechtlichen Vorgaben einer zulässigen vergleichenden Werbung entsprechende Markenverwendung keine Markenverletzung begründen könne.[505] Im umgekehrten Fall hingegen, wenn eine Zeichennennung im Rahmen der vergleichenden Werbung also nicht den lauterkeitsrechtlichen Anforderungen genüge, dürfe zur Untersagung auch auf markenrechtliche Vorschriften zurückgegriffen werden.[506] Liegt demnach eine unzulässige vergleichende Werbung vor, dann stehen die lauterkeitsrechtlichen Ansprüche zu den markenrechtlichen nach *Hacker* im Verhältnis einer Anspruchskonkurrenz i.w.S. zueinander.

### *ee) Zusammenfassung und Stellungnahme*

Wenn sich *Lange* und *Sosnitza* zur Begründung des Fortbestehens der Vorrangthese auf Art. 3 Abs. 4 UGP-RL sowie deren Erwägungsgrund 9 berufen, so kann dem nicht zugestimmt werden. Gemäß Art. 3 Abs. 4 UGP-RL sollen die Bestimmungen der Richtlinie zurücktreten, wenn sie mit anderen unionsrechtlichen Vorschriften, welche besondere Aspekte unlauterer Geschäftspraktiken regeln, kollidieren. Die Normen des Markenrechts fallen aber nicht unter diese Kategorie. Mag man das Lauterkeitsrecht auch als „Jungbrunnen des Immaterialgüterrechts"[507] bezeichnen

---

501 Wie in dem oben bei *Bornkamm* beschriebenen Fall.

502 Ströbele/Hacker-*Hacker*, MarkenG, § 2 Rn. 37.

503 Ströbele/Hacker-*Hacker*, MarkenG, § 2 Rn. 38.

504 Ströbele/Hacker-*Hacker*, MarkenG, § 2 Rn. 39.

505 Ströbele/Hacker-*Hacker*, MarkenG, § 2 Rn. 80.

506 Ströbele/Hacker-*Hacker*, MarkenG, § 2 Rn. 84 unter Berufung auf EuGH GRUR 2008, 698, Rz. 31 ff. – *O²*.

507 Fezer, WRP 2008, 1, 9.

und damit dem Markenrecht lauterkeitsrechtliche Wurzeln attestieren können, so regelt letzteres dennoch keine besonderen Aspekte unlauterer Geschäftspraktiken.[508] Gemeint sind hier vielmehr sektorspezifische Spezialvorschriften, wie sie im Reise-, Finanzdienstleistungs- oder im Lebensmittelrecht existieren.[509] Nichts anderes ergibt sich aus Erwägungsgrund 9 Satz 2 der UGP-Richtlinie. Danach berührt die Richtlinie nicht die unionsrechtlichen und nationalen Vorschriften unter anderem im Bereich des Schutzes des geistigen Eigentums. Damit soll jedoch nur zum Ausdruck gebracht werden, dass die UGP-Richtlinie ihrerseits keinen Vorrang gegenüber den Vorschriften, welche das geistige Eigentum betreffen, genießt.[510] Konsequenterweise enthält die Markenrichtlinie in ihrem Erwägungsgrund 7 eine vergleichbare Regelung, sodass Erwägungsgrund 9 Satz 2 der UGP-Richtlinie „gleichsam neutralisiert" wird.[511] Auch die Schlussfolgerung von *Pahlow* ist alles andere als zwingend. Wie noch zu zeigen sein wird, kann das Ziel, Kennzeichenschutz ohne Prüfung der markenrechtlichen Voraussetzungen und Schranken zu verhindern, auf geeigneterem Wege als durch die von ihm präferierte „klare Grenzziehung" erreicht werden.

Ganz im Gegenteil hat die UGP-Richtlinie der Vorrangthese die Grundlage entzogen und damit zu einer Neubewertung des Verhältnisses von Marken- zu Lauterkeitsrecht gezwungen. Art. 6 Abs. 2 lit. a UGP-RL bzw. § 5 Abs. 2 UWG treffen mit dem ausdrücklichen Verbot der Irreführung über die betriebliche Herkunft Regelungen im Kernbereich des Kennzeichenrechts. Vor diesem Hintergrund kann aber das Markengesetz keine „umfassende spezialgesetzliche Regelung" mehr darstellen, die für eine Anwendung des UWG nur Raum lässt, wenn der Schutz nach dem Markengesetz versagt.[512] Vielmehr zwingt der Geltungsanspruch der unionsrechtlichen Vorgaben zu einer parallelen Anwendung von Kennzeichen- und Lauterkeitsrecht, sobald der Tatbestand der Vorschriften erfüllt ist.

Unabhängig davon, ob für eine Ablösung oder teilweise Beibehaltung der Vorrangthese eingetreten wird, stimmen daher auch alle Ansichten – mit Ausnahme der wenig überzeugenden Lehren von *Pahlow*, *Lange* und *Sosnitza* – darin überein, dass jedenfalls dort, wo der Anwendungsbereich des auf der UGP-Richtlinie basierenden § 5 Abs. 2 UWG eröffnet ist, von einem Nebeneinander zwischen den marken- und lauterkeitsrechtlichen Rechtssätzen auszugehen ist. Uneinigkeiten bestehen jedoch dahingehend, wie und in welchem Umfang auftretende Wertungswidersprüche zu lösen sind. Mögen sich auch (fast)[513] alle Literaturmeinungen darin einig sein, dass ein Unterlaufen der markengesetzlichen Wertungen so weit wie möglich zu

508 Loschelder/Dörre, KSzW 2010, 242, 245.

509 Ströbele/Hacker-*Hacker*, MarkenG, § 2 Rn. 17; Erwägungsgrund Nr. 44 des Vorschlags der EG-Kommission zur UGP-Richtlinie, KOM(2003) 356 endg.

510 Loschelder/Dörre, KSzW 2010, 242, 245; Ströbele/Hacker-*Hacker*, MarkenG, § 2 Rn. 18.

511 Ströbele/Hacker-*Hacker*, MarkenG, § 2 Rn. 18.

512 So BGH GRUR 1999, 161, juris-Rz. 14 – *MAC Dog*.

513 Einzig *Dreyer* will den markenrechtlichen Wertungen einen etwas geringeren Stellenwert beimessen, da er mit seinem „normativen Irreführungsbegriff" in Einzelfall

verhindern ist, so ist gleichwohl keine einheitliche Vorgehensweise ersichtlich. Nach *Loschelder/Dörre* beispielsweise soll ein lauterkeitsrechtliches Vorgehen gegen eine kennzeichenrechtlich zulässige Vorgehensweise als unverhältnismäßig ausscheiden. *Ingerl/Rohnke* hingegen vermeiden Widersprüche, indem sie markenrechtliche Wertungen zur Ausgestaltung des offenen Tatbestands der Unlauterkeit heranziehen. *Fezer* verweist auf die „Begrenzungsfunktion" des Markenrechts; demnach richte sich die Reichweite des lauterkeitsrechtlichen Schutzes der immateriellen Güter nach dem Normzweck der Sonderrechtsgesetze. Während *Bornkamm* wiederum der Ansicht ist, dass ein eventuell vorhandenes Irreführungspotenzial markenrechtlich zulässiger Handlungen vom Lauterkeitsrecht schlicht hinzunehmen sei, sieht *Hacker* in vergleichbaren Konstellationen die Bagatellschwelle[514] des § 3 UWG als nicht überschritten an oder macht umgekehrt die kennzeichenrechtlichen Freistellungen der §§ 23 – 25 MarkenG daran fest, dass der Zeichengebrauch seinerseits nicht als unlauter zu bewerten sei.

Kann damit zunächst festgehalten werden, dass jedenfalls kein grundsätzlicher Vorrang markenrechtlicher Vorschriften gegenüber solchen des Lauterkeitsrechts besteht, so stellt sich andererseits die Frage, ob aus diesem Grund insgesamt – abseits von den „unproblematischen" § 5 Abs. 2 UWG betreffenden Konstellationen – von einer parallelen Anwendbarkeit auszugehen ist. *Schadt, Köhler* und wohl auch *Teplitzky* und *Loschelder/Dörre* halten an einer Spezialität und damit einem Vorrang des Markenrechts jedenfalls gegenüber dem wettbewerbsrechtlichen Leistungsschutz aus § 4 Nr. 9 UWG a.F. (§ 4 Nr. 3 UWG) fest. *Hacker* geht weiter, indem er die Vorrangthese dort aufrechterhalten will, wo ausschließlich das Verhältnis der Mitbewerber untereinander betroffen ist. Als derartige Fälle einer allein mittbewerberbezogenen Unlauterkeit identifiziert er neben § 4 Nr. 9 UWG a.F. (§ 4 Nr. 3 UWG) auch den Schutz bekannter Kennzeichen nach §§ 14 Abs. 2 Nr. 3, 15 Abs. 3 MarkenG sowie der geographischen Herkunftsangaben mit besonderem Ruf nach § 127 Abs. 3 MarkenG. Demgegenüber spricht er sich im Bereich der vergleichenden Werbung für eine Spezialität der lauterkeitsrechtlichen Regelung des § 6 UWG gegenüber den markenrechtlichen Vorschriften aus. Eine Normenkonkurrenz liege hingegen vor, wenn eine Zeichennennung nicht den gesetzlichen Anforderungen an die Zulässigkeit einer vergleichenden Werbung genüge. In diesem Fall könne eine Untersagung auch auf markenrechtliche Ansprüche gestützt werden.

Andere Autoren wie *Ingerl/Rohnke* und *Fezer* nehmen stattdessen ein Nebeneinander von marken- und lauterkeitsrechtlichen Vorschriften an. Selbst *Bornkamm*, der für eine Beibehaltung der Vorrangthese plädiert, will nur noch von einem Vorrang der markenrechtlichen Wertungen und nicht mehr der Normen bzw. Ansprüche an sich ausgehen.

---

ausdrücklich Einschränkungen des Kennzeicheninhabers in Kauf nimmt (vgl. B. VI. 2. f) cc)).

514 S.o. Fn. 499 zu den mit der UWG-Reform 2015 verbundenen Auswirkungen auf diese Argumentation *Hackers*.

*ff) Ergebnis: Nebeneinander von Marken- und Lauterkeitsrecht*

Bei Licht betrachtet ist ein Nebeneinander von marken- und lauterkeitsrechtlichen Vorschriften als sachgerecht anzusehen. Schließlich ist zunächst zu berücksichtigen, dass die unionsrechtlichen Richtlinien, auf denen weite Teile der nationalen Regelungen beruhen, ebenfalls von einer parallelen Anwendbarkeit der verschiedenen Rechtssätze ausgehen. Nach Erwägungsgrund 7 der Markenrichtlinie können auf Marken andere Rechtsvorschriften der Mitgliedsstaaten als die des Markenrechts, etwa die gegen den unlauteren Wettbewerb, Anwendung finden. Auch Erwägungsgrund 9 Satz 2 der UGP-Richtlinie legt fest, dass diese nicht die unionsrechtlichen und nationalen Vorschriften im Bereich des Schutzes des geistigen Eigentums berührt. Hinsichtlich des Verhältnisses von markenrechtlichen Regelungen zu solchen, die die Zulässigkeit vergleichender Werbung betreffen, ist darüber hinaus Art. 8 Abs. 1 Unterabsatz 2 WerbeRL zu beachten. Da das Unionsrecht danach im Bereich der vergleichenden Werbung eine Vollharmonisierung anordnet und dabei insgesamt keine Subsidiarität gegenüber anderen Regelungen vorsieht, verhindert der Geltungsanspruch der fraglichen Normen zwangsläufig ihre Verdrängung. Sind die jeweiligen Anwendungsvoraussetzungen erfüllt, so geht der EuGH nicht von einem Vorrang einer der Rechtsmaterien aus, sondern versucht, diese tatbestandlich in Einklang zu bringen.[515] Dieses Nebeneinander kann aber nur als ein Fall einer Normenkonkurrenz qualifiziert werden.[516] Insofern ist *Hackers* Auffassung abzulehnen, der – unter Berufung auf dieselbe EuGH-Entscheidung – grundsätzlich von einer Spezialität der Regelungen betreffend die vergleichende Werbung gegenüber denen des Markenrechts ausgehen will und eine Anspruchskonkurrenz i.w.S. zwischen den zur Begründung eines entsprechenden Untersagungsbegehrens infrage kommenden Ansprüchen nur dann anerkennt, wenn die Zeichennutzung nicht den Anforderungen an einen zulässigen Werbevergleich genügt.

Aufgrund der weitgehenden Harmonisierung[517] der unionsrechtlichen Regelungen (Erwägungsgründe 4 MRRL, 6 WerbeRL, 6 UGP-RL) sind dort, wo diese Umsetzung in nationales Recht gefunden haben, für das Verhältnis der Rechtsmaterien zueinander die europäischen Vorgaben maßgebend.[518] Daraus folgt, dass für den Fall, dass die nationalen Vorschriften auf unionsrechtlichen beruhen, diese zwangsläufig

515 EuGH GRUR 2008, 698, Rz. 32 ff. – *O²*; Alexander, GRUR 2010, 482, 485; *Köhler/*Bornkamm, UWG, § 6 Rn. 32.

516 Fezer, Markenrecht, § 2 Rn. 101.

517 Scherer, WRP 2009, 1446, 1446; Wie Erwägungsgrund 4 der Markenrichtlinie zeigt, ist für das Markenrecht im Gegensatz zum Recht der unlauteren Geschäftspraktiken und dem der irreführenden und vergleichenden Werbung keine vollständige Angleichung vorgesehen. Die Harmonisierung gilt jedoch für die von der Markenrichtlinie getroffenen Regelungen (vgl. EuGH GRUR 2003, 55, Rz. 43 – *Arsenal Football Club plc*).

518 Schreiber, GRUR 2009, 113, 118.

im Verhältnis der Normenkonkurrenz zueinander stehen.[519] Demnach wäre es grundsätzlich zulässig, dort von einem Beibehalten der Vorrangthese auszugehen, wo sich keine harmonisierten Normen gegenüberstehen. Dieser Weg wird jedenfalls von *Schadt* und *Köhler* eingeschlagen, die an einem Zurücktreten des wettbewerblichen Leistungsschutzes nach § 4 Nr. 9 UWG a.F. (§ 4 Nr. 3 UWG) gegenüber dem Markenrecht festhalten wollen. *Hacker* geht aufgrund des hinter der UGP-Richtlinie stehenden Verbraucherschutzes davon aus, dass bei rein mittbewerberbezogenen Regelungen wie dem Schutz bekannter Kennzeichen nach §§ 14 Abs. 2 Nr. 3, 15 Abs. 3 MarkenG oder geographischer Herkunftsangaben mit besonderem Ruf nach § 127 Abs. 3 MarkenG kein Anlass besteht, von deren Vorrang abzurücken.

Mag diese Vorgehensweise auch dogmatisch vertretbar sein, so ist sie dennoch abzulehnen. Denn letztlich ist es wenig überzeugend, wenn man – wie es die Befürworter der Vorrangthese faktisch praktizieren – die Entscheidung, ob zwischen mehreren einschlägigen Vorschriften ein Vorrangverhältnis oder eine Normenkonkurrenz vorliegt, allein von der unionsrechtlichen Harmonisierung abhängig macht.[520] Geht man ausschließlich von einer Spezialität gegenüber § 4 Nr. 3 UWG aus, so erscheint dies bereits deshalb fragwürdig, weil die weitgehenden Überschneidungen mit § 5 Abs. 2 UWG im praktisch relevantesten Bereich der Herkunftstäuschung die Vorrangigkeit quasi leerlaufen lassen würden.[521] Aber auch wenn – wie bei *Hacker* – ein weiterer Anwendungsbereich der abgewandelten Vorrangthese im Raum steht, vermag das Abgrenzungskriterium angesichts der vergleichbaren Interessenlage nicht zu überzeugen. Im Ergebnis hätte dies eine uneinheitliche Lösung einer einheitlichen Problematik zur Folge.

Tatsächlich besteht auch gar keine Notwendigkeit für diese Vorgehensweise. Wie bei nahezu allen Ansichten erkennbar, lässt sich der Anwendungsbereich der einzelnen Vorschriften mitunter bereits auf Tatbestandsebene abgrenzen und damit die Kollisions- und Konkurrenzsituation entschärfen. Nur wenn dies nicht gelingt, sind auftretende Wertungswidersprüche in einem zweiten Schritt auszuräumen. Dabei gilt es, ein Unterlaufen der kennzeichenrechtlichen Wertungen so weit als möglich zu verhindern. Ob dann das lauterkeitsrechtliche Vorgehen gegen eine kennzeichenrechtlich zulässige Vorgehensweise unverhältnismäßig (*Loschelder/Dörre*) oder der offene Tatbestand der Unlauterkeit nicht erfüllt ist (*Ingerl/Rohnke*), ob sich die „Begrenzungsfunktion" des Markenrechts auf die Reichweite des lauterkeitsrechtlichen Schutzes der immateriellen Güter auswirkt (*Fezer*) oder ein

---

519 So mittlerweile auch ausdrücklich der BGH (GRUR 2013, 1161, juris-Rz. 60 – *Hard Rock Cafe*) in Abkehr von seiner bisherigen Rechtsprechungslinie für das Verhältnis eines markenrechtlichen Vorgehens zu einem solchen aufgrund einer Herkunftstäuschung nach § 5 Abs. 1 S. 2 Nr. 1 UWG.

520 So geht der BGH (BGH GRUR 1999, 992, juris-Rz. 41 – *BIG PACK*; BGH GRUR 2002, 1053, juris-Rz. 38 – *Aspirin*) davon aus, dass Vorschriften, die zwar zwingende europäische Vorgaben umsetzen, dabei aber auch nicht harmonisierte Kennzeichenrechte erfassen, insgesamt einheitlich auszulegen sind.

521 Ingerl/Rohnke, MarkenG, § 2 Rn. 2.

eventuell vorhandenes Irreführungspotenzial markenrechtlich zulässiger Handlungen vom Lauterkeitsrecht hinzunehmen ist (*Bornkamm*) bzw. die Bagatellschwelle des § 3 UWG nicht überschreitet (*Hacker*)[522], bedarf im Rahmen dieser Untersuchung keiner Entscheidung. Im Einzelfall erscheint es auch nicht ausgeschlossen, dass der Kennzeicheninhaber entsprechend der Auffassung des EuGH zur vergleichenden Werbung eine gewisse Einschränkung seines Rechts hinnehmen muss. Dies ändert aber nichts an der entscheidenden Feststellung, dass eine parallele Anwendung sämtlicher infrage kommender Vorschriften als sachgerecht anzusehen ist und die auf ihnen basierenden Ansprüche folglich im Verhältnis einer Anspruchskonkurrenz i.w.S. zueinander stehen.

## 3. Das Konkurrenzverhältnis von wettbewerbsrechtlichen Vorschriften

### *a) Vorbemerkungen*

Im Rahmen dieser Untersuchung dürfen Streitigkeiten, die keine (behaupteten) Kennzeichenbeeinträchtigungen zum Gegenstand haben, nicht unberücksichtigt bleiben. Von großer praktischer Relevanz sind dabei insbesondere Konstellationen, in denen sich bestimmte, von einer konkreten Wettbewerbshandlung umfasste Tatsachen unter unterschiedliche Unlauterkeitstatbestände subsumieren lassen. Abhängig von der konkreten Sachverhaltskonstellation können diese dabei dem UWG, dem allgemeinen Deliktsrecht oder bestimmten Sondergesetzen entwachsen.

### *b) Konkurrenzverhältnisse zwischen UWG-Vorschriften*

Nimmt man dabei zunächst allein UWG-Vorschriften in den Fokus, dann stößt man auf verschiedene Überschneidungsmöglichkeiten zwischen den einzelnen Normen. So können etwa Werbemaßnahmen mit einem Preisnachlass oder mit Gewinnspielen oder solche die keine klaren und eindeutigen Angaben enthalten sowohl gemäß § 4 UWG unlauter als auch gemäß § 5 UWG als irreführende geschäftliche Handlungen einzustufen sein.[523] Eine unter § 7 UWG fallende belästigende Verhaltensweise kann zugleich eine Beeinträchtigung der Entscheidungsfreiheit des Verbrauchers i.S.v. § 4 Nr. 1 UWG darstellen.[524] Eine vergleichende Werbung kann aufgrund eines Verstoßes gegen die Anforderungen von § 6 Abs. 2 UWG und gleichzeitig gegen das Irreführungsverbot nach § 5 Abs. 1, 3 UWG unlauter sein.[525] Zudem kann jede der vorstehend angeführten Konstellationen als unlautere geschäftliche Handlung unter § 3 Abs. 1 UWG zu subsumieren sein oder – sofern sie gegenüber Verbrauchern

522 S.o. Fn. 499 zu den mit der UWG-Reform 2015 verbundenen Auswirkungen auf diese Argumentation *Hackers*.

523 Weitere Beispiele bei Köhler/*Bornkamm*, UWG, § 5 Rn. 1.71.

524 GroßkommUWG-*Pahlow*, § 4 Nr. 1 Rn. 22.

525 Fezer-*Peifer*, UWG, § 5 Rn. 432.

erfolgt ist – einen unzulässigen Verstoß gegen die fachliche Sorgfalt gemäß § 3 Abs. 2 UWG beinhalten.

In diesem Kontext ist zunächst festzuhalten, dass die unterschiedlichen in §§ 3a – 6 UWG vorhandenen Tatbestände in Relation zur Generalklausel des § 3 Abs. 1 UWG nicht als eigenständige Spezialregelungen aufzufassen sind. Die Vorschriften konkretisieren vielmehr beispielhaft das Tatbestandsmerkmal der Unlauterkeit in § 3 Abs. 1 UWG, sodass weder im Verhältnis zu diesem noch untereinander Konkurrenzprobleme zu befürchten sind.[526]

Dies lässt aber nicht den Schluss zu, dass die einzelnen Unlauterkeitsalternativen gänzlich unbeeinflusst voneinander zur Anwendung kommen könnten. Sofern eine der im Raum stehenden Normen der Umsetzung von Unionsrecht dient, gebietet eine richtlinienkonforme Auslegung, dass die zwingenden unionsrechtlichen Wertungen nicht durch die Anwendung einer anderen Regelung unterlaufen werden.[527] So setzt beispielsweise § 6 UWG die Richtlinie über irreführende und vergleichende Werbung[528] um, welche eine abschließende Harmonisierung der Bedingungen, unter denen vergleichende Werbung in den Mitgliedstaaten erlaubt ist, zur Folge hat.[529] Damit ist es den Mitgliedstaaten verwehrt, liberalere oder strengere Vorgaben für die Zulässigkeit vergleichender Werbung aufzustellen. Werden demnach in einem Werbevergleich beispielsweise die Waren eines Mitbewerbers verunglimpft, dann ist der neben § 6 Abs. 2 Nr. 5 UWG gleichzeitig verwirklichte § 4 Nr. 1 UWG richtlinienkonform dahingehend auszulegen, dass er keinen von den unionsrechtlichen Vorgaben abweichenden Schutz zur Verfügung stellt.[530]

---

526 Köhler, GRUR 2010, 177, 178; Nordemann, Wettbewerbsrecht, Rn. 39 f.; Teplitzky, Wettbewerbsrecht, Kap. 4 Rn. 10.; Will man allerdings § 3 Abs. 1 UWG als Auffangtatbestand auf Konstellationen anwenden, die unter keine der Konkretisierungen der §§ 3a – 6 UWG fallen, dann ist stets zu erwägen, ob der Gesetzgeber die Präzisierungen nicht als abschließende Regelungen des konkreten Einzelfalls vorgesehen hat und die von ihnen nicht erfassten Verhaltensweisen folglich zulässig sein sollen (GroßkommUWG-*Peukert*, § 3 Rn. 228; Harte/Henning-*Podszun*, UWG, § 3 Rn. 12).

527 Harte/Henning-*Dreyer*, UWG, § 5 A. Rn. 53; Ohly/*Sosnitza*, UWG, § 3 Rn. 70; Vgl. allgemein zu unionsrechtlichen Richtlinien und Verordnungen, die bei der Auslegung zu beachten sein können: Harte/Henning-*Dreyer*, UWG, § 5 A. Rn. 36 f. sowie *Ohly*/Sosnitza, UWG, Einf. D Rn. 56 ff.

528 Richtlinie 97/55/EG des Europäischen Parlaments und des Rates vom 6. Oktober 1997 zur Änderung der Richtlinie 84/450/EWG über irreführende Werbung zwecks Einbeziehung der vergleichenden Werbung; abgelöst durch die inhaltlich übereinstimmende Richtlinie 2006/114/EG des Europäischen Parlaments und des Rates vom 12. Dezember 2006 über irreführende und vergleichende Werbung (Werberichtlinie).

529 EuGH GRUR 2003, 533, Rz. 44 – *Pippig Augenoptik*; Fezer-*Koos*, UWG, § 6 Rn. 5.

530 *Köhler*/Bornkamm, UWG, § 4 Rn. 1.7; Demgegenüber gehen die Rechtsprechung und andere Autoren von einer generellen Verdrängung von § 4 Nr. 7 UWG a.F. (§ 4 Nr. 1 UWG) durch § 6 Abs. 2 Nr. 5 UWG aus, sofern eine Äußerung in einer

Diese Grundsätze sind auch im Hinblick auf das Verhältnis zwischen der allgemeinen Generalklausel aus § 3 Abs. 1 UWG und der speziellen „Verbrauchergeneralklausel" aus § 3 Abs. 2 UWG zu beachten. § 3 Abs. 2 UWG dient der Umsetzung von Art. 5 Abs. 2 UGP-RL, sodass, sofern der Anwendungsbereich der vollharmonisierten und die Wettbewerbsbeziehung zwischen Unternehmern und Verbrauchern regelnden UGP-Richtlinie eröffnet ist, deren Wertungen zwingend zu berücksichtigen sind.[531]

Dieser Umstand führt *Fezer* zu der Annahme, dass das UWG durch die Einflüsse der UGP-Richtlinie eine materielle Zweiteilung in Mitbewerber- und Verbraucherschutz erfahren habe.[532] Mitbewerberbezogene Verhaltensweisen würden von § 3 Abs. 1 UWG erfasst, wohingegen das gesamte verbraucherbezogene Lauterkeitsrecht richtlinienkonform unter § 3 Abs. 2 UWG zu subsumieren sei. Da bei Sachverhalten, die Handlungen im Geschäftsverkehr gegenüber Verbrauchern zum Gegenstand hätten, folglich ein Rückgriff auf § 3 Abs. 1 UWG ausscheiden müsse, seien alle verbraucherbezogenen Verbotstatbestände der §§ 4 – 7 UWG a.F. (§§ 3a – 7 UWG) ebenfalls als Spezifizierung von § 3 Abs. 2 UWG zu bewerten.[533] Nach *Fezer* sind § 3 Abs. 1 und 2 UWG damit im Ergebnis als selbstständige Regelungen aufzufassen, die allerdings weder im Verhältnis einer Gesetzes- noch einer Normenkonkurrenz zueinander stehen, da sie sich bereits auf Tatbestandsebene gegenseitig ausschließen.

Demgegenüber wendet unter anderem die Rechtsprechung § 3 Abs. 1 und 2 UWG kumulativ an, ohne einen von ihnen als gegenüber dem anderen vorrangig anzusehen oder tatbestandliche Überschneidungen von vornherein abzulehnen.[534] Diese Auffassung ist vorzugswürdig. Zwar ist *Fezer* darin beizupflichten, dass mit Umsetzung der UGP-Richtlinie (insbesondere durch die UWG-Reform 2015) eine klarere Aufteilung in mitbewerber- und verbraucherbezogene Regelungen einhergegangen ist. Dies ändert aber nichts daran, dass aus dem Wortlaut und der Systematik von § 3 UWG folgt, dass Absatz 1 den allgemeingültigen Grundtatbestand unlauterer Handlungen darstellt, wohingegen Absatz 2 konkrete Vorgaben für die

---

vergleichenden Werbung getätigt worden ist (BGH GRUR 2012, 74, juris-Rz. 17 – *Coaching-Newsletter*; Fezer-*Koos*, UWG, § 6 Rn. 39; GroßkommUWG-Toussaint, § 4 Nr. 7 Rn. 14 f.).

531 GroßkommUWG-*Fritzsche*, § 3 Rn. 593.

532 Fezer-*Fezer*, UWG, Einl. E Rn. 173.

533 Fezer-*Fezer*, UWG, § 3 Rn. 31 ff., 33; Fezer, WRP 2010, 677, 683; i. Erg. ebenso GroßkommUWG-*Fritzsche*, § 3 Rn. 595; Wie der Titel von § 4 UWG („Mitbewerberschutz) verdeutlicht, wurde die Norm im Rahmen der UWG-Reform 2015 zu einer rein mitbewerberbezogenen Regelung umfunktioniert und enthält deshalb keine verbraucherbezogenen Verbotstatbestände mehr. Aus diesem Grund geht *Fezers* ursprünglicher Verweis auf § 4 UWG an dieser Stelle nun ins Leere.

534 BGH GRUR 2010, 852, juris-Rz. 20 – *Gallardo Spyder*; BGH GRUR 2010, 1117, juris-Rz. 34 – *Gewährleistungsausschluss im Internet.*

Auslegung von Absatz 1 im Falle von geschäftlichen Handlungen gegenüber Verbrauchern vorsieht.[535]

Eine selbstständige und ein Eigenleben führende Regelung stellt hingegen § 3 Abs. 3 UWG in Verbindung mit den im Anhang des UWG aufgezählten 30 stets unzulässigen geschäftlichen Handlungen dar. Ist einer dieser Fälle verwirklicht, dann wird die wesentliche Beeinflussung des geschäftlichen Verhaltens von Verbrauchern nach § 3 Abs. 2, 4 UWG unwiderleglich vermutet, sodass für eine Bejahung der Unzulässigkeit ein Überschreiten der „Wesentlichkeitsschwelle" aus § 3 Abs. 2, 4 UWG nicht mehr geprüft werden muss.[536] Aus diesem Grund werden die per-se-Verbote des Anhangs zu § 3 Abs. 3 UWG gegenüber § 3 Abs. 1, 2 UWG und den §§ 3a – 6 UWG teilweise als Spezialregelungen angesehen, die diese – sofern sie verwirklicht sind – verdrängen.[537] Allerdings erscheint es auch hier sachgerecht, allein von einem Vorrang der vom Anhang zu § 3 Abs. 3 UWG vorgegebenen Wertungen auszugehen.[538] Der Zweck der per-se-Verbote wird durch eine parallele Anwendung anderer Untersagungstatbestände des UWG nicht gefährdet, da diese nicht dazu führen können, dass ein Verhalten, welches auf Grundlage des Anhangs zu § 3 Abs. 3 UWG unzulässig ist, doch als rechtmäßig zu bewerten ist. Mag diese Vorgehensweise auch keine Vorteile mit sich bringen, so ist es gleichwohl unschädlich, ein Verbot eines bestimmten Verhaltens sowohl auf Verstöße gegen § 3 Abs. 3 UWG als auch gegen § 3 Abs. 1 und 2 UWG bzw. §§ 3a – 6 UWG zu stützen. Im Ergebnis ist folglich von einer Normenkonkurrenz zwischen den Regelungen auszugehen.

Als Regelungen, die zueinander und zu den angeführten Vorschriften im Verhältnis der Normenkonkurrenz stehen, sind auch § 7 Abs. 1 und 2 UWG einzuordnen. Der Gesetzgeber hat die darin enthaltenen Untersagungen unzumutbarer Belästigungen als selbstständige Verbotstatbestände ausgestaltet.[539] § 7 Abs. 1 UWG enthält eine eigene Generalklausel, die unabhängig von einer Bewertung der Lauterkeit nach § 3 UWG ist.[540] In § 7 Abs. 2 UWG sind analog zum Anhang zu § 3 Abs. 3 UWG vier Verhaltensweisen aufgeführt, die stets unzulässige Fälle einer unzumutbaren Belästigung darstellen.[541]

---

535 So auch Harte/Henning-*Podszun*, UWG, § 3 Rn. 47; *Scherer* (WRP 2010, 586, 590 ff.) geht weiter und erachtet § 3 Abs. 2 UWG als „überflüssige Norm", da bereits aufgrund einer unionsrechtskonformen Auslegung von § 3 Abs. 1 UWG Ergebnisse, die von den in § 3 Abs. 2 UWG enthaltenen Vorgaben abwichen, ausgeschlossen seien.

536 vgl. Köhler, FS Bornkamm, 393, 396; Köhler/*Bornkamm*, UWG, Anh. zu § 3 Abs. 3 Einf. Rn. 0.4; Nordemann, Wettbewerbsrecht, Rn. 41.

537 Ein Rückgriff auf § 3 Abs. 1, 2 UWG sowie §§ 3a – 6 UWG wird ohne Weiteres zugelassen, wenn keines der per-se-Verbote erfüllt ist (vgl. nur BGH GRUR 2014, 1117, juris-Rz. 12 ff. – *Zeugnisaktion*).

538 vgl. Harte/Henning-*Dreyer*, UWG, § 5 A. Rn. 54.

539 Nordemann, Wettbewerbsrecht, Rn. 42.

540 *Köhler*/Bornkamm, UWG, § 7 Rn. 4.

541 MüKoUWG-*Leible*, § 7 Rn. 14.

### *c) Das Verhältnis von UWG-Vorschriften zu solchen außerhalb des UWG*

Außerhalb des UWG existieren zahlreiche Normen, die für die hier gegenständlichen Fallgestaltungen von Relevanz sind. So enthalten etwa auf nationaler Ebene die §§ 11, 27, 33 LFGB, § 3 HWG, § 25 WeinG, § 8 AMG und auf unionsrechtlicher Ebene verschiedene Verordnungen[542] konkrete oder abstrakte Irreführungsverbote, die mit den Regelungen des UWG, insbesondere § 5 UWG, in Konkurrenz stehen. Diese Vorschriften sind neben dem UWG anwendbar.[543] Sie stellen keine Spezialnormen dar, durch welche die Anwendung wettbewerbsrechtlicher Bestimmungen ausgeschlossen oder eingeschränkt würde. Vielmehr konkretisieren sie den § 5 UWG zugrunde liegenden Rechtsgedanken, sodass das in Rede stehende Verhalten nach einheitlichen Grundsätzen zu bewerten ist.[544]

Auch BGB-Normen, insbesondere solche des Deliktsrechts, können bei der Bewertung der fraglichen Konstellationen in Betracht gezogen werden. Die Entstehung einer Konkurrenzsituation und damit von Konkurrenzproblemen ist dabei von vornherein ausgeschlossen, wenn sich ein von einer vermeintlich wettbewerbsrechtlich unzulässigen Handlung Beeinträchtigter, der – wie etwa ein Letztverbraucher – keine Ansprüche aus dem UWG geltend machen kann, unter Berufung auf BGB-Vorschriften gegen die streitgegenständliche Verhaltensweise zur Wehr setzt. Problematischer ist hingegen die Situation, wenn nach § 8 Abs. 3 UWG Anspruchsberechtigte entsprechend vorgehen. Insofern ist stets die Frage aufzuwerfen, ob auf diesem Weg nicht eine ungerechtfertigte Umgehung der in § 11 UWG vorgesehenen kurzen Verjährung wettbewerbsrechtlicher Ansprüche oder der nach § 14 UWG eingeschränkten örtlichen Zuständigkeiten ermöglicht wird.[545]

Vor diesem Hintergrund wird zwischen Normen des Lauterkeitsrechts und des Deliktsrechts teilweise eine Gesetzeskonkurrenz in Form einer Subsidiarität angenommen.[546] Überall dort, wo lauterkeitsrechtliche Tatbestände erfüllt seien, entfalte das UWG eine Sperrwirkung. Selbst wenn eine Konstellation nicht vom Lauterkeitsrecht erfasst werde, sie aber grundsätzlich – weil etwa eine geschäftliche Handlung eines Mitbewerbers in Rede stehe – in den Anwendungsbereich des UWG falle, müssten konkurrierende deliktische Vorschriften außen vor bleiben.

Mit der h.M. ist demgegenüber grundsätzlich von einer parallelen Anwendbarkeit von Lauterkeits- und Deliktsrecht auszugehen. Eine mit den lauterkeitsrechtlichen Verjährungs- und Zuständigkeitsregeln einhergehende Verkürzung der Rechte des Geschädigten lässt sich nicht allein deshalb rechtfertigen, weil die

---

542 Vgl. die ausführliche Darstellung bei Köhler/*Bornkamm*, UWG, § 5 Rn. 1.44.

543 Vgl. BGH GRUR 2013, 401, juris-Rz. 28 ff. – *Biomineralwasser.*

544 BGH GRUR 1982, 118, juris-Rz. 17 – *Kippdeckeldose*; BGH GRUR 2003, 628, juris-Rz. 30 – *Klosterbrauerei*; Harte/Henning-*Dreyer*, UWG, § 5 A. Rn. 60; Köhler/*Bornkamm*, UWG, § 5 Rn. 1.45; Teplitzky, Wettbewerbsrecht, Kap. 4 Rn. 10.

545 *Köhler*/Bornkamm, UWG, Einl. Rn. 7.3.

546 GroßKommUWG-*Schünemann*, Einl. G Rn. 115 ff., 138.

Schädigungshandlung im geschäftlichen Kontext erfolgt ist.[547] Folglich kann sich der Betroffene neben den UWG-Normen auf §§ 823 Abs. 1, 1004 BGB berufen, wenn die zu bewertenden Tatsachen gleichzeitig die Voraussetzungen eines rechtswidrigen Eingriffs in die Gesundheit, die Freiheit, das Eigentum oder das allgemeine Persönlichkeitsrecht erfüllt. Eine Ausnahme stellt dabei jedoch eine Verletzung des Rechts am Unternehmen als sonstigem Recht im Sinne der Vorschrift dar. Dessen generell subsidiärer und lückenfüllender Charakter führt auch in diesem Fall zu einem Zurücktreten hinter den Bestimmungen des UWG.[548] So stellt etwa ein Boykottaufruf grundsätzlich einen unzulässigen Eingriff in das Unternehmen dar. Ist dieser wettbewerblich motiviert, dann kommen allein Ansprüche aus dem Wettbewerbsrecht (insbesondere eine gezielte Behinderung gemäß § 4 Nr. 4 UWG) zur Anwendung.[549] Hingegen scheidet eine Verdrängung durch das Lauterkeitsrecht aufgrund der unterschiedlichen tatbestandlichen Anknüpfungspunkte und Normzwecke wiederum aus, wenn das angegriffene Verhalten zugleich ein Schutzgesetz gemäß § 823 Abs. 2 BGB[550] beeinträchtigt oder den Tatbestand von §§ 824, 826 BGB erfüllt.[551]

## 4. Das Konkurrenzverhältnis der zur Begründung des einheitlichen Unterlassungsziels zur Verfügung stehenden Ansprüche

### *a) Vorbemerkungen*

Die vorstehende Untersuchung hat zunächst zu der Erkenntnis geführt, dass die Normen, die Grundlage der verschiedenen, auf die einheitliche Unterlassung gerichteten Ansprüche sind, weit überwiegend im Verhältnis der Normenkonkurrenz zueinander stehen. Dies gilt unabhängig davon, ob sie auf marken-, design- oder

---

547 *Köhler*/Bornkamm, UWG, Einl. Rn. 7.4; a.A. GroßKommUWG-*Schünemann*, Einl. G Rn. 118.

548 S.o. B. VI. 2. e); BGH GRUR 1962, 310, juris-Rz. 11 – *Gründerbildnis*; *Köhler*/Bornkamm, UWG, Einl. Rn. 7.4.

549 Erman-*Schiemann*, BGB, § 823 Rn. 74; *Köhler*/Bornkamm, UWG, Einl. Rn. 7.5; Demgegenüber kommt § 823 I BGB i.V.m. dem Recht am Unternehmen (neben § 826 BGB) als Anspruchsgrundlage infrage, wenn der Boykottaufruf aus sittlichen, sozialen, religiösen oder politischen Gründen erfolgt (*Köhler*/Bornkamm, UWG, § 4 Rn. 4.128).

550 Da die Ansprüche der §§ 3, 7 UWG abschließend in §§ 8 ff. UWG geregelt sind, stellen sie keine Schutzgesetze i.S.d. § 823 Abs. 2 BGB dar (BGH NJW 1974, 1503, juris-Rz. 25 – *Prüfzeichen*; Harte/Henning-*Ahrens*, UWG, Einl. G Rn. 135; *Ohly*/Sosnitza, UWG, Einf. D Rn. 62).

551 Harte/Henning-*Ahrens*, UWG, Einl. G Rn. 131 ff., 136; *Köhler*/Bornkamm, UWG, Einl. Rn. 7.5 ff.; Da sämtliche deliktisch geschützten Rechte und Interessen durch präventiv wirkende Abwehransprüche gegen drohende Eingriffe abgeschirmt sind (MüKoBGB-*Wagner*, Vorb. § 823 Rn. 35), ist eine Anspruchskonkurrenz mit einem lauterkeitsrechtlichen Unterlassungsanspruch ohne Weiteres vorstellbar.

urheberrechtlichen Schutzrechten beruhen, ob sie lauterkeitsrechtlicher Natur sind oder sich aus namensrechtlichen oder deliktischen Vorschriften des BGB ergeben. Eine Ausnahme ist dabei hinsichtlich des Rechts am eingerichteten und ausgeübten Gewerbebetrieb zu machen, das als sonstiges Recht i.S.d. § 823 Abs. 1 BGB als Auffangtatbestand und so lediglich subsidiär zur Anwendung kommt.

Damit verbindet sich aber noch keine Entscheidung darüber, ob die auf den unterschiedlichen Anspruchsnormen beruhenden Unterlassungsansprüche gemeinsam zu bewerten sind, ob also eine Anspruchsnormenkonkurrenz besteht oder ob aufgrund des Vorliegens einer Anspruchskonkurrenz eine isolierte Betrachtung angezeigt ist. Wird ein konkretes Leistungs- bzw. hier Unterlassungsverlangen einer Person gegenüber einer anderen von mehreren Anspruchsnormen getragen, dann ist nach *Georgiades* grundsätzlich von einer Anspruchsnormenkonkurrenz auszugehen.[552] Anders soll hingegen zu urteilen sein, wenn die besondere Funktion und rechtliche Qualität der einzelnen Rechtssätze eine gemeinsame Bewertung verbieten. Insofern ist zunächst festzuhalten, dass die von *Georgiades* angeführten Fälle einer Anspruchskonkurrenz hier nicht einschlägig sind. Diese sieht er beim Aufeinandertreffen eines Anspruchs aus § 985 BGB mit schuldrechtlichen Rückgabebestimmungen, von § 861 BGB mit § 1007 BGB sowie eines Anspruchs aus einem Wechsel mit dem aus dem Grundgeschäft.[553] Dabei weist er jedoch ausdrücklich darauf hin, dass die Aufzählung nicht als abschließend aufzufassen sei, sondern es sich lediglich um Beispiele handle.[554]

Unterzieht man die konkurrierenden, zur Begründung eines einheitlichen Unterlassungsbegehrens verfügbaren Normen einer genaueren Betrachtung, dann lassen sich neben der Gemeinsamkeit, dass sie auf ein identisches Ziel gerichtete Ansprüche begründen, gleichwohl auch gravierende Unterschiede feststellen. Letztere liegen zunächst in den verschiedenen tatbestandlichen Anknüpfungspunkten sowie in den mitunter stark voneinander abweichenden Normzwecken der Vorschriften und Rechtsmaterien, denen sie zugehörig sind. So resultieren die Unterlassungsansprüche etwa teilweise aus allgemeinen Verhaltensgeboten und teilweise aus Normen zum Schutz vor Beeinträchtigungen von Schutzrechten. Vor diesem Hintergrund kommt es entscheidend darauf an, ob den erkannten Unterschieden ein derart großes Gewicht zukommt, dass sie eine besondere Funktion und rechtliche Qualität der einzelnen Anspruchsgrundlagen zur Folge haben, die eine Anspruchsnormenkonkurrenz ausschließen. Anders ist hingegen zu urteilen, wenn zwischen ihnen ein funktionaler Zusammenhang besteht, der eine gemeinsame Bewertung ermöglicht.

552 Georgiades, Streitgegenstand, S. 167.
553 Georgiades, Streitgegenstand, S. 219 ff.
554 Georgiades, Streitgegenstand, S. 220.

### b) *Das Konkurrenzverhältnis zwischen markenrechtlichen Unterlassungsansprüchen*

Bei der Untersuchung ist zunächst isoliert die markenrechtliche Situation ins Auge zu fassen. Dabei kann ein bedeutender funktionaler Zusammenhang zwischen Unterlassungsansprüchen festgestellt werden, die sich aus der Verwirklichung unterschiedlicher Eingriffsalternativen bezüglich lediglich eines Kennzeichens ergeben.[555] Sie weisen zwar abweichende Tatbestandsvoraussetzungen auf, stimmen aber in Zielrichtung und Normzweck überein, da sie jeweils Konkretisierungen einer Beeinträchtigung des dem Inhaber zustehenden ausschließlichen Rechts an seinem Kennzeichen darstellen (§§ 14 Abs. 1, 15 Abs. 1 MarkenG).

Etwas anderes könnte demgegenüber gelten, wenn die Unterlassungsansprüche auf unterschiedlichen markenrechtlichen Schutzrechten beruhen. Wie bereits oben erläutert, kann ein bestimmtes Zeichen unter verschiedenen Gesichtspunkten durch das Markengesetz geschützt sein. Neben der nationalen Rechtsordnung, die Kennzeichenschutz beispielsweise als Unternehmenskennzeichen zur Bezeichnung eines Unternehmens oder als (verschiedenen Unterkategorien unterfallende) Marke zur Bezeichnung von Waren oder Dienstleistungen gewährt, ist dies auf internationaler Ebene als international registrierte oder als Gemeinschaftsmarke denkbar.[556] Bei all diesen Schutzrechten handelt es sich um rechtlich selbstständige Immaterialgüterrechte, denen nach Art. 14 GG Verfassungsrang zukommt.[557] Sie (und mit ihnen die entsprechenden Eingriffstatbestände und Abwehransprüche) sind dabei aber Ausprägung eines einheitlichen rechtlichen Schutzgedankens.[558] Sinn und Zweck des Markenrechts ist die Bewahrung des geistigen Eigentums an Marken, geschäftlichen Bezeichnungen und geographischen Herkunftsangaben (§1 MarkenG). Will jemand den Schutz seiner Kennzeichen erlangen, so dürfte es ihm aber gleichgültig sein, unter welchen juristischen Begrifflichkeiten und

---

555 So auch ohne Begründung: BGH GRUR 2012, 621, juris-Rz. 32 – *OSCAR*.

556 Bölling, MarkenR 2011, 102, 102; Hacker, Markenrecht, § 1 Rn. 12; Ströbele/*Hacker*, Markengesetz, § 5 Rn. 5.

557 Für Warenzeichen: BVerfG GRUR 1979, 773, juris-Rz. 99 f. – *Schloßberg;* allgemein: Maunz/Dürig-*Papier*, GG, Art. 14 Rn. 197; Fezer, Handbuch Markenpraxis, Einl. Rn. 15; Im Hinblick auf die geographischen Herkunftsangaben geht der BGH nicht von einer immaterialgüterrechtlichen Natur aus, da es an der Zuordnung der Kennzeichnung zu einem bestimmten (ausschließlichen) Rechtsträger fehle (BGH GRUR 1999, 252, juris-Rz. 16 – *Warsteiner II*). Demgegenüber hat der EuGH geographische Herkunftsangaben als gewerbliches und kommerzielles Eigentum anerkannt (EuGH, GRUR Int 1993, 76, Rz. 37 – *Turrón de Alicante*; Ahrens, GRUR Int 1997, 508, 512). Die Besonderheit liege dabei in der lediglich eingeschränkten Ausschließlichkeitsfunktion, da eine Zuordnung zu mehreren Rechtsträgern möglich sei (Fezer, MarkenG, § 126 Rn. 6).

558 So auch für das Verhältnis von Lichtbildwerken zu Lichtbildern: BGH GRUR 2000, 317, juris-Rz. 12 – *Werbefotos*; OLG Köln GRUR 2015, 167, juris-Rz. 58 – *Creative Commons-Lizenz "non-commercial"*.

Kategorisierungen dies letztlich geschieht. Im Mittelpunkt steht regelmäßig allein das Ziel, eine möglichst umfassende Absicherung zu erreichen.[559] Nichts anderes gilt für den Fall, dass eine konkrete Verletzungshandlung eine Beeinträchtigung der verschiedenen (rechtlich selbstständigen) Immaterialgüterrechte mit sich bringt. In diesem Fall korrelieren der Umfang des Schutz- und des Verteidigungswillens. So wie der Schutzrechtsinhaber sein geistiges Eigentum umfassend schützen will, wird er auch alle verfügbaren Verteidigungsmöglichkeiten heranziehen wollen, um sich gegen die Rechtsverletzung umfassend zur Wehr zu setzen. Wird demnach ein einheitliches Recht, die Unterlassung eines konkreten Verhaltens zu verlangen, von mehreren Anspruchsnormen oder Kennzeichenrechten getragen, dann steht dieses abstrakte Recht im Fokus. Es wirkt dann wie eine Klammer, die sämtliche zur Unterstützung des Petitums vorhandenen Argumente zusammenfasst.

Dieses Ergebnis findet seine Bestätigung, wenn man sich den Gedanken *Henckels* zu eigen macht, dass Ansprüche verschiedene Funktionen zu erfüllen haben, die aber weder gleichzeitig noch gleichermaßen Geltung beanspruchen müssen.[560] Eine dieser Funktionen stellt die des Anspruchs als Verfügungsobjekt dar. Danach ist ein konkreter wirtschaftlicher Wert, welcher als einheitliches Verfügungsobjekt einzuordnen ist, auch als solcher Gegenstand der rechtlichen Bewertung. Hierunter sind nach *Henckel* unter anderem diejenigen Ansprüche zu fassen, die einheitlich gemeinsam erfüllt werden.[561] Dies ist hinsichtlich verschiedener auf ein bestimmtes Unterlassungsziel gerichteter Ansprüche der Fall. Dienen diese im konkreten Fall der Untersagung einer bestimmten Handlung, so befindet sich der Unterlassungsschuldner durch seine bloße Untätigkeit im Hinblick auf alle Ansprüche parallel im „Erfüllungszustand". Gibt er eine strafbewehrte Unterlassungserklärung hinsichtlich der Handlung insgesamt ab, dann beseitigt die Unterwerfung die Wiederholungsgefahr sämtlicher Ansprüche und „erfüllt" sie damit.[562]

Der damit naheliegenden gemeinsamen Betrachtung der verschiedenen Unterlassungsansprüche kann aber entgegengehalten werden, dass die zugrunde liegenden Schutzrechte und Verletzungstatbestände vom Gesetz unterschiedlich ausgestaltet sind und ein abweichendes rechtliches Schicksal zeitigen können. Allerdings lässt sich die von *Henckel* entwickelte Funktionslehre nicht nur hinsichtlich der Ansprüche und Anspruchsnormen, sondern auch hinsichtlich der in Rede stehenden Schutzrechte fruchtbar machen. Dem globalen Schutzwillen kann nicht durch ein einziges allumfassendes Kennzeichenrecht Rechnung getragen werden. Vielmehr erfordert der Rechtsverkehr einen klar abgegrenzten Schutzumfang, der durch separat anzuwendende Anspruchsnormen, Normalternativen – und in unserem Fall auch durch die einzelnen Schutzrechte – für jede Sachverhaltsvariante, die einen

559 Bölling, MarkenR 2011, 102, 102; vgl. Kodde, Streitgegenstand, S. 281.
560 S.o. B. II. 6. a); Henckel, Streitgegenstand, S. 253 ff.
561 S.o. B. II. 6. a); Henckel, Streitgegenstand, S. 262 ff.
562 S.o. B. II. 6. c); OLG Hamburg, Magazindienst 2013, 29, juris-Rz. 14; Kodde, Streitgegenstand, S. 169 f.

bestimmten Anspruchsinhalt rechtfertigt, gewährleistet wird.[563] Bei der gesetzlichen Aufgliederung in unterschiedliche Kennzeichenrechte und Eingriffsalternativen stehen die von *Henckel* identifizierten Ordnungs-, Subsumtions- und Praktikabilitätsaspekte im Vordergrund. Nur mittels einer soweit als möglich eindeutigen Festlegung von räumlichem und sachlichem Geltungsbereich des Zeichens ist für Dritte erkennbar, in welchem Rahmen sie sich ohne die Gefahr einer Rechtsbeeinträchtigung bewegen können. Wird dies im Falle von formalen Kennzeichenrechten durch die im öffentlichen Register festgehaltenen Informationen gewährleistet, so ist der Schutzumfang bei sachlichen Kennzeichenrechten jedenfalls durch die Untergliederung in Unterkategorien wie Unternehmenskennzeichen, Werktitel oder verschiedene Varianten von Benutzungsmarken nicht gänzlich konturenlos und damit nachvollziehbar. Diese Funktionen sind im Falle eines Vorgehens gegen eine Rechtsbeeinträchtigung, wie es hier in Rede steht, aber zu vernachlässigen. Entscheidend ist vielmehr die Beantwortung der Frage, ob dem Schutzrechtsinhaber gegen den (vermeintlichen) Verletzer das geltend gemachte Recht als vereinigtem Wert seiner als markenrechtlich schützenswert erachteten unternehmerischen Leistung zusteht. Im Hinblick auf das zu beurteilende einheitliche Unterlassungsbegehren sind die unterschiedlichen Kennzeichenrechte, Anspruchsnormen und Ansprüche lediglich als verschiedene Begründungsvarianten, als bloße Mittel zum Zweck, einzuordnen. Ist eine Tatbestandsvoraussetzung einer Eingriffsalternative nicht erfüllt oder kommt einem von mehreren im Raum stehenden Schutzrechten keine Rechtswirkung zu, sei es beispielsweise, weil der Markenschutz infolge nicht vorgenommener Verlängerung ausgelaufen ist oder weil es einem Zeichen an der notwendigen Verkehrsgeltung mangelt, dann führt dies lediglich dazu, dass dieses Argument nicht dazu beitragen kann, das Petitum zu stützen.

### *c) Das Konkurrenzverhältnis zwischen Ansprüchen immaterialgüterrechtlichen Ursprungs*

#### *aa) Gemeinsamkeiten unterschiedlicher Immaterialgüterrechte*

Die Frage nach dem Anspruchsverhältnis stellt sich ebenfalls, wenn verschiedene Unterlassungsansprüche, die die Untersagung einer bestimmten Verhaltensweise tragen, nicht aus dem Markenrecht, sondern aus beispielsweise dem Designrecht, Urheberrecht, Lauterkeitsrecht oder allgemeinen Zivilrecht herrühren. Auch in dieser Konstellation sind die zugrunde liegenden Rechtssätze auf Gemeinsamkeiten und Unterschiede zu untersuchen, die für die Anspruchsverhältnisse von Belang sein können. Vor dem Hintergrund der Erörterung der markenrechtlichen Situation ist dabei zunächst einem etwaigen immaterialgüterrechtlichen Ursprung besondere Aufmerksamkeit zu widmen. Zum einen gelten die dargestellten Erwägungen, dass ein umfassender Schutzwille an einem konkreten Produkt geistiger Leistungsentfaltung unabhängig von seiner rechtlichen Qualifizierung besteht, nicht allein

563 Henckel, Streitgegenstand, S. 260.

hinsichtlich einer etwaigen kennzeichenrechtlichen Verortung, sondern auch einer solchen in sonstigen Rechtsmaterien. Schließlich ist für den Einzelnen jegliches Erlangen zusätzlichen Schutzes, gleich aus welchem rechtlichen Gesichtspunkt, als vorteilhaft zu bewerten. Zum anderen ist die Nähe der verschiedenen Rechte des geistigen Eigentums zueinander zu berücksichtigen, die sich aus zahlreichen Gemeinsamkeiten ergibt. Schließlich handelt es sich dabei stets um absolute Rechte an unkörperlichen Gegenständen, die in vergleichbarer Weise durch Lizenzerteilung verwertet werden können, vergleichbaren Schranken unterliegen und durch vergleichbare zivil- und strafrechtliche Sanktionen geschützt sind.[564] Hinter allen steht der Gedanke des Schutzes der Ergebnisse der geistigen Produktion.[565] Bedeutende Übereinstimmungen bestehen zudem hinsichtlich der Schutzsubjekte. Allen Rechtsmaterien ist gemein, dass sie dem Berechtigten eine zeitlich und inhaltlich begrenzte ausschließliche[566] Herrschaft an einer unkörperlichen Sache verschaffen.[567] Diese spiegelt sich in einem positiven Benutzungs- und negativen Verbietungsrecht – dem Zuweisungsgehalt und der Ausschlussfunktion – wider.[568] Die bezeichneten übereinstimmenden Merkmale führen zu einer Eigentumsähnlichkeit, welche es rechtfertigt, die Immaterialgüterrechte insgesamt dem Schutz von Art. 14 GG zu unterstellen.[569] Aus diesem Grund wird mitunter sogar dafür plädiert, das gesamte Recht des geistigen Eigentums als einheitliches Rechtsgebiet zu begreifen.[570] Mögen die genannten Überschneidungen auch nicht zwangsläufig zu dieser Schlussfolgerung zwingen, so bleibt dennoch festzuhalten, dass die Eingliederung in das System der Immaterialgüterrechte eine Wesensgleichheit der verschiedenen Regelungsregime begründet.[571]

#### *bb) Die urheberrechtlichen Schutzrechte*

Zu den im Rahmen dieser Untersuchung relevanten Immaterialgüterrechten sind neben den Schutzrechten des Kennzeichenrechts auch solche urheberrechtlichen Ursprungs zu zählen. So ist es ohne Weiteres vorstellbar, dass eine Bildmarke bzw. der grafische Teil einer Wort-Bildmarke gleichzeitig unter dem Urhebergesetz Schutz genießt. Will man dem Verhältnis der einzelnen Regelungen zueinander auf den Grund gehen, dann dürfen allerdings – ungeachtet der dargestellten Übereinstimmungen – die zahlreichen Unterschiede nicht unberücksichtigt bleiben. Am

---

564 Ohly, JZ 2003, 545, 550; Forkel, JuS 1988, 869, 871.
565 Wandtke/Bullinger-*Wandtke*, UrhG, 3. Aufl. 2009, Einl. Rn. 49.
566 Im Hinblick auf die Besonderheiten bei den markenrechtlich geschützten geographischen Herkunftsangaben sei auf die Ausführungen unter Fn. 560 verwiesen.
567 Troller, Immaterialgüterrecht, S. 91; Ohly, FS Schricker, 105, 106.
568 Fezer, Handbuch Markenpraxis, Einl. Rn. 15; Forkel, JuS 1989, 721, 723; MüKo-*Wagner*, BGB, § 823 Rn. 226.
569 Deutsch, WRP 2000, 854, 857 f.
570 Troller, Immaterialgüterrecht, S. 91 ff.; Ohly, JZ 2003, 545, 550 ff.
571 *Eichmann*/v. Falckenstein/Kühne, Designgesetz, Allg. Rn. 12 f.

augenscheinlichsten dürften dabei die abweichenden Kriterien sein, die für den „Bestand“, die Existenz, der verschiedenen Rechte maßgeblich sind.

Dabei stechen zunächst die unterschiedlichen Entstehungsvoraussetzungen hervor. Ein Kennzeicheninhaber erhält markengesetzlichen Schutz seines Zeichens als Marke durch Eintragung, durch Benutzung und Erlangung von Verkehrsgeltung oder aufgrund dessen notorischer Bekanntheit bzw. als geschäftliche Bezeichnung durch Benutzung (sofern dem Zeichen hinreichende Unterscheidungskraft zukommt) oder ebenfalls durch Erlangung von Verkehrsgeltung.[572] Wird Schutz als Gemeinschafts- oder IR-Marke angestrebt, dann führt der Weg allein über eine Eintragung. Demgegenüber knüpft die Schutzentstehung unter dem Urhebergesetz an die Herstellung des jeweiligen Erzeugnisses an. Ist es als „persönliche geistige Schöpfung“ eines urheberrechtsfähigen Werks gemäß § 2 Abs. 2 UrhG zu qualifizieren, dann genießt es automatisch – ohne weiteres Zutun des Schöpfers – urheberrechtlichen Schutz.

Unterschiedlich sind auch Fortbestand und Ende des Schutzes geregelt. Während das Urheberrecht 70 Jahre nach dem Tod des Urhebers erlischt (§ 64 UrhG), ist markenrechtlicher Schutz theoretisch unbeschränkt möglich.[573] Voraussetzung ist dabei allerdings unter anderem, dass die Voraussetzungen für die Entstehung des Schutzes nicht nachträglich entfallen sind und damit ein absolutes Schutzhindernis entstanden ist. So endet die Schutzfähigkeit einer Marke oder geschäftlichen Bezeichnung beispielsweise, wenn ihr die erforderliche Unterscheidungskraft nicht mehr zukommt, weil eine zuvor schutzfähige Bezeichnung sich zu einem Gattungsbegriff entwickelt hat (bei Registermarken und Gemeinschaftsmarken begründet dies gemäß § 49 Abs. 2 Nr. 1 MarkenG bzw. Art. 51 Abs. 1 lit. b GMV ihren Verfall, der in einem Löschungsverfahren geltend zu machen ist, bei IR-Marken ist stattdessen ein Antrag oder eine Klage auf Schutzentziehung gemäß § 115 MarkenG möglich), oder wenn, im Falle eines Zeichens dessen Schutz durch Erlangung von Verkehrsgeltung entstanden ist (§§ 4 Nr. 2, 5 Abs. 2 S. 2 MarkenG), deren Verlust eintritt.[574]

Diese zweifelsohne gravierenden Unterschiede sind allerdings von lediglich untergeordneter Bedeutung, da sie für sich genommen lediglich Ausdruck der Subsumtions- und Ordnungsfunktion der einzelnen Schutzrechtskategorien sind. Als grundlegender sind demgegenüber die abweichenden Normzwecke zu beurteilen. So findet der urheberrechtliche Schutz seine Rechtfertigung darin, dass der Urheber durch eine persönliche Leistung schutzwürdige Werte geschaffen hat.[575] Mag das Urheberrechtsgesetz dem Werkschöpfer auch wirtschaftliche Verwertungsbefugnisse einräumen, so ist gleichwohl immer die persönlichkeitsrechtliche Fundierung

---

572 Ströbele/*Hacker*, Markengesetz, § 5 Rn. 36, 54, 100.

573 Allerdings muss der Schutz bei allen Registermarken (nationalen, Gemeinschafts- und IR-Marken) alle zehn Jahre erneuert werden.

574 Ströbele/*Hacker*, Markengesetz, § 4 Rn. 65, § 5 Rn. 80; Lange, Rn. 2507.

575 BVerfG GRUR 1979, 773, juris-Rz. 100.

zu beachten.[576] Nach der dem deutschen Verständnis vom Urheberrecht zugrunde liegenden „monistischen Theorie“ sind der vermögens- und der persönlichkeitsrechtliche Teil des Urheberrechts untrennbar ineinander verflochten.[577] Eine Konsequenz dessen ist der nahezu vollständige Ausschluss einer Übertragbarkeit des Urheberrechts (vgl. § 29 Abs. 1 UrhG).[578]

Eine abweichende Zielrichtung verfolgt demgegenüber das Kennzeichenrecht, welches – anders als noch im WZG – insgesamt vom Markengesetz geregelt wird.[579] Kennzeichen dienen der Unterscheidung unternehmerischer Leistungen des Kennzeicheninhabers von Leistungen anderer Unternehmen.[580] Ihre Schutzfähigkeit erleichtert die gewerbliche Tätigkeit beim Wettbewerb, indem sie einen Geschäftswert zu Lasten des freien Wettbewerbs monopolisiert und dem Inhaber zur ausschließlichen Verwertung zuerkennt.[581] Zwar ist im Hinblick auf Marken mittlerweile weitgehend anerkannt, dass die wirtschaftlichen Anstrengungen des Markeninhabers zur Schaffung und Aufrechterhaltung des Markenimages in gewissem Umfang ebenfalls als schützenswerte Unternehmensleistungen zu erachten sind.[582] Dies ändert aber nichts daran, dass – auch bei Marken – originäre Rechtfertigung der Gewährung des Schutzes als Ausschließlichkeitsrecht die Leistung bleibt, die nicht dem Kennzeichen selbst, sondern dem von ihm bezeichneten Bezugsobjekt innewohnt.[583] Während also das Urheberrecht den Schutz des durch die persönliche geistige Entfaltung geschaffenen Erzeugnisses selbst bezweckt, sind Gegenstand des Rechtsschutzes und Leistung, um derentwillen dieser gewährt wird, im Kennzeichenrecht nicht deckungsgleich.[584]

#### *cc) Die designrechtlichen Schutzrechte*

Neben dem Urheberrecht kommt als weiteres Rechtsgebiet, das in Konkurrenz zum Markenrecht immaterialgüterrechtlichen Schutz vermittelt, das Designrecht

---

576 Kur, Geistiges Eigentum, 23, 26.

577 Vgl. Amtl. Begründung UrhG, BT-Drucks. IV/270, S. 55; Dreier/*Schulze*, UrhG, § 11 Rn. 2.

578 Dreier/*Schulze*, UrhG, § 29 Rn. 1; Wandtke/Bullinger-*Hoche*, UrhG, § 29 Rn. 4 ff.

579 Vgl. Amtl. Begründung MarkenrechtsreformG, BT-Drucks. 12/6581, S. 55; Meister, S. 21.

580 Fezer, Markenrecht, Einl. C Rn. 3.

581 So das BVerfG im Hinblick auf Warenzeichen: BVerfG GRUR 1979, 773, juris-Rz. 100 – *Schloßberg*.

582 EuGH GRUR 2011, 1124, Rz. 40, 89 – *Interflora*; BeckOKMarkenR-*Taxhet*, § 27 Rn. 5; Fezer, Markenrecht, Einl. C Rn. 14 f.

583 *Eichmann*/v. Falckenstein/Kühne, Designgesetz, Allg. Rn. 49; Ströbele/*Hacker*, Markengesetz, Einl. Rn. 40, 42; Sambuc, GRUR 2009, 333, 335; Weiler, MarkenR 2011, 495, 495 f.

584 Kur, Geistiges Eigentum, 23, 27.

in Betracht.[585] Konkret gilt dies hinsichtlich jedes Zeichens, das als „besonders ausgestaltete“ Wortmarke oder als Bildmarke unter das Markenrecht fällt.[586]

Allerdings wäre an dieser Stelle bis zum Jahr 2004, genauer bis zu der mit Inkrafttreten des GeschmMG 2004 am 1. Juni 2004 einhergehenden Reform des Geschmacksmusterrechts, wohl ein Verweis auf die Ausführungen zum Urheberrecht sachgerecht gewesen. Ungeachtet der bestehenden Unterschiede, etwa der maximalen Schutzdauer von zwanzig Jahren (§ 9 GeschmMG 1876) oder des Eintragungserfordernisses (§ 7 GeschmMG 1876), war gleichwohl eine große Nähe zum Urheberrecht zu verzeichnen, die historisch bedingt war und ihre Bestätigung nicht zuletzt im offiziellen Titel „Gesetz betreffend das Urheberrecht an Mustern und Modellen“ fand.[587] Unter dem GeschmMG 1876 konnten allein solche Muster Schutz genießen, die „gewerblich“, d.h. dazu geeignet waren, als Vorlage für die Herstellung eines Erzeugnisses in einem Gewerbebetrieb zu dienen.[588] Dies führte zu grundsätzlichen Überschneidungen mit den unter das Urheberrecht fallenden Werken der angewandten Kunst.[589] Dabei setzten sowohl das Geschmacksmusterals auch das Urheberrecht für eine Schutzanerkennung voraus, dass die in Rede stehende Gestaltung bloße Durchschnittsgestaltungen überragt („Eigentümlichkeit“ im Geschmacksmusterrecht, „Schöpfungshöhe“ im Urheberrecht). Allerdings sollte unter Berücksichtigung des über den Tod des Urhebers hinausgehenden Kunstwerkschutzes einerseits und des verhältnismäßig kurzfristigen und an die Erfüllung von Formvorschriften gebunden Geschmacksmusterschutzes andererseits nicht jede „eigentümliche“ Gestaltung auch automatisch als urheberrechtlich schutzfähige Schöpfung einzustufen sein.[590] Da das Geschmacksmusterrecht damit im Ergebnis den „Unterbau eines wesensgleichen Urheberrechts“ darstellte und zwischen diesen so kein Wesens-, sondern lediglich ein gradueller Unterschied angenommen wurde, war das Verhältnis der Rechtsmaterien zueinander von Übereinstimmungen geprägt.[591]

---

585 *Eichmann*/v. Falckenstein/Kühne, Designgesetz, Allg. Rn. 13.

586 *Eichmann*/v. Falckenstein/Kühne, Designgesetz, § 1 Rn. 30.

587 Vgl. Amtl. Begründung GeschmacksmusterreformG, BT-Drucks. 15/1075, S. 29.

588 *Eichmann*/v. Falckenstein/Kühne, Designgesetz, 2. Aufl. 1997, § 1 Rn. 8.

589 *Eichmann*/v. Falckenstein/Kühne, Designgesetz, Allg. Rn. 12.

590 Aus diesem Grund verlangten die Rechtsprechung und mit ihr große Teile der Literatur für den Urheberrechtsschutz geschmacksmusterfähiger Gegenstände einen höheren schöpferischen Eigentümlichkeitsgrad als dies durch die grundsätzliche Anerkennung der „kleinen Münze“ – von Schöpfungen, die nur einen sehr geringen Grad an Individualität aufweisen (Fromm/Nordemann-*Nordemann*, UrhG, § 2 Rn. 30) – der Fall ist (BGH GRUR 1958, 562, 564 – *Candida-Schrift*; BGH GRUR 1995, 581, juris-Rz. 14 – *Silberdistel*; Wandtke/Bullinger, GRUR 1997, 573, 575).

591 BGH GRUR 2014, 175, juris-Rz. 34 – *Geburtstagszug*; BGH GRUR 1995, 581, juris-Rz. 14 – *Silberdistel*; *Eichmann*/v. Falckenstein/Kühne, Designgesetz, Allg. Rn. 19; Kur, Geistiges Eigentum, 23, 40.

Die Situation änderte sich allerdings grundlegend mit dem GeschmMG 2004, mit welchem in Umsetzung der Geschmacksmusterrichtlinie (GRL) und parallel zur Gemeinschaftsgeschmacksmusterverordnung (GGV)[592] ein eigenständiges gewerbliches Schutzrecht geschaffen und der enge Bezug zum Urheberrecht beseitigt wurde.[593] Urheber- und Designrecht[594] liegen nun abweichende Schutzrichtungen zugrunde. Gemäß § 2 DesignG ist ein Design als eingetragenes Design schutzfähig, wenn es zum einen neu ist, d.h. dass vor dem Anmeldetag kein identisches Design offenbart worden ist, und wenn es zum anderen Eigenart aufweist.[595] Letzteres ist zu bejahen, wenn ein Design gegenüber dem vorbekannten Formenschatz unterschiedlich ist.[596] Eigentümlichkeit und Gestaltungshöhe stellen hingegen keine Kriterien mehr dar.[597]

Diese Neuausrichtung hat eine eingeschränkte Annäherung an den Markenschutz zur Folge. So ist – im Gegensatz zur vorherigen Rechtslage, wo gemäß § 5 GeschmMG 1876 allein Nachbildungen eine Geschmacksmusterverletzung begründeten – jetzt auch im Designrecht ein Vorgehen gegen eine Beeinträchtigung des eingetragenen Designs möglich, wenn der Verletzer keine Kenntnis von dem älteren Recht hatte.[598] Demgegenüber darf das Kriterium der Unterschiedlichkeit, welches Voraussetzung für die Bejahung der Eigenart ist, nicht mit der für den Schutz von Marken erforderlichen Unterscheidungskraft gleichgesetzt werden.[599] Der Designschutz wird für ein konkretes Erzeugnis gewährt, sodass die Unterschiedlichkeit durch einen Vergleich zwischen dem Design und einem vorbekannten Erzeugnis bestimmt werden muss. Demgegenüber ist bei Marken erneut die

---

592 Richtlinie 98/71/EG des Europäischen Parlaments und des Rates vom 13. Oktober 1998 über den rechtlichen Schutz von Mustern und Modellen; Verordnung (EG) Nr. 6/2002 des Rates vom 12. Dezember 2001 über das Gemeinschaftsgeschmacksmuster.

593 Vgl. Amtl. Begründung GeschmacksmusterreformG, BT-Drucks. 15/1075, S. 29.

594 Mit dem Gesetz zur „Modernisierung des Geschmacksmustergesetzes sowie zur Änderung der Regelungen über die Bekanntmachungen zum Ausstellungsschutz" vom 10. Oktober 2013 ist eine terminologische Neuausrichtung einhergegangen. Das „Geschmacksmuster" ist nun das „eingetragene Design"; geschützt wird nicht mehr ein „Muster", sondern ein „Design" (*Eichmann*/v. Falckenstein/Kühne, Designgesetz, Allg. Rn. 9).

595 Art. 6 Abs. 1 GGV enthält eine Parallelregelung für das Gemeinschaftsgeschmacksmuster.

596 BGH GRUR 2014, 175, juris-Rz. 34 – Geburtstagszug; *Eichmann*/v. Falckenstein/Kühne, Designgesetz, § 2 Rn. 15.

597 Daran ändert auch nichts, dass gemäß § 2 Abs. 3 S. 2 DesignG bzw. Art. 6 Abs. 2 GGV bei der Beurteilung der Eigenart der Grad der Gestaltungsfreiheit des Entwerfers bei der Entwicklung des Designs/Musters zu berücksichtigen und so die in dem jeweiligen Design/Muster verkörperte gestalterische Leistung nicht gänzlich irrelevant ist (BGH GRUR 2014, 175, juris-Rz. 37 – *Geburtstagszug).*

598 *Eichmann*/v. Falckenstein/Kühne, Designgesetz, § 38 Rn. 4.

599 So aber Eichmann, GRUR Int 1996, 859, 861 ff.

kennzeichenrechtliche Besonderheit zu berücksichtigen, dass nicht eine Ware selbst Grundlage des Schutzes ist, sondern ihre durch die Marke bekannt gegebene Herkunft aus einem bestimmten Betrieb.[600] Da die Unterscheidungskraft dabei der jeweiligen Marke zukommen muss, ist sie grundsätzlich losgelöst von der unternehmerischen Leistung, dem Erzeugnis, zu beurteilen, welches den Markenschutz vermittelt.[601] Mögen damit also gewisse Parallelen zwischen Design- und Markenrecht nicht von der Hand zu weisen sein, so kommt gleichwohl dem abweichenden Schutzzweck der Rechtsmaterien bei der Beurteilung ihres Verhältnisses zueinander entscheidende Bedeutung zu.

#### *dd) Das Namensrecht*

Übereinstimmend wird das Namensrecht als absolutes Recht angesehen, welches dem Namensträger gegenüber jedermann Rechtsschutz gewährt. Damit ist aber keine Entscheidung darüber verbunden, ob es dogmatisch als Persönlichkeitsrecht, Immaterialgüterrecht oder eine Mischform von beiden zu qualifizieren ist.[602] Auf das Namensrecht kann sich nicht nur die Einzelperson mit ihrem bürgerlichen Namen, sondern auch ein Unternehmen oder ein Verein hinsichtlich der frei gewählten Geschäfts- oder Vereinsbezeichnung berufen.[603] Daran anknüpfend wird das Namensrecht als Persönlichkeitsrecht eingestuft, soweit es das Privatsphären- und Identitätsinteresse einer Einzelperson schützt, als Immaterialgut hingegen, wenn es um Bezeichnung und Identitätsinteresse eines Unternehmens im Wettbewerb geht.[604] Bildet eine natürliche Person aus ihrem bürgerlichen Namen eine Geschäftsbezeichnung und wendet sich allein gegen deren Beeinträchtigung, dann ergibt sich der Unterlassungsanspruch demnach ausschließlich aus der Verletzung des Immaterialguts.[605]

Zweck des Namensschutzes ist es, den Namensträger zu identifizieren und ihn von anderen zu unterscheiden.[606] Vor diesem Hintergrund stimmt die Interessenlage mit dem Kennzeichenrecht insofern überein, als Rechtfertigung des namensrechtlichen Schutzes ebenfalls nicht der Name als solcher ist, sondern nur in seiner Funktion, eine Verknüpfung mit dem Namensträger herzustellen. Der Name wird nicht um seiner selbst willen, sondern als Ausdruck der hinter ihm stehenden Persönlichkeit

---

600 *Eichmann*/v. Falckenstein/Kühne, Designgesetz, Allg. Rn. 49.

601 BeckOKBGB-*Bamberger*, § 12 Rn. 3; Eine Einengung auf ein Vergleichsobjekt findet allerdings bei einem Widerspruch aus einer älteren Marke statt (*Eichmann*/v. Falckenstein/Kühne, Designgesetz, Allg. Rn. 49).

602 MüKoBGB-*Säcker*, § 12 Rn. 2.

603 Staudinger-*Habermann*, BGB, § 12 Rn. 18.

604 Troller, Immaterialgüterrecht, S. 64; Staudinger-*Habermann*, BGB, § 12 Rn. 19; Erman-*Saenger*, BGB, § 12 Rn. 2.

605 Staudinger-*Habermann*, BGB, § 12 Rn. 21.

606 MüKoBGB-Säcker, § 12 Rn. 1.

geschützt.[607] Diese Gemeinsamkeit verdichtet sich bei den hier in Rede stehenden Konstellationen, in denen ein Unternehmenskennzeichen oder eine Marke gleichzeitig namensrechtlichen Schutz für sich beanspruchen kann. Zwar beruht dieser dann weiterhin auf dem (mittelbaren) Hinweis auf eine Person; der Zuordnung des Unternehmens, einer Ware oder Dienstleistung zu einem bestimmten Rechtsträger.[608] Im Mittelpunkt stehen aber das Identitätsinteresse des Unternehmens im Wettbewerb und damit sein wirtschaftliches Interesse.[609] Wie auch bei Unternehmenskennzeichen oder Marken ist ein paralleler namensrechtlicher Schutz daher nicht losgelöst von der unternehmerischen Leistung vorstellbar.

### *d) Die Konkurrenzverhältnisse bei lauterkeitsrechtlichen Sachverhalten*

Im Recht des unlauteren Wettbewerbs sind zwischen verschiedenen UWG-Ansprüchen, die die Untersagung eines bestimmten Verhaltens stützen, ebenfalls bedeutende Gemeinsamkeiten festzustellen. Zwar weisen sie alle abweichende Tatbestandsvoraussetzungen und tatbestandliche Anknüpfungspunkte auf. Ein funktionaler Zusammenhang ergibt sich jedoch daraus, dass sie insgesamt den Schutz von unlauteren geschäftlichen Handlungen bezwecken und das Interesse der Allgemeinheit an einem unverfälschten Wettbewerb schützen (§ 1 UWG). Diese Erwägungen gelten entsprechend, wenn wettbewerbliche Untersagungsgründe nicht dem UWG entstammen, sie aber – wie die in spezialgesetzlichen Regelungen enthaltenen Irreführungsverbote – lediglich Konkretisierungen des § 5 UWG zugrunde liegenden Rechtsgedankens darstellen.

Problematischer ist demgegenüber das Verhältnis zu Ansprüchen, die sich aus der Verletzung geistigen Eigentums ergeben. Anders als bei den bisher behandelten Rechtsgebieten ist der vom Lauterkeitsrecht vermittelte Schutz nicht immaterialgüterrechtlichen Ursprungs. Allerdings zeigt eine historische Betrachtung, dass diese mittlerweile einhellig vertretene Auffassung nicht immer derart unstreitig war. Bis Mitte des 20. Jahrhunderts wurde das Lauterkeitsrecht ganz selbstverständlich als Teil des gewerblichen Rechtsschutzes eingeordnet. Dies belegt Art. $10^{bis}$ der Pariser Verbandsübereinkunft zum Schutz des gewerblichen Eigentums aus dem Jahr 1883, der ausdrückliche Bestimmungen zum Schutz vor unlauteren Wettbewerbshandlungen vorsieht.[610] Ähnliche Ansätze waren auch in der Literatur anzutreffen. So sahen verschiedene Autoren unlauteren Wettbewerb in der Verletzung eines absoluten subjektiven Rechts oder Rechtsguts des Mitbewerbers und damit eines Schutzgegenstands des Wettbewerbsrechts.[611] Allerdings hatte sich bereits damals die Auffassung durchgesetzt, dass das Lauterkeitsrecht nicht

607 Fezer, Markenrecht, § 15 Rn. 52.

608 Fezer, Markenrecht, § 15 Rn. 52.

609 MüKoBGB-Säcker, § 12 Rn. 2.

610 Henning-Bodewig, GRUR Int 2007, 986, 986 f.

611 Dieses wurde unterschiedlich begründet: Als allgemeines Recht an der Persönlichkeit, an der freien gewerblichen Betätigung, am eingerichteten und ausgeübten

nur den Schutz einzelner oder aller Mitbewerber bezweckt, sondern ebenso dem Schutz der Allgemeinheit und der Wahrung des Rechtfriedens dient.[612] Neben die individualrechtliche Komponente trat dadurch eine sozialrechtliche, die die Interessen der Verbraucher und folglich der gesamten Wirtschaft in den Fokus rückte.[613] Bekam das ursprünglich rein individualrechtlich verstandene UWG damit schon früh eine abweichende Schutzrichtung, so wurde diese schließlich im UWG 2004 gesetzlich fixiert. Der seitdem unverändert gebliebene § 1 UWG stellt klar, dass das Gesetz dem Schutz der Mitbewerber, Verbraucher und sonstigen Marktteilnehmer vor unlauteren geschäftlichen Handlungen dient und zugleich das Interesse der Allgemeinheit an einem unverfälschten Wettbewerb schützt. Hiermit korreliert die unterschiedliche Aktivlegitimation zur Geltendmachung von Ansprüchen wegen der Beeinträchtigung geistiger Eigentumsrechte einerseits und solchen zum Schutz des lauteren Wettbewerbs andererseits. Während beim geistigen Eigentum grundsätzlich[614] nur der Rechtsinhaber gegen Verletzungen vorgehen kann, steht dies im Lauterkeitsrecht[615] gemäß § 8 Abs. 3 UWG Mitbewerbern, Wettbewerbsverbänden, qualifizierten Verbraucherschutzeinrichtungen und Industrie- und Handels- sowie Handwerkskammern offen.

Ein individualrechtliches Verständnis des UWG lässt sich jedoch mit dieser Schutzzwecktrias nicht vereinbaren. Die Klage aus unlauterem Wettbewerb dient nicht der Verteidigung eines zuvor bestehenden Ausschließlichkeitsrechts. Vielmehr hat sie die Abwehr eines seitens der Rechtsordnung als unerlaubt bewerteten Handelns – der Beeinträchtigung von konkretisierten Grundgeboten zwischenmenschlichen Verhaltens – zum Gegenstand.[616] Aus diesem Grund verbieten §§ 3, 7 UWG Eingriffe in die Interessen der von der Schutzzwecktrias erfassten Kreise nicht schlechthin, sondern nur insofern, als mit ihnen ein Verstoß gegen bestimmte, dem Schutz dieser Marktteilnehmer dienende, lauterkeitsrechtliche Verhaltenspflichten einhergeht.[617] Anders als im Fall einer Verletzung geistiger Eigentumsrechte kommt es daher im Wettbewerbsrecht für die Anspruchsentstehung ganz wesentlich auf

---

Gewerbebetrieb oder am Unternehmen (vgl. Hefermehl, FS Nipperdey, 283, 284 f. m.w.N.)

612 Hefermehl, FS Nipperdey, 283, 286.

613 Hefermehl, FS Nipperdey, 283, 286 f.

614 Eine Sonderstellung kommt auch hier den geographischen Herkunftsangaben zu. Gemäß § 128 Abs. 1 S. 1 MarkenG i.V.m. § 8 Abs. 3 UWG entspricht die Anspruchsberechtigung derjenigen des UWG.

615 Die h.M. macht im Lauterkeitsrecht hiervon insofern eine Ausnahme, als eine Produktnachahmung i.S.d. § 4 Nr. 9 UWG nur vom Hersteller des Originals verfolgt werden kann (*Köhler*/Bornkamm, UWG, § 4 Rn. 3.85; a.A. Münker, FS Ullmann, 781 ff.).

616 Roubier, Le droit de la propriété industrielle, Bd. 1, S. 307 ff. zitiert nach Troller, Immaterialgüterrecht, S. 115; Troller, Kurzlehrbuch, S. 24, 185; Ahrens-*Ahrens*, Wettbewerbsprozess, Kap. 36 Rn. 170.

617 *Köhler*/Bornkamm, UWG, § 8 Rn. 2.3.

die Qualität der Verhaltensweise an. Eine unlautere Handlung ist nur dann unzulässig, wenn sie eine gewisse Intensität aufweist. Das Lauterkeitsrecht bezweckt nicht die Untersagung unlauterer Handlungen um ihrer selbst willen. Erforderlich ist stets, dass sie sich tatsächlich auf die anderen Marktteilnehmer auswirken oder zumindest auswirken können.[618] Demgegenüber ist es für die Bejahung einer Verletzung eines Immaterialguts unerheblich, ob das Entscheidungsverhalten Dritter beeinträchtigt wird.[619]

Daraus folgt ein grundlegender konzeptioneller Unterschied zwischen Lauterkeitsrecht einerseits und Rechtsmaterien, die den Schutz geistigen Eigentums bezwecken, andererseits. Bei letzteren steht die Verletzung der absolut geschützten Immaterialgüterrechte als solchen im Mittelpunkt, sodass es sich um Erfolgsunrecht handelt. Anders das Lauterkeitsrecht, das an Verhaltensunrecht anknüpft. Für eine Untersagung bedarf es keiner Wettbewerbsbeeinträchtigung. Es genügt vielmehr, dass das beanstandete Wettbewerbsverhalten geeignet ist, den Wettbewerb zu beeinträchtigen.[620] Es existieren jedoch gewisse Durchbrechungen dieses Grundsatzes. So ist im Fall des „ergänzenden wettbewerbsrechtlichen Leistungsschutzes" des § 4 Nr. 3 UWG eine Annäherung an einen immaterialgüterrechtlichen Schutz jedenfalls insofern zu erkennen, als hier durch das Erfordernis der „wettbewerblichen Eigenart" des nachgeahmten Gegenstands eine konkrete Leistung vom Kläger gefordert wird.[621] Allerdings wird dieses Sonderrechtsnähe vermittelnde Merkmal markt- sowie einzelfallbezogen und nicht abstrakt geprüft.[622] Zudem ist das Leistungsergebnis nicht als solches geschützt, es muss vielmehr auch hier zusätzlich eine unlautere Vermarktung durch einen Mitbewerber hinzutreten.[623] Mögen dem Lauterkeitsrecht damit erfolgsunrechtliche Elemente nicht gänzlich fremd sein, so

618 Bei Geschäftspraktiken, die unter die per-se-Verbote aus dem Anhang zu § 3 Abs. 3 UWG fallen und damit „stets unzulässig" sind, wird diese Eignung unwiderleglich vermutet (Köhler, FS Bornkamm, 393, 396; Köhler/*Bornkamm*, UWG, Anh. zu § 3 Abs. 3 Einf. Rn. 0.4).

619 Henning-Bodewig, GRUR Int 2007, 986, 988 ff.

620 BGH GRUR 2011, 152, juris-Rz. 48 – *Kinderhochstühle im Internet*; Harte/Henning-*Sambuc*, UWG, § 4 Nr. 9 UWG, Rn. 13; Henning-Bodewig, GRUR Int 2007, 986, 988; Schreiber, GRUR 2009, 113, 116.

621 Sambuc, Nachahmungsschutz, Rn. 37 ff.; Fezer, WRP 1993, 63, 65 f.; Kur, Geistiges Eigentum, 23, 32; Vor diesem Hintergrund tendiert *Kodde* (Streitgegenstand, S. 266) entgegen der hier vertretenen Auffassung beim Vorgehen aus einer Marke und aufgrund von § 4 Nr. 9 UWG a.F. (§ 4 Nr. 3 UWG) zur Annahme eines einheitlichen prozessualen Interesses des Klägers und damit eines Streitgegenstands.

622 Lubberer, FS Ullmann, 737, 750.

623 Münker, FS Ullmann, 781, 784 f.; *Köhler* (*Köhler*/Bornkamm, UWG, § 4 Rn. 3.4) bevorzugt daher auch die Bezeichnung als „lauterkeitsrechtlicher Nachahmungsschutz".

wird gleichwohl keinesfalls auf ein die Unlauterkeit erst begründendes Verhaltenselement verzichtet.[624]

### e) *Die Einordnung zivilrechtlicher Ansprüche*

Wie oben dargestellt, kann ein konkretes Unterlassungsbegehren in den hier gegenständlichen Konstellationen neben den bereits behandelten Ansprüchen aufgrund der Verletzung geistiger Eigentumsrechte oder des Verstoßes gegen das Lauterkeitsrecht mitunter auf weitere zivilrechtliche Ansprüche gestützt werden. Dabei kommen insbesondere solche deliktischer Natur infrage.[625]

Handelt es sich um Ansprüche wegen der Verletzung von Rechtsgütern oder Rechten i.S.d. § 823 Abs. 1 BGB, dann ist die Nähe zur Beeinträchtigung geistiger Eigentumsrechte nicht zu übersehen. Ersteren ist gemein, dass sie gegenüber jedermann umfassend geschützt und durch Zuweisungsgehalt und Ausschlussfunktion gekennzeichnet sind.[626] Der Schwerpunkt liegt damit stets auf dem Verletzungserfolg als der Beeinträchtigung des jeweiligen Rechts.[627] Da diese Eigenschaften auch die Immaterialgüterrechte auszeichnen, werden sie zum „sicheren Bestand" der sonstigen Rechte i.S.d. § 823 Abs. 1 BGB gezählt.[628]

Für die Frage des Konkurrenzverhältnisses kann es dabei zunächst denknotwendig nicht darauf ankommen, ob eine Schutzrechtsverletzung nicht als solche, sondern als Verletzung eines sonstigen Rechts i.S.d. § 823 Abs. 1 BGB angegriffen bzw. untersagt wird. Schließlich ändert die unterschiedliche Begründung nichts an der identischen Grundlage des Anspruchs.

Ein abweichendes Bild ergibt sich hingegen, wenn der in Konkurrenz stehende Anspruch auf einem anderen von § 823 Abs. 1 BGB erfassten Rechtsgut oder Recht beruht. Dabei sind zunächst die katalogartig aufgezählten Güter oder Rechte Leben, Körper, Gesundheit, Freiheit und Eigentum hervorzuheben. Sofern diese von § 823

624 Schreiber, GRUR 2009, 113, 116; *Lubberer* (FS Ullmann, 737, 749 f.) sieht einen erfolgsunrechtlichen Einschlag beispielsweise dann, wenn hinsichtlich eines Leistungsergebnisses die wettbewerbliche Eigenart angenommen werden kann. Aufgrund des vorhandenen Gestaltungsspielraums könne hier der Vorwurf der vermeidbaren Herkunftstäuschung fast immer erhoben werden.

625 Aufgrund seiner (teil-)immaterialgüterrechtlichen Natur wurden Ansprüche aufgrund einer Verletzung des Namensrechts bereits an anderer Stelle behandelt (s.o. B. VI. 4. c) dd)).

626 Staudinger-*Hager*, BGB, § 823 A Rn. 15, B Rn. 124; Soergel-*Spickhoff*, BGB, § 823 Rn. 86.

627 Soergel-*Spickhoff*, BGB, vor § 823 Rn. 9, § 823 Rn. 4a; Auf den Streit, ob es sich bei § 823 Abs. 1 BGB um Erfolgs- oder Handlungsunrecht handelt (vgl. nur Staudinger-*Hager*, BGB, § 823 H Rn. 14 ff.), kommt es hier nicht an. Der Anspruch beruht nicht auf der Rechtswidrigkeit des Verhaltens, sondern auf dem des Störungszustands, der dem Inhalt des absoluten Rechts widerspricht (Erman-*Ebbing*, BGB, § 1004 Rn. 34; Jauernig-*Berger*, BGB, § 1004 Rn. 21).

628 Erman-*Schiemann*, BGB, § 823 Rn. 40; MüKoBGB-*Wagner*, § 823 Rn. 226.

Abs. 1 BGB erfasst sind, steht bei ihnen aufgrund ihrer fundamentalen Natur ein grundlegenderer Schutzzweck im Mittelpunkt, als es bei einer Beeinträchtigung der wettbewerblich orientierten Schutzrechte der Fall sein kann.[629] Unabhängig von den angeführten strukturellen Gemeinsamkeiten aller von der Vorschrift erfassten Rechtspositionen sind keine Zusammenhänge zwischen parallelen Unterlassungsansprüchen aufgrund von einerseits Kennzeichenbeeinträchtigungen und andererseits solchen wegen der Verletzung der genannten Güter und Rechte zu identifizieren.

Eine Sonderrolle kommt zudem wiederum dem Recht am eingerichteten und ausgeübten Gewerbebetrieb zu.[630] Da sich der Gewerbebetrieb sein Tätigkeitsfeld durch Aktion, Reaktion und Interaktion auf dem Markt ständig aus eigener Kraft neu erobern bzw. erhalten muss, fehlt es an einer fest konturierten rechtlichen Schutzzone, wie sie die anderen im Rahmen von § 823 Abs. 1 BGB geschützten Positionen aufweisen.[631] Dies zeigt sich nicht zuletzt darin, dass zum einen der Schutz nur gegen unmittelbare und betriebsbezogene und damit regelmäßig bewusste und gewollte Eingriffe besteht, weshalb fahrlässige Beeinträchtigungen grundsätzlich nicht erfasst werden.[632] Zum anderen wird die Rechtswidrigkeit der Handlung nicht bereits durch die bloße Verletzung indiziert, sondern ist im Wege einer Interessenabwägung positiv festzustellen.[633] Das Recht am Unternehmen ist daher tatsächlich als ein Bündel an Verhaltensregeln einzustufen, die den nicht abschließend zu umgrenzenden – unter dem Begriff des Unternehmens zusammengefassten – wirtschaftlichen Betätigungskreis einer Person schützen.[634]

Wie auch das Recht am Unternehmen knüpfen die §§ 823 Abs. 2, 824, 826 BGB nicht an den Eingriff in absolute Rechte, sondern an Verstöße gegen Verhaltensgebote an. Während diese im Fall von § 823 Abs. 2 BGB aus gesetzgeberischen Entscheidungen folgen, die in den verschiedenen Schutzgesetzen zum Ausdruck

629 „Die wichtigsten Menschenrechte (...), soweit diesen von anderen Menschen Schaden zugefügt werden kann" (Canaris, VersR 2005, 577, 581).

630 Wie oben erläutert, steht das Recht am Unternehmen generell in Gesetzeskonkurrenz zu Regelungen des Kennzeichen- oder Lauterkeitsrechts und tritt hinter diesen zurück (s.o. B. VI. 2. e)). Ein auf dem Recht am Unternehmen beruhender Unterlassungsanspruch kann deshalb nur dann in Konkurrenz zu weiteren Unterlassungsansprüchen stehen, wenn er aus einem anderen Sachverhalt als diese herrührt.

631 Larenz/Canaris, Schuldrecht BT, § 81 II 1; Aus diesem Grund wird dem Recht am Unternehmen mitunter sogar insgesamt die Zuweisungs- und Ausschlussfunktion und damit die Eigenschaft als sonstiges Recht i.S.d. § 823 Abs. 1 BGB abgesprochen (s.o. B. VI. 2. e); Canaris, VersR 2005, 577, 582, in Fn. 26).

632 Sack, VersR 2006, 1001, 1003; Palandt-*Sprau*, BGB, § 823 Rn. 135.

633 Fikentscher, FS Kronstein, 261, 275.

634 Fikentscher, FS Kronstein, 261, 264, 275, 287; vor diesem Hintergrund spricht *v. Caemmerer* (FS 100 Jahre DJT, Bd. II, 49, 90) von einer Generalklausel zum Schutz des Unternehmens und der beruflichen Tätigkeit.

kommen, geben bei § 826 BGB Wertungen der Sozial- und Rechtsgemeinschaft den Ausschlag.[635] § 824 BGB zuletzt ergänzt § 823 Abs. 2 BGB i.V.m. den strafrechtlichen Vermögensdelikten, indem er eine Regelung für den Spezialfall der Verbreitung falscher kreditschädigender Tatsachen trifft.

Sind damit relevante Zusammenhänge zwischen deliktischen Ansprüchen und solchen aus der Verletzung von Immaterialgüterrechten nicht ersichtlich, so lässt dies noch keine Aussage über die Situation bei lauterkeitsrechtlichen Konstellationen zu. Treffen dabei Ansprüche aufgrund unlauteren Verhaltens auf deliktische Ansprüche aus § 823 Abs. 1 BGB i.V.m. der Beeinträchtigung absoluter Rechte, dann können zunächst die Erwägungen, die zum Verhältnis von Lauterkeitsrecht zu Immaterialgüterrechten angestellt wurden[636], entsprechend herangezogen werden. Etwas anderes könnte hingegen gelten, wenn eine Verletzung des Rechts am Unternehmen oder eine Verwirklichung von §§ 823 Abs. 2, 824, 826 BGB in Rede stehen. Allein aus deren Qualifizierung als Verhaltensunrecht kann allerdings nicht automatisch auf eine besondere Nähe zu lauterkeitsrechtlichen Ansprüchen geschlossen werden. Diese folgt indes daraus, dass das Lauterkeitsrecht, indem es Marktteilnehmern bestimmte Pflichten zum Schutz von Individualinteressen auferlegt, als Sonderdeliktsrecht zu begreifen ist.[637] Dementsprechend weisen die Rechtsmaterien eine übereinstimmende Natur auf, die sich nicht zuletzt darin zeigt, dass Normen des allgemeinen Deliktsrechts auf lauterkeitsrechtliche Ansprüche ergänzende Anwendung finden können, sofern das UWG für den konkreten Fall keine Regelung bereithält.[638]

### *f) Zwischenergebnis*

Vor dem Hintergrund dieser Erkenntnisse können die Konkurrenzverhältnisse der verschiedenen auf ein einheitliches Untersagungsbegehren gerichteten Unterlassungsansprüche zueinander bestimmt werden.

Aufgrund ihrer identischen Zielrichtung und ihres übereinstimmenden Normzwecks besteht zunächst eine Anspruchsnormenkonkurrenz zwischen mehreren aus dem Markengesetz herrührenden Ansprüchen. Dabei ist es unerheblich, ob sie auf lediglich einem oder auf verschiedenen kennzeichenrechtlichen Schutzrechten und auf welcher konkreten Eingriffsalternative sie beruhen. In Anspruchsnormenkonkurrenz hierzu stehen zudem parallele Ansprüche die aus der Beeinträchtigung von Namensrechten an Bezeichnungen folgen, sofern diese dem Grunde nach ebenfalls kennzeichenrechtlichem Schutz zugänglich sind.

Beruft sich der Kläger hingegen zusätzlich auf die Beeinträchtigung von Urheber- oder Designrechten, dann liegt eine Anspruchskonkurrenz vor. Die zwischen Kennzeichenrecht und sowohl Urheber- als auch Designrecht bestehenden Unterschiede

---

635 Canaris, VersR 2005, 577, 581.

636 s.o. B. VI. 4. d).

637 *Köhler*/Bornkamm, UWG, Einl. Rn. 7.2; Reichold, AcP 193 (1993), 204, 221.

638 Harte/Henning-*Ahrens*, UWG, Einl. G Rn. 120.

überwiegen die Gemeinsamkeiten der Rechtsmaterien und verbieten deshalb eine gemeinsame Betrachtung entsprechender Unterlassungsansprüche.

Im Recht des unlauteren Wettbewerbs stehen mehrere auf ein bestimmtes Unterlassungsziel gerichtete Unterlassungsansprüche im Verhältnis der Anspruchsnormenkonkurrenz zueinander. Konkurrieren demgegenüber Ansprüche aus dem UWG und solche aufgrund einer Verletzung geistigen Eigentums, dann fehlt es an dem für eine Anspruchsnormenkonkurrenz notwendigen funktionalen Zusammenhang. Die grundlegenden konzeptionellen Unterschiede, insbesondere das Zusammentreffen von Erfolgsunrecht und Verhaltensunrecht, verbieten eine gemeinsame Betrachtung und führen so zum Vorliegen einer Anspruchskonkurrenz.[639]

Aufgrund der abweichenden Schutzzwecke besteht grundsätzlich eine Anspruchskonkurrenz zwischen kennzeichenrechtlichen und deliktischen Ansprüchen. Beim Aufeinandertreffen lauterkeitsrechtlicher und deliktischer Ansprüche ist dagegen zu differenzieren. Handelt es sich bei letzteren um Ansprüche aus § 823 Abs. 1 BGB i.V.m. der Verletzung absoluter Rechte, dann liegt eine Anspruchskonkurrenz vor. Folgen sie aber aus der Verletzung des Rechts am Unternehmen oder aus einer Verwirklichung von §§ 823 Abs. 2, 824, 826 BGB, dann begründen die Gemeinsamkeiten, insbesondere die Zuwiderhandlung gegen Verhaltenspflichten als Anspruchsursprung sowie die Eigenschaft des Lauterkeitsrechts als Sonderdeliktsrecht, die Annahme einer Anspruchsnormenkonkurrenz.

## VII. Zusammenfassung der Konkurrenzverhältnisse und Eingliederung in die Lehre vom zweigliedrigen Streitgegenstand

Die bisherige Untersuchung hat ergeben, dass verschiedene Unterlassungsansprüche, die zur Untersagung eines konkreten wettbewerbsrechtlichen Unterlassungsziels infrage kommen, sowie die ihnen zugrunde liegenden Rechtssätze grundsätzlich gleichzeitig zur Begründung des Begehrens herangezogen werden können. Stehen die Rechtssätze in Konkurrenz zueinander, dann ist grundsätzlich von einer Normenkonkurrenz und damit von einer parallelen Anwendbarkeit auszugehen. Eine Ausnahme ist lediglich hinsichtlich des Rechts am Unternehmen als sonstigem Recht i.S.d. § 823 Abs. 1 BGB zu machen, das als Auffangtatbestand subsidiär gegenüber anderen verwirklichten Vorschriften ist.

Allein aus dem Umstand, dass alle konkurrierenden Normen auf einen Sachverhalt Anwendung finden können, kann aber nicht automatisch gefolgert werden, dass sie völlig selbstständig und unbeeinflusst nebeneinanderstehen. Bei der Rechtsanwendung ist vielmehr Sorge zu tragen, dass ein Unterlaufen kollidierender Wertungen so weit wie möglich verhindert wird. Wie dargestellt können verschiedene Wege beschritten werden, um dieses Ziel zu erreichen. Nicht entscheidend ist in

639 So im Ergebnis auch Fezer, MarkenG, § 2 Rn. 28; Fezer, WRP 2000, 863, 870 Fn. 29.

diesem Rahmen, welche konkrete Vorgehensweise dabei gewählt wird. Weder ist dies Gegenstand der hier vorliegenden Darstellung, noch kommt es angesichts der weitgehend übereinstimmenden Ergebnisse darauf an. Maßgeblich ist allein die Feststellung, dass die Rechtssätze dem Grunde nach Geltung beanspruchen können.

Die verbleibenden – weil im konkreten Einzelfall auf anwendbaren Normen beruhenden – Unterlassungsansprüche lassen sich weiter untergliedern und können so entweder der Anspruchsnormenkonkurrenz oder der Anspruchskonkurrenz zugeordnet werden. Die Einteilung hängt davon ab, ob zwischen den verschiedenen Ansprüchen qualitative und funktionale Gemeinsamkeiten vorliegen, die letztlich eine gemeinsame Betrachtung ermöglichen. Soweit hier von Belang ist dies zunächst bei markengesetzlichen und bestimmten namensrechtlichen Unterlassungsansprüchen anzunehmen. Genauso ist zu urteilen, wenn lauterkeitsrechtliche Ansprüche und solche aus der Verletzung des Rechts am Unternehmen oder aus §§ 823 Abs. 2, 824, 826 BGB in Betracht kommen. Dienen hingegen Ansprüche beider „Kategorien" der Begründung eines einheitlichen Unterlassungsziels oder wird dieses daneben auf die Beeinträchtigung eines Urheber- oder Designrechts oder auf § 823 Abs. 1 BGB gestützt, dann ist insofern von einer Anspruchskonkurrenz auszugehen.

Diese Erkenntnisse lassen sich für die hier im Mittelpunkt stehende Streitgegenstandsproblematik fruchtbar machen. Stehen im konkreten Einzelfall mehrere Unterlassungsansprüche zur Verfügung, die im Falle ihrer Begründetheit jeder für sich genommen das Unterlassungsbegehren tragen würden, und beruft sich der Kläger auf alle davon, dann muss die Abgrenzung des Streitgegenstands nicht allein am schwer greifbaren Sachverhalt oder aber an einzelnen materiell-rechtlichen Rechtssätzen bzw. Schutzrechten festgemacht werden. Stattdessen kann das Konkurrenzverhältnis der Vorschriften und Ansprüche zueinander als normatives Kriterium für die Streitgegenstandsabgrenzung herangezogen werden. Unter Anlehnung an die Lehre *Georgiades'* ist demnach aufgrund der zwischen ihnen vorliegenden Anspruchsnormenkonkurrenz nur ein Klagegrund i.S.d. § 253 Abs. 2 Nr. 2 ZPO und damit nur ein Streitgegenstand anzunehmen, wenn etwa einerseits verschiedene Ansprüche aus dem Markengesetz oder andererseits solche aus der Verletzung von Lauterkeitsrecht infrage kommen. Stammen die Ansprüche demgegenüber aus beiden Rechtsmaterien, dann liegt aufgrund ihrer Anspruchskonkurrenz eine Mehrheit an Klagegründen und Streitgegenständen vor.

Vor diesem Hintergrund lassen sich Bedeutung und Auswirkungen von Gesetzeskonkurrenzen erkennen. Sind Ansprüche, die das Begehren grundsätzlich tragen würden, von vornherein ausgeschlossen, weil die ihnen zugrunde liegenden Normen aufgrund von Gesetzeskonkurrenz hinter anderen zurücktreten, so stehen sie – um im Bild zu bleiben – im konkreten Fall für die Begründung nicht zur Verfügung und bleiben deshalb bei der Konkurrenz- und Streitgegenstandsbewertung außen vor. Unabhängig davon, ob der klägerische Vortrag auch die nachrangigen Ansprüche umfasst oder nicht, erfolgt die Abgrenzung des prozessualen Anspruchs dann allein auf Grundlage der vorrangigen Ansprüche. Sind die nachrangigen Normen hingegen subsidiär anwendbar, dann treten sie – wenn überhaupt – erst im Verlauf des Prozesses hinzu. Ab diesem Zeitpunkt entfalten sie dann ihre Wirkung und finden bei der Abgrenzung des Klagegrunds Berücksichtigung. Abhängig davon, welche Ansprüche dabei infrage kommen, kann nachträglich entweder eine Anspruchsnormen- oder eine Anspruchskonkurrenz entstehen. Wendet sich etwa ein Unternehmen gegen eine Markenbeeinträchtigung und ist eine markenmäßige Benutzung des Zeichens nicht erweislich, möglicherweise aber ein Verstoß gegen § 823 Abs. 1 BGB i.V.m. dem Recht am Unternehmen zu bejahen, dann stehen die nun zur Begründung des Begehrens infrage kommenden Ansprüche in Anspruchskonkurrenz zueinander. Anders ist hingegen zu urteilen, wenn sich ein Unternehmen gegen einen als unlautere Behinderung eingestuften Boykottaufruf wehrt und sich im Verlauf des Prozesses der Vorwurf, dieser sei von wirtschaftlichen Interessen bestimmt gewesen, nicht erhärtet. Auch in dieser Konstellation kann das Recht am Unternehmen zur Anwendung kommen, begründet dann aber eine nachträgliche Anspruchsnormenkonkurrenz. Während letztere in prozessualer Hinsicht ohne Folgen bleibt, führt eine nachträgliche Anspruchskonkurrenz zu einer nachträglichen Klagehäufung. Beruft sich demnach der Kläger bereits zu Beginn des Prozesses auf die zusätzliche deliktische Klagebegründung, dann hat dies eine Eventualklagehäufung zur Konsequenz.

# C. Besonderer Teil: Der alternative Streitgegenstand in der prozessualen Praxis

Die alternative Streitgegenstandsbestimmung muss in der Praxis auf den Prüfstand gestellt werden. Dazu ist zu untersuchen, ob die erzielten Resultate sich auch bei den „Bewährungspunkten" der Streitgegenstandslehren und im weiteren Verlauf des Unterlassungsprozesses beweisen können und so einen sachgerechten Ausgleich der beteiligten Interessen gewährleisten. Inwiefern die hier dargestellte Abgrenzungsmethode zu anderen Ergebnissen kommt, als dies gegenwärtig der Fall ist, wird sodann anhand unterschiedlicher Konstellationen aus der jüngeren Rechtsprechung zu veranschaulicht.

## I. Die Festlegung des gerichtlichen Entscheidungsrahmens

Bevor auf die konkrete Behandlung der einzelnen Bewährungspunkte eingegangen werden kann, ist zunächst zu erhellen, auf welcher Grundlage das Gericht seine Entscheidung trifft. Die Frage ist vor dem Hintergrund der Struktur des Zivilprozesses zu beantworten. Während es dem Kläger obliegt, sein Begehren vorzutragen und zu begründen, ist die Rechtsanwendung allein Sache des Gerichts („da mihi factum, dabo tibi ius"). Dieser Umstand lässt für sich genommen aber noch keine Aussage darüber zu, wann überhaupt eine „Begründung" vorliegt, die das Gericht für die Entscheidungsfindung heranziehen kann. Daher ist zu klären, in welcher Form und in welchem Umfang die das Petitum stützenden Umstände zu präsentieren sind und ob das Gericht bei der Auswahl Beschränkungen unterliegt.

### 1. An den klägerischen Vortrag zu stellende Anforderungen

Gemäß § 253 Abs. 2 Nr. 2 ZPO muss in der Klageschrift neben Antrag und Gegenstand – welche regelmäßig übereinstimmen[640] – auch der Grund des erhobenen Anspruchs angegeben werden. Das Begründungserfordernis dient in erster Linie dem Zweck, eine Individualisierbarkeit des Klagebegehrens zu gewährleisten.[641] Dem wird der Kläger schon gerecht, wenn er die tatsächlichen Umstände angibt, aus denen er die behauptete Rechtsfolge hergeleitet wissen will.[642] Ob das Vorbringen dann auch „schlüssig", also ausreichend und geeignet ist, um die Sachbitte zu rechtfertigen, steht auf einem anderen Blatt geschrieben und betrifft die Begründetheit des Antrags.

640 MüKoZPO-*Becker-Eberhard*, § 253 Rn. 70.
641 Stein/Jonas-*Roth*, ZPO, § 253 Rn. 52.
642 Musielak/Voit-Foerste, ZPO, § 253 Rn. 25.

Ist dem Individualisierungserfordernis Rechnung getragen und somit dem Gericht eine das Begehren stützende „Geschichtserzählung" präsentiert, dann schließt sich die Frage an, welche Umstände aus dem Tatsachenvortrag für die Entscheidung herangezogen werden können. Nachdem ein bestimmter Antrag gestellt und damit ein konkret umschriebenes Verhalten beanstandet worden ist, bleibt es nach dem Grundsatz „iura novit curia" dem Gericht überlassen, zu bestimmen, auf welchen dem Vortrag des Klägers zu entnehmenden Aspekt das Unterlassungsgebot gestützt wird.[643] Diese Regel bedarf in zweifacher Hinsicht der Präzisierung. Zum einen muss § 308 Abs. 1 S. 1 ZPO und das dort verankerte Prinzip des „ne ultra petita" Beachtung finden. Wenn dort untersagt wird etwas zuzusprechen, was „nicht beantragt" wurde, dann wird damit dem Streitprogramm durch den zur Entscheidung gestellten Streitgegenstand eine äußerste Grenze gesetzt.[644] Zum anderen darf dem Begehren nicht aus einem Gesichtspunkt entsprochen werden, welcher zwar demselben prozessualen Anspruch zugehörig, aber überhaupt nicht vorgetragen worden ist.[645] Wäre dies möglich, dann könnte der Kläger theoretisch dem Gericht die Aufgabe überlassen, das beanstandete Verhalten auf mögliche Verfehlungen des Beklagten zu untersuchen. Dies ist jedoch unzulässig.[646] Nach dem im Zivilprozess geltenden Dispositionsgrundsatz haben aber die Parteien zu bestimmen, worüber, mit wem, wann, in welchem Verfahren und wie lange im Instanzenweg prozessiert wird.[647] Hiermit korreliert die Pflicht festzulegen, aufgrund welcher tatsächlichen Beeinträchtigung(en) Rechtsschutz begehrt wird. Dabei ist es allerdings unerheblich, ob sich der Kläger ausdrücklich auf bestimmte Anspruchsgrundlagen beruft oder umgekehrt auf eine rechtliche Einordnung seines Vortrags komplett verzichtet.[648] Greift er also beispielsweise eine vermeintlich lauterkeitsrechtlich unzulässige, weil irreführende Verhaltensweise an, trägt hierzu einen Lebenssachverhalt vor und schildert dem Gericht einen bestimmten Gesichtspunkt, unter dem er sich beeinträchtigt sieht, dann ist es unschädlich, wenn dem Vortrag mehrere materiell-rechtlich voneinander unabhängig ausgestaltete Irreführungsalternativen entsprechen.[649] Gleich ob diese falsch oder gar nicht bezeichnet wurden, kann das Gericht für die Entscheidungsfindung auf all diese materiell-rechtlichen Untersagungsgründe zurückgreifen. Kommt eine Rechtswidrigkeit des angegriffenen Verhaltens hingegen aufgrund verschiedener tatsächlicher Gesichtspunkte in Betracht, dann darf ein Ausspruch nur auf die Begründung(en) gestützt werden, die der Kläger tatsächlich geltend gemacht hat.

---

643 BGH GRUR 2013, 401, juris-Rz. 24 – *Biomineralwasser*; Stieper, WRP 2013, 561, 563.

644 Stein/Jonas-*Leipold*, ZPO, § 308 Rn. 10.

645 OLG Frankfurt WRP 2013, 1072, juris-Rz. 5 – *Zählrate.*

646 Ahrens-*Bähr*, Wettbewerbsprozess, Kap. 26 Rn. 14.

647 Stein/Jonas-*Leipold*, ZPO, vor § 128 Rn. 138.

648 Zöller-*Greger*, ZPO, § 253 Rn. 12.

649 Ahrens-*Bähr*, Wettbewerbsprozess, Kap. 26 Rn. 17; Schwab, Streitgegenstand, S. 100 f.

Von besonderer Bedeutung sind diese Erwägungen im Fall der Beeinträchtigung absoluter Rechte. So wird das Gericht etwa im Fall der Beanstandung einer Markenbeeinträchtigung durch eine Zeichenverwendung zunächst regelmäßig auf sämtliche in § 14 Abs. 2 Nr. 1 – 3 MarkenG erfassten Verletzungsvarianten zurückgreifen dürfen. Anders ist hingegen zu urteilen, wenn – eine Ebene darüber angesiedelt – die Verletzung verschiedener Kennzeichenrechte in Rede steht. Wenngleich weitreichende Überlagerungen der verschiedenen Immaterialgüterrechte bestehen, so hat doch der Umstand, dass sie vom Gesetz rechtlich selbstständig ausgestaltet sind und dadurch mit einer eigenen Rechtspersönlichkeit und einem unabhängigen Schicksal versehene Positionen darstellen, zur Konsequenz, dass sie im Hinblick auf das zu erreichende (Unterlassungs-)Ziel unterschiedliche tatsächliche Begründungsalternativen darstellen. Diese können nur dann für die Entscheidungsfindung fruchtbar gemacht werden, wenn sich der Kläger ausdrücklich oder konkludent darauf beruft.[650] Welche der im Raum stehenden Rechte vom Kläger herangezogen und dadurch in den Prüfungsumfang miteinbezogen werden, ist eine Frage des jeweiligen Einzelfalls. Dabei kann es zunächst nicht darauf ankommen, dass die verschiedenen, einem Streitgegenstand zuzurechnenden Schutzrechte exakt und korrekt bezeichnet werden. Es genügt vielmehr, dass sie sich aus dem Vorbringen ableiten lassen. Wenn dem Gericht die Pflicht zukommt, die für die Entscheidung des Rechtsstreits maßgebenden Rechte und Normen zu ermitteln, dann zählt dazu auch die Aufgabe, für die Behauptungen der Parteien die korrekten technischen Bezeichnungen zu finden.[651] Ein Vortrag, dem beispielsweise ein Vorgehen aufgrund der Verletzung eines Unternehmenskennzeichens entnommen werden kann, wird bei lebensnaher Betrachtung regelmäßig auch ein Namens- oder Firmenrecht umfassen. Ähnliches dürfte anzunehmen sein, wenn der Kläger neben einer eingetragenen Marke auch eine Benutzungsmarke für sich ins Feld führen könnte. Stehen somit die verschiedenen infrage kommenden Rechte fest, dann muss die Partei in einem zweiten Schritt ausdrücklich oder konkludent zu verstehen geben, dass sie ihr Begehren (auch) darauf stützt. Erst dann darf das Gericht diesen Gesichtspunkt zur Begründung der Entscheidung heranziehen.

Um den Vortrag und damit das Streitprogramm zu vervollständigen und Unklarheiten hinsichtlich der gewählten Begründung(-en) auszuräumen, kommt dem Rechtsgespräch nach § 139 Abs. 1 ZPO entscheidende Bedeutung zu. Gemäß § 139 Abs. 1 S. 1 ZPO ist der Sach- und Streitstand zwischen dem Gericht und den Parteien in einem offenen Gespräch zu erörtern. Die Vorschrift bezweckt eine intensive materielle Prozessleitung, die einen vollständigen und konzentrierten Parteivortrag fördert und damit Grundvoraussetzung eines schnellen, rationellen und gerechten Abschlusses des Verfahrens ist.[652] Die eigentlichen Streitpunkte der Parteien sollen zutreffend erfasst werden, damit eine Lösung des Konflikts gefunden werden kann,

---

650 So i. Erg. auch: BGH GRUR 2000, 317, juris-Rz. 12 – *Werbefotos.*

651 Lent, ZZP 57 (1933), 1, 15.

652 Teplitzky, FS Oppenhoff, 487, 488 f.; Zöller-*Greger*, ZPO, § 139 Rn. 1.

welche alle relevanten Interessen der Parteien berücksichtigt.[653] Solange hierdurch nicht die Grenze zur Unparteilichkeit überschritten wird, hat das Gericht dazu nach § 139 Abs. 1 S. 2 ZPO darauf hinzuwirken, dass die Parteien sich vollständig über alle erheblichen Tatsachen erklären und dabei insbesondere ungenügende Angaben ergänzen.[654] Ausnahmsweise soll es dabei auch zulässig sein, einer Partei mitzuteilen, dass sie ihr Klageziel erreichen könnte, wenn sie sich auf einen weiteren Klagegrund stützt.[655] A maiore ad minus ist gegen einen Hinweis auf eine mögliche und gemäß § 264 Nr. 1 ZPO zulässige Ergänzung des Vorbringens jedenfalls dann nichts zu erinnern, wenn die alternative Begründung einerseits demselben Klagegrund zuzuordnen und andererseits naheliegend ist, da sie bereits – gleich ob bewusst oder unbewusst – im Vortrag angelegt war. Demgegenüber ist vor dem Hintergrund, dass bei den hier im Mittelpunkt stehenden Fallgestaltungen grundsätzlich Anwaltszwang besteht[656], eine überraschende Reichweite der rechtskraftbedingten Tatsachenpräklusion nicht zu befürchten und ein Hinweis auf die umfassende Zuordnung tatsächlicher Umstände unter einen Klagegrund nicht angezeigt.[657] In den oben angeführten Konstellationen, in denen die Untersagung einer bestimmten Verhaltensweise mit der Beeinträchtigung eines Unternehmenskennzeichens oder einer Registermarke begründet wird, hätte das Gericht demnach eine Ergänzung bzw. Klarstellung des Vortrags anzuregen, wenn sich das Petitum zwar möglicherweise ebenso aufgrund der gleichgelagerten Verletzung eines Firmen- bzw. Namensrechts oder einer Benutzungsmarke rechtfertigen lässt, die bisherigen tatsächlichen Ausführungen aber unzureichend sind oder der Kläger nicht hat eindeutig erkennen lassen, auf welche Gesichtspunkte er sein Begehren stützen will.

## 2. Wann ist ein Klagegrund als „eingebracht" zu qualifizieren?

Die vorstehenden Ausführungen beantworten lediglich die Frage, auf welche Elemente des klägerischen Tatsachenvortrags eine Entscheidung gegründet werden kann. Wie erläutert sind dem Gericht dabei durch § 308 Abs. 1 S. 1 ZPO und den

---

653 Ahrens-*Bähr*, Wettbewerbsprozess, Kap. 26 Rn. 12.

654 Rosenberg/Schwab/Gottwald, Zivilprozessrecht, § 77 Rn. 18.

655 Rosenberg/Schwab/Gottwald, Zivilprozessrecht, § 77 Rn. 22; a.A. Saenger-*Wöstmann*, ZPO, § 139 Rn. 4.

656 §§ 140 Abs. 1, 125e Abs. 1 MarkenG, §§ 52 Abs. 1, 63 Abs. 1 DesignG, § 13 Abs. 1 S. 1 UWG weisen Kennzeichen-, Design- und Wettbewerbssachen ausschließlich den Landgerichten zu. Gemäß § 17 Abs. 2 S. 1 GVG umfasst die Sachkompetenz des angerufenen Gerichts dabei auch andere rechtliche Gesichtspunkte, die demselben Streitgegenstand oder einem Hilfsantrag zuzuordnen sind, gleich aus welchem Rechtsgebiet sie stammen (Baumbach/Lauterbach, ZPO, § 17 GVG Rn. 5 ff.).

657 Um die Arbeitsteilung zwischen den Rechtspflegeorganen nicht zu unterlaufen, sind bei anwaltlicher Vertretung geringere Anforderungen an die Hinweispflicht zu stellen (Zöller-*Greger*, ZPO, § 139 Rn. 12a; Wieczorek/Schütze-*Smid*, ZPO, § 139 Rn. 37).

darin enthaltenen Grundsatz „ne ultra petita" insofern Grenzen in der Entscheidungsbefugnis gesetzt, als nicht über den geltend gemachten Streitgegenstand hinausgegangen werden darf. Allerdings kann es bei Unterlassungsanträgen zu gewissen Unklarheiten kommen. Stellt der Kläger mehrere optisch getrennte Anträge, so verdeutlicht er bereits dadurch mit hinreichender Klarheit, dass vom Gericht über verschiedene, separat zu bewertende Belange zu befinden ist. Soll hingegen lediglich eine bestimmte Verhaltensweise untersagt werden, dann ist nicht ausgeschlossen, dass dem klägerischen Vortrag mehrere Klagegründe entwachsen, die trotz einheitlichen Antrags und Unterlassungsbegehrens einer Mehrzahl an Streitgegenständen entsprechen.

Auch in diesen Konstellationen kann – parallel zur beschriebenen Situation, dass mehrere einem Streitgegenstand zuzurechnende tatsächliche Gesichtspunkte die Begründung eines einheitlichen Unterlassungsbegehrens stützen – allein aus dem tatsächlichen Vorbringen noch nicht abgeleitet werden, dass der Kläger über sämtliche infrage kommenden prozessualen Ansprüche eine Entscheidung des Gerichts verlangt. Mag § 308 Abs. 1 S. 1 ZPO ausdrücklich lediglich untersagen, etwas zuzusprechen, was „nicht beantragt" wurde, so bringt die Regelung gleichsam zum Ausdruck, dass die Bestimmung des Streitgegenstands allein den Parteien obliegt.[658] Ist daher nicht eindeutig, auf welchen der im Raum stehenden Streitgegenstände sich der Kläger konkret beruft, dann ist es seine Aufgabe, dies klarzustellen und damit für Gericht und Gegner das Streitprogramm festzulegen. Auch insofern kommt dem Rechtsgespräch besonderes Gewicht zu. Gemäß § 139 Abs. 1 S. 2 a.E. ZPO ist auf die Stellung sachdienlicher Anträge hinzuwirken. Zudem ist der Kläger unter anderem auf die beabsichtigte Interpretation seines Vortrags hinzuweisen.[659] Liegt dann ein rechtlich mehrdeutiger Sachvortrag vor, dann ist er darüber aufzuklären und dazu anzuhalten, sich hinsichtlich seines Petitums festzulegen.[660] Gibt er dabei zu erkennen, dass er sich nur auf einen der infrage kommenden Klagegründe stützen und damit auf den entsprechenden Streitgegenstand beschränken möchte, dann ist dies vom Gericht hinzunehmen.[661] Will er das Klagebegehren hingegen unter allen möglichen Gesichtspunkten zugesprochen bekommen, dann liegt eine Mehrheit an Streitgegenständen vor, die entsprechende prozessuale Folgen, insbesondere solche im Rahmen der Antragsstellung, nach sich zieht.

---

658 Stein/Jonas-*Leipold*, ZPO, § 308 Rn. 2.

659 Baumbach/Lauterbach, ZPO, § 260 Rn. 9; Zöller-*Greger*, ZPO, § 139 Rn. 15, 17.

660 Rosenberg/Schwab/Gottwald, Zivilprozessrecht, § 77 Rn. 22; Ahrens-*Ahrens*, Wettbewerbsprozess, Kap. 36 Rn. 73.

661 BGH GRUR 2001, 755, juris-Rz. 21 – *Telefonkarte*.

### 3. Der gerichtliche Entscheidungsrahmen beim mehrfach begründeten Vorgehen

Die vorstehenden Erwägungen können im Prozess in mehrfacher Hinsicht von Bedeutung für den Kläger sein. Wenn die in das Verfahren eingeführten tatsächlichen Begründungsalternativen lediglich als unterschiedliche Untersagungsgründe anzusehen sind und es alleinige Aufgabe des Gerichts ist, festzulegen, auf welchen von mehreren vorgetragenen und demselben Streitgegenstand zuzurechnenden Gesichtspunkten es seinen Ausspruch stützt, dann bleibt es damit umgekehrt auch dem Kläger unbenommen, dem Gericht durch entsprechendes Prozessverhalten bewusst die Auswahl des heranzuziehenden Aspekts zu überlassen. Schließlich steht es in seinem Belieben, zu entscheiden, welches Begehren er klageweise geltend macht und wie er es im konkreten Einzelfall begründet. Stellt er aber einen bestimmten Antrag und beruft sich dazu auf verschiedene, einem bestimmten Klagegrund zuzuordnende Unzulässigkeitsgesichtspunkte, dann legt er damit nicht nur fest, gegen welche Verhaltensweise er sich konkret wendet, sondern darüber hinaus zugleich, womit das Gericht das begehrte Verbot begründen können soll. Stützt er sein Petitum demgegenüber lediglich auf einen der mehreren infrage kommenden tatsächlichen Aspekte, dann kann auch das Gericht für den Ausspruch nur diesen Untersagungsgrund heranziehen.[662] Ergibt sich der klägerische Unterlassungsanspruch etwa nach eigenem Dafürhalten aus der Beeinträchtigung verschiedener Marken, dann steht es ihm ohne Weiteres frei, sich lediglich auf die vermeintlich bestandskräftigste(n) oder sicherste(n) zu berufen. Da sich mit der jeweiligen Auswahl des Gerichts – wie noch zu zeigen sein wird – weitergehende Konsequenzen verbinden, kann dem Kläger daran gelegen sein, auszuschließen, dass die Entscheidung auf ein „schwaches“ Recht gestützt wird.

Diese Grundsätze können insbesondere dann von Relevanz sein, wenn der Kläger möglichst schnell und erfolgsversprechend das Verbot einer bestimmten Handlung erreichen will und unterschiedliche rechtliche oder tatsächliche Gesichtspunkte zur Begründung seines Petitums infrage kommen. Ziel eines Unterlassungsantrags ist stets die Untersagung einer konkreten Verhaltensweise, weshalb das begehrte Verbot nur zugesprochen werden kann, wenn diese in jeder Hinsicht als unzulässig zu bewerten ist. Erfasst der Antrag hingegen rechtmäßige Verhaltensweisen, dann muss der Klage der Erfolg verwehrt bleiben.[663] Da ein Unterlassungsanspruch voraussetzt, dass das Tatbestandsmerkmal der Begehungsgefahr – der ernsthaften und greifbaren Besorgnis eines künftigen Verstoßes gegen eine gegebene Unterlassungspflicht[664] – erfüllt ist, vergrößert sich grundsätzlich das Risiko, die Grenze

662 Schwab, Streitgegenstand, S. 100 f.

663 Ahrens-*Jestaedt*, Wettbewerbsprozess, Kap. 22 Rn. 36.

664 Die Begehungsgefahr kann sich aus entweder der Gefahr eines erstmaligen Wettbewerbsverstoßes (Erstbegehungsgefahr) oder der Wiederholung eines schon einmal begangenen Verstoßes (Wiederholungsgefahr) ergeben (BGH GRUR 1992, 318, juris-Rz. 24 – *Jubiläumsverkauf*).

des Unterlassungsanspruchs zu überschreiten, je weiter sich der Kläger mit seinem Begehren von der begangenen oder drohend bevorstehenden Verletzungshandlung entfernt.[665] Wird das Untersagungspetitum durch Verallgemeinerungen ausgedehnt, dann besteht die Gefahr, dass hinsichtlich der weiteren davon erfassten Konstellationen die notwendige ernsthafte Besorgnis der Rechtsbeeinträchtigung nicht von den zur Begründung vorgetragenen tatsächlichen Umständen indiziert und die Klage damit mangels entsprechenden Unterlassungsanspruchs unbegründet ist.[666]

Zielt der Antrag auf eine Untersagung der konkreten Verletzungsform insgesamt, beispielsweise die Versendung eines Werbeprospekts[667], und ergibt sich die Unzulässigkeit aus mehreren Gesichtspunkten, dann begründet jede einzelne der Rechtsverletzungen denknotwendig die Begehungsgefahr und damit einen Anspruch auf Unterlassung der fraglichen Verhaltensweise in ihrer Gesamtheit. Will der Kläger aber vor allem die Vornahme genau dieser Handlung als solcher untersagen, dann wird er regelmäßig wenig Wert auf die Begründung legen, auf welche das Verbot gestützt wird. Richtet er seinen Antrag also allein auf die Untersagung der konkreten Verletzungsform und präsentiert dem Gericht dazu nach Maßgabe der oben angeführten Grundsätze mehrere einem Klagegrund zugehörige Aspekte, dann überlässt er diesem damit bewusst die Auswahl des Untersagungsgrundes. Erachtet das Gericht einen der eingebrachten Gesichtspunkte als durchgreifend, dann wird es diesen für die Entscheidung heranziehen und dem Antrag entsprechen. Der Ausspruch untersagt dann – wie seitens des Klägers begehrt – jedenfalls die Begehung des konkreten Verhaltens.[668]

## II. Der alternative Streitgegenstand und die Bewährungspunkte

Die hier dargelegte Streitgegenstandsabgrenzung kann nur dann eine Alternative zur gegenwärtig praktizierten Vorgehensweise darstellen, wenn sie bei den

---

665 Teplitzky, Wettbewerbsrecht, Kap. 51 Rn. 13; Ahrens-*Jestaedt*, Wettbewerbsprozess, Kap. 22 Rn. 7.

666 In der Konstellation, die der Entscheidung *Restwertbörse II* (BGH GRUR 2013, 1235 – *Restwertbörse II*) zugrunde lag, hat der Kläger aufgrund der Veröffentlichung von verschiedenen aus einem bestimmten Gutachten stammenden Lichtbildern ein abstrahiertes Unterlassungsbegehren auch hinsichtlich der Veröffentlichung der weiteren in dem Gutachten enthaltenen Lichtbilder erhoben. In diesem Fall musste das Gericht eine Bewertung sämtlicher Schutzrechte vornehmen. Hätte sich dabei herausgestellt, dass im Hinblick auf eines der Schutzrechte kein Unterlassungsanspruch besteht, dann wäre das Untersagungspetitum zu weit gegangen und die Klage insgesamt als unbegründet abzuweisen gewesen.

667 Dies erfolgt regelmäßig durch einen sogenannten „Fotokopierantrag", in welchem der Kläger etwa die beanstandete Werbeanzeige in den Unterlassungsantrag hineinkopiert (Ahrens-*Jestaedt*, Wettbewerbsprozess, Kap. 22 Rn. 13).

668 S.u. C. II. 4. c) zu den weiteren Folgen eines entsprechenden Urteils.

„Bewährungspunkten“ der objektiven Klagehäufung, Klageänderung, Rechtshängigkeit und materiellen Rechtskraft zu überzeugen vermag.

## 1. Objektive Klagehäufung

### *a) Grundlegendes*

Eine objektive Klagehäufung nach § 260 ZPO liegt immer dann vor, wenn derselbe Kläger mehrere gegen denselben Beklagten gerichtete Streitgegenstände in einer Klage verbindet. Nach der auch hier vertretenen Lehre vom zweigliedrigen Streitgegenstand ist dies unter Berücksichtigung von § 253 Abs. 2 Nr. 2 ZPO immer dann der Fall, wenn der Kläger entweder mehrere Anträge stellt oder aber einen Antrag auf verschiedene Klagegründe stützt. Im wettbewerbsrechtlichen Unterlassungsprozess, bei dem eine Abgrenzung des Klagegrunds unter alleiniger Anknüpfung an den Lebenssachverhalt keine sachgerechten Ergebnisse bietet, kann das Konkurrenzverhältnis der dem eingebrachten klägerischen Vorbringen entsprechenden materiell-rechtlichen Ansprüche als Kriterium herangezogen werden. Unter Berücksichtigung der bisherigen Erkenntnisse ist dann von einer Mehrheit an Klagegründen und damit von einer Klagehäufung auszugehen, wenn die verschiedenen Ansprüche in Anspruchskonkurrenz zueinander stehen. Dies ist bei den in Rede stehenden Konstellationen beispielsweise der Fall, wenn zur Begründung des Untersagungsbegehrens eines kennzeichenbeeinträchtigenden Verhaltens sowohl eine Markenverletzung als auch ein Verstoß gegen lauterkeitsrechtliche Bestimmungen infrage kommen und der Kläger zu erkennen gibt, dass er sich auf sämtliche Aspekte stützen will. Für die Beantwortung der Frage, ob eine Klagehäufung zu bejahen ist, ist es demgegenüber unerheblich, ob die verschiedenen Ansprüche lediglich aus einem oder aus mehreren zur Begründung des Petitums angeführten „Lebenssachverhalten“ herrühren.

### *b) Die verschiedenen Varianten der Klagehäufung*

Sind der Begründung eines einheitlichen Unterlassungsbegehrens mehrere Streitgegenstände zu entnehmen und gibt der Kläger zu erkennen, dass er sich auf alle berufen will, so ist grundsätzlich eine Klagehäufung anzunehmen. Eine solche ist aber nicht automatisch zulässig. Liegen – was hier unterstellt wird – die in § 260 ZPO genannten sowie die weiteren Sachurteilungsvoraussetzungen vor, dann kommt es zusätzlich darauf an, dass die Streitgegenstände in einer zulässigen Anordnung eingebracht werden. Dabei war es in wettbewerbs- und kennzeichenrechtlichen Unterlassungsprozessen bis zur TÜV-Entscheidung gängige Praxis, in diesen Konstellationen eine alternative Klagehäufung zu wählen und damit dem Gericht die Wahl zwischen den verschiedenen, das Unterlassungsziel stützenden Streitgegenständen zu überlassen. Nachdem diese Vorgehensweise nun zu Recht für unzulässig erklärt wurde, verbleiben dem Kläger theoretisch die Möglichkeiten einer kumulativen und eventuellen Klagehäufung. In ersterem Fall ist für die Entscheidung sowohl der eine als auch der andere Klagegrund heranzuziehen, in letzterem wird dem Gericht eine Prüfungsreihenfolge vorgegeben, sodass ein nachrangiger Klagegrund nur dann Berücksichtigung findet, wenn sich das Begehren aufgrund des vorrangigen nicht hat begründen lassen.[669]

Dabei kann unterstellt werden, dass die Eventualhäufung den klägerischen Interessen am ehestens gerecht wird. Das Unterlassungsbegehren wird nur dann von allen Klagegründen gleichermaßen getragen, wenn dem Beklagten lediglich pauschal ein bestimmtes Verhalten untersagt werden soll, ohne dass es dem Kläger auf die konkrete Ausgestaltung des Verbots ankommt.[670] Dringt er mit seinem Begehren aber bereits durch, wenn dem Antrag aus einem der Klagegründe entsprochen wird, dann ist der mit der kumulativen Häufung verbundene Kostenaufwand nur schwer zu rechtfertigen. Aus diesem Grund wird es dem Kläger hinsichtlich der kumulativen Anordnung der Streitgegenstände sogar am Rechtsschutzinteresse fehlen.[671] Gibt er zu erkennen, dass er sich allein gegen die konkrete Handlung wendet, dann dürfte es ihm als venire contra factum proprium auszulegen sein, wenn er unabhängig vom Erreichen dieses Ziels gleichwohl auf der Prüfung mehrerer Klagegründe besteht.[672]

Im Ergebnis steht dem Kläger damit im Zweifelsfall nur der Weg der eventuellen Klagehäufung offen. Wird sein Begehren demnach von mehreren, als verschiedene Streitgegenstände zu qualifizierenden Begründungen getragen und will er diese alle für die Entscheidung heranziehen, dann muss er sie gestaffelt einbringen.

---

669 Rosenberg/Schwab/Gottwald, Zivilprozessrecht, § 97 Rn. 18 f.

670 S.u. C. I. 3.

671 Anders als dies in Literatur und Rechtsprechung überwiegend angenommen wird (Zöller-*Greger*, ZPO, vor § 253 Rn. 9 ff., 18; Rosenberg/Schwab/Gottwald, Zivilprozessrecht, § 89 Rn. 30 ff.), ist das Rechtsschutzbedürfnis nicht ausschließlich den Sachurteilsvoraussetzungen, also denjenigen Bedingungen, die erfüllt sein müssen, damit das Gericht sachlich über das Klagebegehren verhandeln und entscheiden kann und sich damit auf die Zulässigkeit der Klage in ihrer Gesamtheit beziehen, zuzuordnen. Vielmehr handelt es sich dabei um eine allgemeine Rechtsschutzgewährungsvoraussetzung, die hinsichtlich jeder Prozesshandlung vorzuliegen hat und deshalb lediglich die infrage stehende Handlung betrifft (Schönke, Rechtsschutzbedürfnis, S. 15; Habscheid, Streitgegenstand, S. 176). Da der Staat seine Entscheidungs- und Zwangsgewalt nur demjenigen gewährt, der ein ausreichendes Interesse hieran hat, müssen sämtliche Handlungen, die mittelbar oder unmittelbar dem Zivilprozessverfahren dienen, dem Rechtsschutzbedürfnis entsprechen (Schönke, Rechtsschutzbedürfnis, S. 13 ff.; Schönke, AcP 150 (1949), 216, 218 f.).

672 So im Ergebnis auch *Georgiades* (Streitgegenstand, S. 250).

## 2. Klageänderung

### *a) Grundlegendes*

Unter einer (objektiven) Klageänderung wird – mit Ausnahme der von § 264 Nr. 2 u. 3 ZPO erfassten Sonderfälle – jede Änderung des Streitgegenstands verstanden. Gemäß § 263 ZPO ist dies nach Eintritt der Rechtshängigkeit nur zulässig, wenn es entweder vom Gericht als sachdienlich erachtet wird oder wenn der Beklagte zustimmt. Lässt man den vorliegend irrelevanten Austausch des Antrags außen vor, dann verbleiben nach der Lehre vom zweigliedrigen Streitgegenstand die Fälle, in denen das Begehren nachträglich auf einen anderen als den ursprünglichen Klagegrund i.S.d. § 253 Abs. 2 Nr. 2 ZPO gestützt wird. Grenzt man diesen in den hier zugrunde liegenden Konstellationen anhand des Konkurrenzverhältnisses der einzelnen auf das identische Ziel gerichteten Unterlassungsbegehren ab, dann liegt keine Klageänderung vor, wenn sich der Kläger während des Prozesses etwa auf eine andere als die von ihm ursprünglich bezeichnete Marke bzw. einen daraus erwachsenden Verletzungstatbestand oder aber auf eine andere als die ursprünglich bezeichnete, materiell-rechtlich selbstständig ausgestaltete oder tatsächlich unabhängige Irreführungsalternative stützt. Nichts anderes gilt dann, wenn der Kläger zur Begründung seines Begehrens nachträglich einen anderen als den ursprünglich vorgetragenen „Lebenssachverhalt" einführt. Sind derartige Modifikationen schon nicht als Klageänderung zu bewerten, so bleiben sie darüber hinaus auch für das Gericht grundsätzlich unbeachtlich. Denn diesem setzt § 308 Abs. 1 S. 1 ZPO bei der Entscheidungsfindung allein durch den Streitgegenstand Grenzen. Solange also eine Veränderung des klägerischen Vortrags den prozessualen Anspruch unberührt lässt, ist das Gericht darin frei, unabhängig von der Bewertung der Parteien zu entscheiden, welche der eingebrachten Begründungen und welche von diesen umfasste materiell-rechtliche Anspruchsgrundlage es für die Entscheidung heranzieht.[673] Schwenkt der Kläger hingegen beispielsweise von einer Marken- auf eine Urheberrechtsverletzung oder auf einen Vorwurf unlauteren Handelns um, dann handelt es sich um separate Streitgegenstände, sodass den Anforderungen von § 263 ZPO Rechnung zu tragen und damit eine Einwilligung des Beklagten oder eine Bejahung der Sachdienlichkeit zu fordern ist.

### *b) Voraussetzungen für die Bejahung der Sachdienlichkeit*

In diesen Fällen schließt sich zunächst die Frage an, ob die dann vorliegende Klageänderung sachdienlich und damit unabhängig vom Willen des Beklagten zulässig ist. Die Sachdienlichkeit wird grundsätzlich bejaht, wenn eine Entscheidung über die geänderte Klage den Streitstoff des anhängigen Verfahrens zumindest teilweise ausräumt und einem anderenfalls zu gewärtigenden weiteren Rechtsstreit vorbeugt. Anders ist hingegen zu urteilen, wenn ein völlig neuer Streitstoff eingeführt wird,

---

673 BGH GRUR 2013, 401, juris-Rz. 24 – *Biomineralwasser.*

bei dessen Bewertung das Ergebnis der bisherigen Prozessführung nicht verwertbar ist.[674] Entscheidende Bedeutung kann dabei gegebenenfalls wettbewerbsrechtlichen Besonderheiten, insbesondere der großen Bedeutung der eigenen Beurteilungskompetenz des Tatrichters und einer hiermit einhergehenden möglichen Entbehrlichkeit von Verkehrsbefragungen, zukommen.[675] Im Vordergrund steht damit der Gesichtspunkt der Prozessökonomie und weniger ein eventuell entgegenstehendes Interesse des Beklagten.[676]

Mag auch die Klageänderung in Wettbewerbssachen teilweise als generell zulässig angesehen werden, sei es doch stets sachdienlich, eine entsprechende Streitigkeit endgültig zu bereinigen[677], so erscheint hier allein eine differenzierte Behandlung als angemessen. Demnach kann es nicht lediglich darauf ankommen, welches Ziel überhaupt mit der Klageänderung verfolgt wird. Entscheidend ist vielmehr, ob sich die Mittel, im Sinne der bereits gewonnenen Prozessergebnisse, zur Erreichung dieses Ziels fruchtbar machen lassen. Da in der angeführten Konstellation von gewissen tatbestandlichen Überschneidungen der aufeinandertreffenden Unterlassungsansprüche auszugehen sein wird, dürfte grundsätzlich zumindest eine teilweise Verwertbarkeit anzunehmen sein. Ist dies jedoch nicht der Fall, sind also beispielsweise die den hinzutretenden Anspruch aus unlauterer Handlung tragenden Aspekte nicht thematisiert worden, kann das Gericht diese auch nicht ressourcenschonend aus eigener Lebenserfahrung beurteilen und ist der Rechtsstreit zudem bereits entscheidungsreif, so ist dem Kläger zuzumuten, ein neues Verfahren, gestützt auf den zusätzlichen Streitgegenstand, anzustrengen.[678]

### *c) Die Behandlung von Änderungen der Klagebegründung in der Berufungsinstanz*

Unter Berücksichtigung der vorstehenden Erwägungen ist weiter zu erörtern, inwiefern eine anderweitige Begründung des Begehrens in der Berufung möglich ist. Anders als bei der bisherigen Bewertung kommt dabei allerdings der Frage, ob mit dem abgewandelten Vorgehen Auswirkungen auf den Streitgegenstand einhergehen oder ob dieser unverändert bleibt, nur eine untergeordnete Rolle zu.

Eine Klageänderung in der Berufungsinstanz unterliegt gemäß § 533 ZPO erweiterten Voraussetzungen gegenüber § 263 ZPO, wonach in der Erstinstanz eine Einwilligung des Gegners oder die Bejahung der Sachdienlichkeit genügt. Über diese Anforderungen hinaus muss die Klageänderung gemäß § 533 Nr. 2 ZPO auf Tatsachen gestützt werden können, die das Gericht für Verhandlung und Entscheidung

674 BGH NJW 2000, 800, juris-Rz. 38; Musielak/Voit-*Foerste*, ZPO, § 263 Rn. 7.

675 Teplitzky, Wettbewerbsrecht, Kap. 46 Rn. 26 f.

676 Stein/Jonas-*Roth*, ZPO, § 263 Rn. 24; MüKoZPO-*Becker-Eberhard*, § 263 Rn. 35.

677 So jedenfalls für die erste Instanz noch *Pastor* (Wettbewerbsprozess, 3. Aufl. 1980, S. 703 f.).

678 Teplitzky, Wettbewerbsrecht, Kap. 46, Rn. 25; OLG Hamburg OLGR Hamburg 2000, 452, juris-Rz. 63.

der Berufung ohnehin nach § 529 ZPO zugrunde zu legen hat. Diese hinzutretende Zulässigkeitsvoraussetzung greift aber hinsichtlich aller Abwandlungen der ursprünglichen Klagebegründung. Da es sich bei der Berufungsinstanz um keine volle zweite Tatsacheninstanz handelt, sind alle Modifikationen der Begründung – unabhängig davon, ob sie einen anderen Klagegrund und Streitgegenstand zur Folge haben oder nicht – vom Berufungsgericht nur dann zu beurteilen, wenn sie bereits von den erstinstanzlich fehlerfrei festgestellten Erkenntnissen umfasst waren, ihre Berücksichtigung ausnahmsweise gemäß § 531 Abs. 2 ZPO zulässig ist, sie unstreitig oder erst nach Schluss der mündlichen Verhandlung entstanden sind.[679] Vor diesem Hintergrund ist beispielsweise das Einbringen einer weiteren Marke in der Berufung jedenfalls dann zulässig, wenn der Kläger erstinstanzlich derart umfassend vorgetragen hat – gleich ob das ursprüngliche Vorbringen für die erstinstanzliche Begründung erheblich war oder nicht[680] –, dass auf dieser Grundlage eine Beurteilung auch dieses Schutzrechts möglich ist. Unbeschadet der Frage, ob die weiteren Voraussetzungen einer Klageänderung zu bejahen sind, gilt nichts anderes für einen Übergang etwa von einer Markenverletzung zu einem lauterkeitsrechtlichen Vorwurf.

Bedarf es zur Begutachtung der zusätzlichen Stoßrichtung hingegen weiterer Feststellungen, dann sind diese nach § 531 Abs. 2 ZPO zu bewerten. Danach sind in der Berufung allein solche neuen Angriffs- und Verteidigungsmittel zuzulassen, die einen vom erstinstanzlichen Gericht erkennbar übersehenen oder für unerheblich gehaltenen rechtlichen oder tatsächlichen Gesichtspunkt betreffen, die infolge eines Verfahrensmangels des Erstgerichts nicht geltend gemacht werden konnten oder deren Geltendmachung unterblieb, ohne dass dies auf einer Nachlässigkeit der Partei beruhte. Der Begriff der Angriffs- und Verteidigungsmittel ist dabei weit zu verstehen und umfasst alles zur Begründung des Sachantrags oder zur Verteidigung dagegen tatsächlich und rechtlich Vorgebrachte, mithin jeden das Petitum stützenden Vortrag.[681] In diesem Rahmen kommt wiederum dem Rechtsgespräch nach § 139 ZPO besondere Bedeutung zu. Hat das Gericht einen Hinweis auf eine alternative Begründungsmöglichkeit nicht erteilt, obwohl es dazu verpflichtet gewesen wäre[682], dann begründet dies einerseits einen Verfahrensmangel und dem Kläger ist andererseits eine fehlende Ergänzung seines Vortrags nicht als nachlässiges Verhalten anzulasten.[683] Hat er demgegenüber eine weitere infrage kommende Begründung nicht eingebracht und kann dem Gericht deshalb kein Vorwurf gemacht werden, weil sie schlicht übersehen wurde oder es absichtlich, etwa aus prozesstaktischen

---

679 BGH NJW 2009, 2532, juris-Rz. 15; Roth, JZ 2006, 9, 12 ff.; Zöller-*Heßler*, ZPO, § 531 Rn.20.

680 BGH MDR 2012, 486, juris-Rz. 11; Zöller-*Heßler*, ZPO, § 533 Rn. 34.

681 Baumbach/Lauterbach, ZPO, Einl III Rn. 70; Schneider, MDR 1982, 626, 627 f.; Zöller-*Heßler*, ZPO, § 531 Rn. 21.

682 S.o. C. I. 1. u. 2.

683 Baumbach/Lauterbach, ZPO, § 531 Rn. 15, 17.

Gründen, erfolgt ist, dann wird er mit dieser regelmäßig präkludiert sein.[684] Hiervon ist beispielsweise auszugehen, wenn der Kläger einen sein Begehren ebenfalls stützenden, lauterkeitsrechtlichen Vorwurf nicht erhoben oder er bestimmte Schutzrechte bewusst außen vor gelassen hat.[685]

## 3. Rechtshängigkeit

### *a) Grundlegendes*

Gemäß § 261 Abs. 1 ZPO wird durch die Erhebung der Klage die Rechtshängigkeit der mit dem Streitgegenstand gleichzusetzenden Streitsache begründet. Von den (prozessualen) Wirkungen der Rechtshängigkeit ist im Rahmen dieser Abhandlung die Unzulässigkeit einer erneuten Klage zwischen denselben Parteien über dieselbe Streitsache gemäß § 261 Abs. 3 Nr. 1 ZPO am bedeutsamsten. Schwebt zwischen bestimmten Personen ein Verfahren über einen bestimmten prozessualen Anspruch, so sind sie daran gehindert, diesen anderweitig ebenfalls vor Gericht zu bringen. Nach der Lehre vom zweigliedrigen Streitgegenstand müssen dafür (neben den Subjekten) sowohl Klageantrag als auch Klagegrund übereinstimmen. Grenzt man letzteren in wettbewerbs- und kennzeichenrechtlichen Unterlassungsprozessen anhand der hier dargelegten Kriterien ab, dann kann ein konkretes Unterlassungsbegehren, welches von mehreren Kennzeichenrechten bzw. den auf diesen basierenden Ansprüchen einerseits oder von verschiedenen lauterkeitsrechtlichen Versagungsgründen andererseits getragen wird, nicht gleichzeitig in mehreren Prozessen behandelt werden. Beantragt der Kläger also in einem Verfahren, dem Beklagten ein bestimmtes Verhalten zu verbieten, und stützt er sich dabei auf eine bestimmte Marke, dann hindert ihn § 261 Abs. 3 Nr. 1 ZPO daran, sein Begehren unter Berufung auf eine andere Marke, sein Unternehmenskennzeichen oder einen anderen kennzeichenrechtlichen Unterlassungsanspruch einem weiteren Gericht zur Entscheidung vorzulegen. Nichts anderes gilt, wenn ein derartiges Vorgehen aufgrund verschiedener unlauterer Irreführungsalternativen möglich ist. Umgekehrt ist es dem Beklagten ebenfalls verwehrt, mittels einer entsprechenden negativen Feststellungsklage vor einem anderen Gericht die Zulässigkeit der fraglichen Handlung feststellen zu lassen. Dabei kann es nicht darauf ankommen, ob zur Begründung des Petitums derselbe oder aber ein anderer Lebenssachverhalt vorgetragen wird. Da dieser für die Abgrenzung des Klagegrunds unerheblich ist, kann er sich auch nicht auf die Frage einer entgegenstehenden Rechtshängigkeit auswirken.

Jedenfalls für das Kennzeichenrecht findet dieses Ergebnis eine Bestätigung in Art. 109 GMV, der eine Sonderregelung für das Aufeinandertreffen von nationalen zu Gemeinschaftsmarken beinhaltet. Existieren eine nationale und eine identische oder zumindest ähnliche Gemeinschaftsmarke und werden wegen derselben Handlungen Verletzungsklagen zwischen denselben Parteien bei Gerichten

684 Zöller-*Heßler*, ZPO, § 531 Rn. 31.
685 S.o. C. I. 3.

verschiedener Mitgliedstaaten anhängig gemacht, dann stellt Art. 109 Abs. 1 GMV klar, dass sich das zuletzt angerufene Gericht entweder für unzuständig zu erklären (bei Identität) oder zumindest das Verfahren auszusetzen hat (bei Ähnlichkeit). Ist bereits eine rechtkräftige Entscheidung über die nationale Marke ergangen, dann weist das wegen Verletzung der Gemeinschaftsmarke angerufene Gericht die Klage gemäß Art. 109 Abs. 2 GMV ab. Zwar knüpft die Vorschrift nicht an die Einheitlichkeit des Unterlassungsbegehrens, sondern an die der Verletzungshandlung an. Wird aber die Untersagung eben dieser bestimmten Verletzungshandlung, welche die Beeinträchtigung sowohl der nationalen als auch der korrelierenden Gemeinschaftsmarke hervorruft, beantragt, dann sind – sofern der Anwendungsbereich des Art. 109 GMV eröffnet ist[686] – die Rechtsfolgen durchaus mit denen von Rechtshängigkeit und Rechtskraft im nationalen Recht vergleichbar. Die Regelung, die in erster Linie auf eine Verhinderung sich widersprechender Entscheidungen abzielt, verdeutlicht, dass die selbstständigen Rechte in einem Verfahren zu konzentrieren und gemeinsam zu verhandeln sind. Vor diesem Hintergrund liegt es nahe, auch auf nationaler Ebene eine getrennte Verhandlung der verschiedenen Schutzrechte soweit als möglich auszuschließen.

Soweit es sich um eine wettbewerbsrechtliche Fragestellung handelt, stehen der hier vertretenen Auffassung auch nicht die Zuständigkeitsregelungen aus §§ 13, 14 UWG entgegen. Gemäß § 13 Abs. 1 UWG sind die Landgerichte für alle bürgerlich-rechtlichen Rechtsstreitigkeiten aus dem UWG ausschließlich sachlich zuständig. § 14 UWG trifft Regelungen hinsichtlich der örtlichen Zuständigkeit. Ausschließliche örtliche Zuständigkeiten sind einerseits am Ort der Niederlassung des Beklagten (§ 14 Abs. 1 UWG)[687] und andererseits am Handlungsort (§ 14 Abs. 2 UWG)[688] begründet. Stützt sich der Kläger bei seinem Vorgehen demnach sowohl auf lauterkeitsrechtliche als auch auf sonstige, demselben Klagegrund zuzuordnende bürgerlich-rechtliche Ansprüche, dann könnten beispielsweise hinsichtlich der lauterkeitsrechtlichen Ansprüche gemäß §§ 13, 14 UWG lediglich Gerichtsstände am Landgericht des Orts der Niederlassung des Beklagten oder des Handlungsorts bzw. der Handlungsorte in Betracht kommen. Demgegenüber könnte hinsichtlich der zivilrechtlichen Ansprüche – in Abhängigkeit vom Streitwert – das Amtsgericht oder Landgericht am Wohnort des Beklagten gemäß §§ 12, 13 ZPO angerufen werden. Dieser theoretisch infrage kommende Widerspruch ist jedoch unschädlich. Denn nach der Rechtsprechung des BGH kann in Fällen, in denen wie hier ein einheitliches prozessuales Begehren verfolgt wird und deshalb eine Prozesstrennung nicht möglich ist, jedes Gericht, das nur hinsichtlich bestimmter Ansprüche zuständig ist,

686 Vgl. BeckOKMarkenR-*Grüger*, Art. 109 GMV Rn. 3.

687 Hat der Beklagte keine gewerbliche oder selbstständige berufliche Niederlassung, dann ist sein Wohnort maßgeblich (§ 14 Abs. 1 S. 1 UWG). Hat er keinen Wohnort, dann ist das Gericht an seinem inländischen Aufenthaltsort zuständig (§ 14 Abs. 1 S. 2 UWG).

688 Der Gerichtsstand des Handlungsortes gemäß § 14 Abs. 2 UWG steht grundsätzlich nur Mitbewerbern offen (§ 14 Abs. 2 S. 2 UWG).

auch über die weiteren Ansprüche urteilen.[689] Dabei kommt dem Gericht mit der meisten Sachnähe (regelmäßig den Landgerichten und dort – sofern bestehend – den zuständigen Handelskammern) der Vorrang zu.[690]

### *b) Die Behandlung von auf dasselbe Ziel gerichteten Parallelprozessen*

Demgegenüber ist es nicht von vornherein ausgeschlossen, dass ein Kläger, der sich zunächst nur auf die Beeinträchtigung von Kennzeichenrechten berufen hat, aufgrund der Verletzung von Lauterkeitsrecht ein identisches Verhalten parallel in mehreren Verfahren beanstandet. In diesem Fall liegen mehrere verschiedene Klagegründe und damit Streitgegenstände vor, weshalb sie auch grundsätzlich unabhängig voneinander behandelt werden können, ohne dass der Einwand anderweitiger Rechtshängigkeit greifen würde. Werden die Prozesse vor demselben Gericht geführt, so ist aus prozessökonomischer Sicht eine Verbindung gemäß § 147 ZPO zweckdienlich.[691]

Theoretisch ist jedoch auch vorstellbar, dass ein identisches Klageziel mehrere Gerichte gleichzeitig beschäftigt. Da die Rechtsverletzungen in Wettbewerbssachen häufig nicht auf einen Ort beschränkt sind (dies gilt insbesondere bei Handlungen im Internet), ist gemäß §§ 32, 35 ZPO bzw. § 14 Abs. 2 UWG mitunter[692] eine große Anzahl an verschiedenen örtlichen Zuständigkeiten eröffnet („fliegender Gerichtsstand").[693] Dann kann der Verletzte aber separate Prozesse gestützt auf eine Kennzeichenbeeinträchtigung einerseits und auf eine unlautere Handlung andererseits anstrengen.[694] Aufgrund des damit einhergehenden zusätzlichen kostenmäßigen und logistischen Aufwands erscheint diese Vorgehensweise jedoch als prozesstaktisch wenig zweckmäßig und dürfte daher kaum Schule machen. Dieser Schluss liegt umso näher, wenn eine Untersagung der beanstandeten Verhaltensweise unter mehreren Gesichtspunkten als möglich erscheint, es dem Kläger aber nicht darauf ankommt, auf welchen davon das Verbot gestützt wird.[695] Bei dieser

689 MüKoZPO-*Patzina*, § 12 Rn. 44.

690 BGH NJW 1983, 1913, juris-Rz. 9.

691 S.o. C. II. 1. zu den daraus resultierenden Konsequenzen im Hinblick auf die entstehende Klagehäufung.

692 Zu beachten sind dabei jedoch die Sonderregelungen in § 14 Abs. 2 S. 2 UWG (faktische Beschränkung des Tatortgerichtsstands auf UWG-Klagen von Mitbewerbern) und § 104a UrhG (ausschließlicher örtlicher Gerichtsstand am Wohnsitz oder gewöhnlichen Aufenthaltsort natürlicher Personen, sofern diesen Urheberrechtsverletzungen weder zu gewerblichen noch zu selbstständigen beruflichen Zwecken vorgeworfen werden).

693 Ahrens-*Bähr*, Wettbewerbsprozess, Kap. 17 Rn. 18, 26; Ströbele/*Hacker*, MarkenG, § 140 Rn. 32; Zöller-*Vollkommer*, ZPO, § 32 Rn. 16 f.

694 S.u. C. II. 4. zu den Konsequenzen im Hinblick auf die materielle Rechtskraft der dann möglichen mehreren Verurteilungen unter verschiedenen rechtlichen Aspekten.

695 S.o. C. I. 3.

Ausgangslage ist zu unterstellen, dass der Kläger Mehraufwand eher scheuen wird. Schließlich wird er doch regelmäßig den schnellsten und einfachsten Weg wählen, um sein Ziel zu erreichen.

Der Sonderfall, dass zunächst aus einem Klagegrund vorgegangen wurde und der Kläger das Begehren unter Berufung auf den anderen nachträglich einem weiteren Gericht zur Entscheidung vorlegt, begegnet hingegen erheblichen Zulässigkeitsbedenken. Auch im Prozessrecht ist der Grundsatz von Treu und Glauben gemäß § 242 BGB zu beachten.[696] Danach kann die Wahl eines Gerichtsstands im Einzelfall treuwidrig und damit rechtsmissbräuchlich und eine entsprechende Klage unzulässig sein. Dies wird teilweise auch im Falle einer Ausnutzung eines formal gegebenen Gerichtsstands aus sachfremden Gründen oder einer sachfremden Aufspaltung eines einheitlichen Lebenssachverhalts in mehrere Verfahren angenommen.[697] Davon wird hier aber auszugehen sein. Schließlich dürfte die Motivation des Klägers für die nachträgliche zusätzliche Klageerhebung allein in der Hoffnung liegen, dass sich das Begehren bei in Aussicht stehendem Scheitern der Klage womöglich noch vor einem „wohlgesonneneren" Gericht realisieren lassen kann. Insofern ist aber von einer sachfremden Erwägung auszugehen.

## 4. Materielle Rechtskraft

### *a) Grundlegendes*

Gemäß § 322 Abs. 1 ZPO sind Urteile insoweit der Rechtskraft fähig, als über den durch die Klage oder Widerklage erhobenen Streitgegenstand entschieden wurde. Grenzt man den Klagegrund anhand der hier dargestellten Kriterien ab, dann verhindert die materielle Rechtskraft somit, dass ein Kläger, der ein konkretes Unterlassungsbegehren auf eine Kennzeichenverletzung einerseits oder auf eine unlautere Handlung andererseits gestützt hat, unter Berufung auf ein anderes Kennzeichenrecht oder einen anderen Unlauterkeitstatbestand dasselbe Ziel in einem nachfolgenden Verfahren erneut verfolgt.[698]

Demgegenüber ist aus diesem Gesichtspunkt nichts dagegen einzuwenden, dass der identische Antrag in einem Folgeprozess auf einen anderen Klagegrund gestützt wird.[699] Hat sich der Kläger also erst auf eine Beeinträchtigung von einer Marke berufen und begründet sein Petitum anschließend mit der Beeinträchtigung eines Urheber- oder Designrechts, dann wird er daran aufgrund des Vorliegens

---

696 Zöller-*Vollkommer*, ZPO, Einl. Rn. 56.

697 OLG Hamm NJW 1987, 138, 138; BGH NJW 2013, 1369, juris-Rz. 10; Rosenberg/Schwab/Gottwald, Zivilprozessrecht, § 89 Rn. 31; v. Ungern-Sternberg, GRUR 2009, 1009, 1015; Zöller-*Vollkommer*, ZPO, § 35 Rn. 4; einschränkend GroßkommUWG-*Zülch*, UWG, § 14 C. Rn. 19.

698 Dieses Ergebnis wird im Bereich des Kennzeichenrechts auch durch Art. 109 Abs. 2 GMV gestützt (s.o. C. II. 3. a)).

699 MüKoZPO-*Gottwald*, § 322 Rn. 148.

unterschiedlicher Streitgegenstände nicht durch die entgegenstehende Rechtskraft der Erstentscheidung gehindert.

Eine uneingeschränkte Zulässigkeit ist dennoch nicht anzunehmen. Keine Bedenken sind zu erheben, wenn der Kläger zunächst mit seinem Begehren erfolglos geblieben ist und danach einen neuerlichen Anlauf, gestützt auf den anderen Klagegrund, unternimmt. Wurde der Klage jedoch im Erstprozess stattgegeben und damit die verlangte Untersagung ausgesprochen, dann dürfte für einen erneuten Angriff das Rechtsschutzbedürfnis fehlen. Hat der Kläger zu erkennen gegeben, dass es ihm lediglich darauf ankommt, den Beklagten unabhängig von der konkreten rechtlichen Ausgestaltung des Verbots pauschal zu einer bestimmten Unterlassung zu verpflichten, dann kann er kein schutzwürdiges Interesse daran haben, Zeit und Kräfte der staatlichen Gerichte ein weiteres Mal in Anspruch zu nehmen, wenn ebendieses angestrebte konkrete Ziel bereits erreicht wurde.[700]

### *b) Der präklusionsbedingte Ausschluss neuen Vorbringens*

Da ein grundsätzlicher[701] Gleichlauf zwischen dem Umfang des Streitgegenstands und der materiellen Rechtskraft besteht, gelten die vorstehenden Erwägungen unabhängig von den tatsächlichen Ausführungen, die der Kläger zur Begründung seines Begehrens getätigt hat. An der Rechtskraft nimmt all das Teil, was dem Streitgegenstand im konkreten Fall nach der zweigliedrigen Lehre zuzurechnen ist.[702] Maßgeblich ist allein, worauf das Vorgehen und damit die Entscheidung (nach den dargelegten Kriterien[703]) gegründet wurden. Hat sich der Kläger also auf einen „kennzeichenrechtlichen" Streitgegenstand berufen, dann kann er in einem nachfolgenden Verfahren nicht mit dem Argument gehört werden, dass ein weiteres, demselben Klagegrund zuzurechnendes Schutzrecht zuvor nicht eingebracht worden war und damit nicht vom Gericht berücksichtigt und von den Wirkungen der Rechtskraft erfasst werden konnte.[704] Ist der Kläger hingegen zunächst erfolglos geblieben[705], dann ist in derselben Konstellation ein neues Verfahren gestützt auf eine Urheberrechtsverletzung selbst dann zulässig, wenn die im Erstprozess vorgebrachten Fakten zwar diesen Gesichtspunkt getragen haben, der Kläger sich aber nicht darauf berufen hat.

---

700 v. Ungern-Sternberg, GRUR 2009, 1009, 1015; Rosenberg/Schwab/Gottwald, Zivilprozessrecht, § 89 Rn. 31; Dies hindert ihn aber nicht daran, einen konkretisierten Antrag gerichtet auf die Untersagung allein der nach Lauterkeitsrecht unzulässigen charakteristischen Verhaltensweise zu stellen (s.u. C. III. 2.).

701 Allerdings sind die unter C. II. 4. c) beschriebenen Einschränkungen zu berücksichtigen.

702 MüKoZPO-*Gottwald*, § 322 Rn. 144; Stein/Jonas-*Leipold*, ZPO, § 322 Rn. 94, 97 f.

703 S.o. C. I.

704 Vgl. Habscheid, Streitgegenstand, S. 279.

705 S.o. C. II. 4. a).

Da die materiell-rechtlich selbstständigen Kennzeichenrechte im Hinblick auf das zu erreichende (Unterlassungs-)Ziel als bloße Begründungsalternativen anzusehen und demselben Klagegrund zugehörig sind, stellen sie, wenn sie in einem Folgeprozess erstmalig eingeführt werden, lediglich eine Ergänzung des vorgebrachten Tatsachenstoffs dar, mit welcher der Kläger durch die Rechtskraft präkludiert ist.[706] Nichts anderes gilt, wenn der Kläger eine Verhaltensweise als unlauter beanstandet hat. Führt er im späteren Verfahren zur Untersagung derselben Handlung andere lauterkeitsrechtliche Gesichtspunkte an, dann zählen diese gleichwohl zum ursprünglichen Klagegrund und Streitgegenstand und sind somit präkludiert. Genauso kann es keinen Unterschied machen, ob das Begehren im späteren Verfahren auf denselben oder einen anderen Geschehensablauf gestützt wird. Der Ausschluss des Vorbringens ist unabhängig davon, ob die zu präkludierenden Aspekte vorwerfbar zurückgehalten wurden; auf eine zum Zeitpunkt des Erstprozesses bestehende Unkenntnis kommt es nicht an.[707]

Wie aus dem Zusammenspiel von § 322 Abs. 1 ZPO und § 767 Abs. 2 ZPO[708] folgt, gilt für die Tatsachenpräklusion jedoch in zeitlicher Hinsicht eine Grenze. Zulässig ist demnach eine Erneuerung des zuvor erfolglos gebliebenen Begehrens unter Berufung auf solche Umstände, die erst nach der letzten mündlichen Verhandlung des Erstprozesses entstanden sind.[709] Diese können auch ohne Weiteres hinsichtlich eines bereits behandelten Schutzrechts zu bejahen sein. In Betracht kommt hier etwa eine erst nachträglich eingetretene Verkehrsdurchsetzung eines Klagezeichens.[710]

### c) *Der Einfluss der gerichtlichen Entscheidung auf den Verbotsumfang*

Gegenstand der Rechtskraft ist grundsätzlich das Bestehen oder Nichtbestehen der geltend gemachten Rechtsfolge aufgrund des vorgetragenen Klagegrunds.[711] Dabei darf allerdings die unterschiedliche Natur abweisender und zusprechender Entscheidungen nicht unberücksichtigt bleiben. Eine Klageabweisung verneint die geltend

706 Ahrens-*Ahrens*, Wettbewerbsprozess, Kap. 36 Rn. 70; Stein/Jonas-*Leipold*, ZPO, § 322 Rn. 220.

707 MüKoZPO-*Gottwald*, § 322 Rn. 140; Ahrens-*Ahrens*, Wettbewerbsprozess, Kap. 36 Rn. 31.

708 § 767 Abs. 2 ZPO sichert die Rechtskraft unanfechtbar gewordener Entscheidungen. Nach der Vorschrift kann ein Vorgehen gegen die Vollstreckung aus einem titulierten Anspruch ausschließlich auf Umstände gestützt werden, die nach Ende der letzten mündlichen Verhandlung entstanden sind und die nicht mehr durch Einspruch geltend gemacht werden können (*Gaul*/Schilken/Becker-Eberhard, Zwangsvollstreckungsrecht, § 40 Rn. 53).

709 Prütting/Gehrlein-*Völzmann-Stickelbrock*, ZPO, § 322 Rn. 42.

710 RG RGZ 125, 159, 163 – *Scharlachberg*; Ahrens-*Ahrens*, Wettbewerbsprozess, Kap. 36 Rn. 113.

711 Stein/Jonas-*Leipold*, ZPO, § 322 Rn. 94.

gemachte Rechtsfolge unter allen vom Klagegrund umfassten Gesichtspunkten.[712] Im Falle einer Unterlassungsklage steht damit gegenüber dem Kläger fest, dass dem Beklagten das beanstandete Verhalten aus keinem dieser Blickwinkel untersagt werden kann. Demgegenüber genügt es bei einer antragsgemäßen Verurteilung, wenn das Begehren lediglich von einem, mit sämtlichen in Betracht kommenden Gegennormen vereinbaren Rechtsgrund getragen wird. In diesem Fall stellt sich aber die Frage, ob neben der beantragten Rechtsfolge auch weitere gerichtliche Feststellungen in Rechtskraft erwachsen. Gegenstand einer kontroversen Diskussion ist das im Hinblick auf die rechtliche Qualifikation des Anspruchsgrundes.

Dies wird teilweise bejaht. Über die eigentliche Leistungspflicht hinaus komme der jeweiligen materiell-rechtlichen Anspruchsnorm mitunter insofern Bedeutung zu, als weitere Wirkungen an sie geknüpft seien.[713] Wenn der Streitgegenstand im Rahmen der Entscheidung am materiellen Recht gemessen und so die Ungewissheit über seine rechtliche Einordnung behoben werde, müsse diese Feststellung daher auch verbindlich werden.[714]

Andere gehen demgegenüber davon aus, dass Gegenstand der Rechtskraft allein der rein prozessuale Streitgegenstand und nicht das materielle Recht sei.[715] Mit der richterlichen Entscheidung werde dem erfolgreichen Kläger ein bestimmter individualisierter Anspruch und nicht eine konkrete Anspruchsnorm zuerkannt.[716] Habe ein Kläger gleichwohl ein berechtigtes Interesse an einer entsprechenden Feststellung vorzuweisen[717], dann stehe ihm die (Zwischen)Feststellungsklage gemäß § 256 ZPO zur Verfügung.[718]

Vermittelnde Ansichten differenzieren dagegen. *Bader* nimmt einen erweiterten Rechtskraftumfang an, wenn es aus materiellen oder prozessualen Gründen auf die Art des Anspruchs ankomme.[719] Die rechtliche Qualifikation trete dann aus ihrer „Anonymität" heraus und erwachse – nicht selbstständig, sondern lediglich

---

712 Zöller-*Vollkommer*, ZPO, vor § 322 Rn. 41; Hiervon werden auch Gesichtspunkte erfasst, die zwar dem jeweiligen Klagegrund zuzurechnen, aber vom Kläger nicht vorgetragen worden sind.

713 Arens, Streitgegenstand, S. 25 f.; Schulbeispiel ist dabei das Aufrechnungsverbot des § 393 BGB, das gegenüber Ansprüchen aus vorsätzlichen unerlaubten Handlungen besteht.

714 Habscheid, Streitgegenstand, S. 123.

715 Nikisch, Streitgegenstand, S. 149.

716 Georgiades, Streitgegenstand, S. 262.

717 Wie es aufgrund des angeführten § 393 BGB beispielsweise hinsichtlich der Feststellung der vorsätzlichen Begehungsweise bestehen dürfte.

718 BGH NJW 1990, 834, juris-Rz. 12 ff; Prütting/Gehrlein-*Völzmann-Stickelbrock*, ZPO, § 322 Rn. 31.

719 So erwachse die rechtliche Qualifizierung als Anspruch „aus vorsätzlicher unerlaubter Handlung" bei den Deliktsklagen aus § 823 Abs. 2 BGB i.V.m. §§ 263, 266 StGB oder § 826 BGB in Rechtskraft, da hier gerade die Feststellung des Vorsatzes entscheidend sei (Bader, S. 59).

als Bestandteil der festgestellten Rechtsfolge – in Rechtskraft.[720] Nach *Leipold* solle über die Art des Anspruchs nur insoweit rechtskräftig entschieden werden, als das erforderlich sei, um den Sinngehalt der Entscheidung zu sichern.[721] Dies sei beispielsweise der Fall, wenn nachträglich eingetretene Umstände geltend gemacht würden, um die rechtskräftig zugesprochene Rechtsfolge zu erschüttern. Da die Rechtskraft nur durch solche neuen Tatsachen beseitigt werden dürfe, die nach dem Inhalt der Vorentscheidung für den Subsumtionsschluss von Belang waren, müsse diese rechtliche Einordnung auch bindend festgestellt sein.[722] Nichts anderes gelte dann, wenn die weitere prozessuale Behandlung des bejahten Anspruchs von seiner Natur abhänge. Habe das Prozessgericht etwa einen Anspruch aus vorsätzlicher unerlaubter Handlung bejaht, dann sei das aufgrund von § 850f Abs. 2 ZPO, der in diesem Fall eine Ausnahme von der Pfändungsgrenze von Arbeitseinkommen ermöglicht, für das Vollstreckungsgericht maßgebend.[723] *Habscheid* gesteht dem Kläger die Möglichkeit zu, eine – auf einen bestimmten materiell-rechtlichen Anspruch gerichtete – „konkrete Rechtsfolgenbehauptung" zu erheben, wenn er dafür ein Rechtsschutzbedürfnis nachweisen könne.[724] Dies solle jedoch nur dann der Fall sein, wenn das Gericht im Falle einer „unkonkreten" Verurteilung auf qualitativ unterschiedliche Ansprüche zurückgreifen könne und deshalb die Gefahr bestehe, dass es der Klage aus einem rechtlichen Gesichtspunkt stattgebe, der für den Kläger unerwünschte Nebenfolgen mit sich bringe.[725]

Allein eine vermittelnde Betrachtung ist sachgerecht. Zwar hat der gesetzgeberische Leitgedanke, dass die Rechtskraft nach Möglichkeit auf die gerichtliche Entscheidung über die Schlussfrage zu beschränken ist, im Vordergrund zu stehen.[726] Jedoch ist dem Umstand, dass materiell-rechtlichen Aspekten mitunter gewichtige, über die bloße Leistungspflicht hinausgehende Wirkung zukommt, Rechnung zu tragen. Wo das der Fall ist, ist eine Rechtskrafterstreckung anzunehmen. Gegen eine derartige Ausdehnung bestehen keine durchgreifenden Bedenken. Wenn die Entscheidung in Rechtskraft erwächst, spricht grundsätzlich nichts dagegen, auch die tragenden Elemente des Subsumtionsschlusses mit einzubeziehen.[727] Im Rahmen der Entscheidungsfindung – der rechtlichen Würdigung des Klagegrunds im Hinblick auf das klägerische Begehren – misst das Gericht einen Einzelfall am Maßstab einer gesetzlichen Norm und macht diese damit zur Grundlage der konkreten Rechtsfolge.[728] Die „Entscheidung" ist folglich nicht nur der Ausspruch über die

720 Bader, S. 57 f.; ähnlich auch Schwab, Streitgegenstand, S. 141 f.
721 Stein/Jonas-*Leipold*, ZPO, § 322 Rn. 114.
722 Stein/Jonas-*Leipold*, ZPO, § 322 Rn. 115 ff.; Henckel, Streitgegenstand, S. 295 f.; Schwab, Streitgegenstand, S. 146 f.
723 Stein/Jonas-*Leipold*, ZPO, § 322 Rn. 121 f.
724 S.o. B. II. 5. a); Habscheid, Streitgegenstand, S. 183.
725 Habscheid, Streitgegenstand, S. 176 f.
726 Stein/Jonas-*Leipold*, ZPO, § 322 Rn. 112.
727 BGH MDR 1963, 63 f.; Schwab, FS Bötticher, 321, 323.
728 Henckel, Streitgegenstand, S. 295 f.

Rechtsfolge als solche, sondern gerade auch als das Ergebnis der jeweiligen Rechtsanwendung auf den maßgeblichen Prozessstoff.[729]

Damit geht einher, dass der äußerste Umfang, in dem eine rechtliche Qualifizierung in Rechtskraft erwachsen kann, vom Subsumtionsschluss des Gerichts vorgegeben wird. Denn auch hier ist der Grundsatz zu beachten, dass Gegenstand der Rechtskraft nur sein kann, was auch Gegenstand der gerichtlichen Entscheidung war.[730] Diese beruht aber nicht auf einzelnen voneinander unabhängigen Feststellungen. Die vorgenommenen rechtlichen Bewertungen und Einordnungen bilden vielmehr eine Argumentationskette, der allein unter dem Bezugspunkt des klägerischen Begehrens Bedeutung zukommt. Dies lässt sich am deutlichsten bei der Frage der Präjudizialität veranschaulichen. An die im vorangegangenen Verfahren getroffenen Wertungen kann in einem Folgeprozess keine Bindung bestehen, wenn die streitgegenständliche Rechtsfrage nur an diese und nicht an die zuvor zugesprochene Rechtsfolge anknüpft.[731]

Tragende Elemente des Subsumtionsschlusses können darüber hinaus denknotwendig nur solche sein, die für die Entscheidung erheblich und deshalb seitens des Gerichts auch tatsächlich heranzuziehen waren.[732] Von Relevanz ist dies insbesondere bei der bereits angesprochenen Thematik des Aufrechnungsverbots nach § 393 BGB gegen Forderungen aus vorsätzlichen unerlaubten Handlungen. Da nach materiellem Recht sowohl fahrlässiges als auch vorsätzliches Verhalten einen deliktischen Anspruch begründen kann, betrifft die Qualifizierung des konkreten Schuldvorwurfs nicht mehr die Art des Anspruchs, sondern dessen Herleitung aus einer bestimmten Tatsachenlage.[733]

Den Parteien in den fraglichen Konstellationen – wie es nicht zuletzt von der Rechtsprechung praktiziert wird – allein die Möglichkeit einzuräumen, über eine (Zwischen-)Feststellungsklage vorzugehen, führt nicht zu befriedigenden Ergebnissen. Dies belegen die bereits genannten Vorschriften § 850f Abs. 2 ZPO und § 393 BGB, die nur unter im Zeitpunkt des Verfahrens regelmäßig nicht absehbaren Voraussetzungen einschlägig sind. Die separate Feststellung der in diesem Rahmen relevanten materiell-rechtlichen Gesichtspunkte wird ohne konkreten Anlass nur beantragen, wer einerseits sämtliche (und damit selbst die unwahrscheinlichsten und in unbestimmter Zukunft liegenden) Eventualitäten in Betracht zieht und

---

729 Schwab, Streitgegenstand, S. 145 f.

730 Schwab, Streitgegenstand, S. 139 f.

731 Rosenberg/Schwab/Gottwald, Zivilprozessrecht, § 153 Rn. 21; Bader, S. 58; Wurde dem Kläger also aufgrund eines als unerlaubter Handlung bewerteten Verhaltens des Beklagten ein Unterlassungsanspruch zugesprochen, so kann diese Bewertung einem an dieselbe Verletzungshandlung anknüpfenden nachfolgenden Schadensersatzbegehren nicht zugrunde gelegt werden (Beispiel nach Schwab, FS Bötticher, 321, 333 f.).

732 BGH MDR 1958, 319, 320; MüKoZPO-*Gottwald*, § 322 Rn. 94.

733 BGH, Urt. v. 26.04.1951, Az.: III ZR 188/50; Stein/Jonas-*Leipold*, ZPO, § 322 Rn. 117.

andererseits bereit ist, hierfür ein – wenn auch überschaubares[734] – zusätzliches finanzielles Risiko in Kauf zu nehmen. Dass in der Praxis nur wenige Kläger von diesem Mittel Gebrauch machen, dürfte auf der Hand liegen. In Konstellationen, in denen sich später herausstellt, dass es gerade auf das Vorliegen der fraglichen materiell-rechtlichen Aspekte ankommt, hätte dies im Zweifel regelmäßig eine Vermehrung von Verfahren und damit ein in prozessökonomischer Hinsicht bedenkliches Ergebnis zur Folge. Im Ergebnis geht der Verweis auf die Feststellungsklage also bereits aus dem einfachen Grund fehl, dass der erweiterte Rechtskraftumfang nicht allein im Interesse von Kläger oder Beklagtem, sondern auch in dem der Allgemeinheit liegt. Wenn die gerichtliche Entscheidung erst auf diesem Weg ihre volle Wirkung entfalten kann, dann darf dies nicht der Disposition der Parteien überlassen werden. Die Rechtskraft erstreckt sich demnach auf die materiell-rechtlichen Aspekte, denen über die bloße Leistungspflicht hinausgehende Wirkung zukommt und die vom gerichtlichen Subsumtionsschluss erfasst werden.

Eine vergleichbare Situation besteht im Rahmen der hier im Mittelpunkt stehenden Unterlassungsklagen, wenn der Kläger sein einheitliches Unterlassungsbegehren mit verschiedenen, demselben Klagegrund zuzuordnenden Gesichtspunkten begründet. Sieht das Gericht dieses Petitum aus einem bestimmten rechtlichen Blickwinkel als begründet an, dann wird es ihm unter Berufung darauf entsprechen.[735] Mit der positiven Entscheidung wird also die Ungewissheit darüber behoben, inwiefern das angegriffene Verhalten als unzulässig einzustufen ist.[736] Dieser Einordnung kommt aber mitunter eine nicht zu vernachlässigende, das beantragte pauschale Unterlassungsgebot übersteigende Bedeutung zu.

Das heißt allerdings nicht, dass eine Rechtskrafterstreckung auf den zugrunde gelegten (materiell-rechtlichen) Unterlassungsanspruch oder dessen einzelne bejahte Tatbestandsmerkmale anzunehmen wäre. Anders als in den oben angeführten Konstellationen kommt diesen hier keine entsprechende Wirkung zu. Mag auch vordergründig auf die Beeinträchtigung einer konkreten Norm und die Verwirklichung eines bestimmten Anspruchs erkannt worden sein, so sind gleichwohl weniger die Rechtsnormen, gegen die verstoßen wurde, von Relevanz, als vielmehr die Tatumstände, welche die als rechtswidrig bewertete Verhaltensweise charakterisieren.[737]

Nichtsdestoweniger ist eine Rechtskrafterstreckung entsprechend den dargelegten Grundsätzen sachgerecht. Indem das Gericht die Untersagung auf diesen einen von möglicherweise mehreren im Raum stehenden Gesichtspunkten gründet, legt

---

734 OLG Dresden MDR 2008, 50, juris-Rz. 7.

735 Hiervon zu unterscheiden ist eine Konstellation, wie sie etwa der Entscheidung *Restwertbörse II* (BGH GRUR 2013, 1235 – *Restwertbörse II*) zugrunde lag (s.o. C. I. 3. Fn. 669). In dem Fall erstreckte sich das klägerische Unterlassungspetitum auf sämtliche Gesichtspunkte. Muss das Gericht diese aber alle bewerten, um zu seiner Entscheidung zu gelangen, dann sind sie auch denknotwendig insgesamt vom Subsumtionsschluss umfasst.

736 Habscheid, Streitgegenstand, S. 123.

737 OLG Stuttgart WRP 1986, 435; Traub, S. 437.

es gleichzeitig den konkreten Umfang der Unterlassungspflicht fest. Nach der sogenannten Kernlehre verbietet ein Unterlassungsurteil solche Verhaltensweisen, mit denen der Unterlassungsschuldner das rechtlich Charakteristische (den „Kern") der Verletzungshandlung verwirklicht.[738] Dem liegt die Erwägung zugrunde, dass das Gericht bei seiner Bewertung im Erkenntnisverfahren nicht allein einen konkreten vorgetragenen Verletzungsfall im Blick hat, sondern auch solche Abweichungen (implizit) mit in die Prüfung einbezieht, die den Kern der festgestellten Rechtsbeeinträchtigung unberührt lassen.[739] Dies gilt (in eingeschränktem Umfang) auch für den Fall, dass sich der Kläger mit seinem Unterlassungspetitum eng auf die Untersagung einer konkreten Verletzungshandlung bezogen hat.[740]

Wenn das Gericht also mit Erlass der Entscheidung die finale Einordnung vornimmt, inwiefern das beanstandete Verhalten als unzulässig anzusehen ist, präzisiert es damit endgültig, inwiefern der Beklagte durch die Entscheidung in seiner Handlungsfreiheit zukünftig eingeschränkt ist.[741] Nachfolgende Handlungen, welche den entsprechenden Unwertskern nicht aufweisen, müssen somit von vornherein als Titelverletzung ausscheiden. Nur wenn diese Festlegung auch rechtskräftig wird, kann das Urteil seine volle Wirkung entfalten. Zwar ist dies nicht erforderlich, um dem Titelschuldner vorzugeben, wie er sich künftig rechtsgetreu zu verhalten hat. Schließlich obliegt es ihm selbst, den Weg aus dem Verbotsbereich zu finden.[742] Für die weitere prozessuale Behandlung des Titels darf jedoch nicht offen bleiben, welcher konkrete Maßstab an nachfolgende potenziell verletzende Handlungen des Unterlassungsschuldners anzulegen ist. Im Rahmen der vollstreckungsrechtlichen Ahndung etwaiger Titelverstöße oder wenn die unterlegene Partei aufgrund nachträglich eingetretener Umstände die rechtskräftig zugesprochene Rechtsfolge zu erschüttern versucht, muss der Umfang der Unterlassungspflicht verbindlich

---

738 BGH GRUR 2006, 421, juris-Rz. 27 – *Markenparfümverkäufe*; Ahrens, Wettbewerbsverfahrensrecht, S. 161 f.; Stein/Jonas-*Roth*, ZPO, § 253 Rn. 34; Wurde dem Beklagten etwa die Nutzung eines mit einer Marke identischen Kennzeichens für identische Waren oder Dienstleistungen verboten, weil dies den Tatbestand einer unzulässigen Beeinträchtigung der Herkunftsfunktion der Marke verwirklichte (§ 14 Abs. 2 Nr. 1 MarkenG), dann liegt es nahe, dass die Untersagung auch einen zukünftigen Zeichengebrauch erfasst, wenn dieser zwar in der charakteristischen Art und Weise, aber lediglich unter Verwendung eines ähnlichen und eine Verwechslungsgefahr verursachenden Zeichens (§ 14 Abs. 2 Nr. 2 MarkenG) erfolgt.

739 Teplitzky, Wettbewerbsrecht, Kap. 57 Rn. 12; Deshalb geht der gegen die Kernlehre gerichtete Vorwurf fehl, diese begründe einen Verstoß gegen das Analogieverbot (Art. 103 Abs. 2 GG), da sie einen Unterlassungstitel, der Grundlage einer Sanktion mit strafähnlichem Charakter gemäß § 890 ZPO sei, über seinen Wortlaut hinaus erweitere (vgl. die Nachweise bei Teplitzky, Wettbewerbsrecht, Kap. 57 Rn. 13).

740 BGH GRUR 2010, 454, juris-Rz. 12 – *Klassenlotterie*; kritisch hierzu Ahrens-*Ahrens*, Wettbewerbsprozess, Kap. 36 Rn. 57 f.

741 V. Ungern-Sternberg GRUR 2011, 486, 492 in Fn. 64.

742 Teplitzky, Wettbewerbsrecht, Kap. 51 Rn. 25; Ahrens-*Ahrens*, Wettbewerbsprozess, Kap. 36 Rn. 57, 66.

feststehen. Nur solche neuen Tatsachen können die Rechtskraft des Urteils beseitigen, die im Hinblick auf die vom Gericht angenommene Einordnung relevant sind.[743]

Hatte der Kläger also mit einem auf mehrere verschiedene Unlauterkeitsgesichtspunkte gestützten Vorgehen gegen eine einheitliche Werbung Erfolg und beanstandet später eine abgeänderte Variante der Werbung als Titelverstoß, dann kommt es entscheidend darauf an, ob der im Ursprungsverfahren als maßgeblich erachtete Rechtsverstoß weiterhin zu bejahen ist.[744] Handelt es sich hingegen um eine kennzeichenrechtliche Auseinandersetzung und umfasst der Streitgegenstand mehrere Schutzrechte, dann bezieht sich die entsprechende charakteristische Verletzung grundsätzlich nur auf das jeweils zugrunde gelegte Recht und die diesbezügliche Auswahl des Gerichts erwächst in Rechtskraft. Mag auch der Verletzungskern unabhängig von materiell-rechtlichen Tatbeständen sein, so ändert das nichts daran, dass sich die Pflicht, eine konkrete festgestellte Rechtsbeeinträchtigung zu unterlassen, denknotwendig auf das Recht bezieht, dessen Verletzung das Gericht als für seine Entscheidung maßgeblich erachtet hat. Allein diese logische Kette ist vom gerichtlichen Subsumtionsschluss erfasst. Dieser untrennbare Zusammenhang rechtfertigt die Annahme, dass eine scheinbar unbefristete Unterlassungsverurteilung, ohne dass dies aus Tenor oder Entscheidungsgründen hervorgehen müsste, tatsächlich auf die Höchstschutzdauer des jeweiligen Ausschließlichkeitsrechts beschränkt ist.[745]

Im Falle der mehrfach begründeten wettbewerbs- und kennzeichenrechtlichen Unterlassungsklage erwächst damit im Ergebnis zusätzlich zur begehrten Rechtsfolge auch die Feststellung in Rechtskraft, aufgrund welchen Gesichtspunkts von mehreren infrage kommenden – und damit gegebenenfalls unter Beeinträchtigung welchen Schutzrechts – die Rechtsverletzung erfolgt ist.

Den vorstehenden Erwägungen kann nicht entgegengehalten werden, dass sie einen Verstoß gegen den Grundsatz „ne ultra petita“ gemäß § 308 Abs. 1 ZPO begründen würden. Wenn sich der Kläger mit seinem Antrag pauschal gegen eine bestimmte Verhaltensweise wendet, ohne dass es ihm darauf ankommt, aus welchem konkreten Grund die Untersagung erfolgt, dann geht das Gericht – solange es nicht den vom Streitgegenstand umgrenzten Rahmen verlässt – weder über das

---

743 Henckel, Streitgegenstand, S. 295 f.; Stein/Jonas-*Leipold*, ZPO, § 322 Rn. 116.

744 In der Konstellation, die der *Branchenbuch Berg* Entscheidung (BGH GRUR 2012, 184 – *Branchenbuch Berg*) zugrunde lag, griff die Klägerin beispielsweise die Versendung eines formularmäßig aufgemachten Angebotsschreibens für den Eintrag in ein Branchenverzeichnis wegen einer Täuschung sowohl über den kostenpflichtigen Charakter als auch über die Zahlungsmodalitäten an. Da dem Begehren nur aus ersterem Gesichtspunkt stattgegeben wurde, kann eine nachfolgende Werbemaßnahme, die eine Irreführung der Adressaten über die Kostenpflicht ausschließt, keinen Titelverstoß darstellen, selbst wenn die (ebenfalls) monierten Angaben über die Zahlungsmodalitäten unverändert geblieben sind.

745 BGH GRUR 2010, 996, juris-Rz. 16 – *Bordako*; Ahrens-*Ahrens*, Wettbewerbsprozess, Kap. 36 Rn. 207.

zur Entscheidung gestellte Petitum hinaus, noch bleibt es dahinter zurück.[746] Wie seitens des Klägers begehrt, untersagt der richterliche Ausspruch die Begehung dieses konkreten Verhaltens. Inwieweit das Verbot demgegenüber auch Abwandlungen der Handlung als kerngleich erfasst und durch welche nachträglichen Sachverhaltsnuancierungen der Verbotsbereich verlassen werden kann, lässt sich nur unter Berücksichtigung der den Subsumtionsschluss tragenden charakteristischen Umstände beurteilen.[747]

## III. Auswirkungen der alternativen Streitgegenstandsabgrenzung

Mit dem alternativen Streitgegenstand verbinden sich verschiedene für die prozessuale Praxis relevante Folgen.

### 1. Die Auswirkungen eines mehrfach begründeten Vorgehens auf die Zulässigkeit von Rechtsmitteln

Wendet sich der Kläger gegen eine bestimmte Verhaltensweise und beruft sich dabei auf verschiedene Begründungsalternativen, dann wirkt sich das auf die Möglichkeit einer Einlegung von Rechtsmitteln aus. Die Anfechtung einer Entscheidung ist – vorausgesetzt dass der Rechtsmittelkläger Kläger des Ausgangsverfahrens ist[748] – grundsätzlich nur dann möglich, wenn er „formell beschwert" ist. Hierfür bedarf es einer Abweichung zwischen dem rechtskraftfähigen Inhalt der Entscheidung und der vom Rechtsmittelkläger in der unteren Instanz und in seinen Anträgen aufgestellten Rechtsbehauptungen, die bei einer Klageabweisung unproblematisch bejaht werden kann.[749] Demgegenüber liegt keine Beschwer vor und eine Anfechtung scheidet aus, wenn der Kläger zur Begründung seines konkreten Unterlassungsbegehrens verschiedene Gesichtspunkte angeführt und das Gericht diesem Petitum

746 Verlangt der Kläger demgegenüber eine uneingeschränkte Untersagung oder eine solche unter einem konkreten Gesichtspunkt, dann stellt ein eingeschränktes bzw. abgewandeltes Verbot ein Aliud und somit einen Verstoß gegen § 308 Abs. 1 ZPO dar (BGH GRUR 2006, 960, juris-Rz. 15 f. – *Anschriftenliste*; Prütting/Gehrlein-*Thole*, ZPO, § 308 Rn. 7).

747 v. Ungern-Sternberg, GRUR 2011, 375, 378; Ahrens-*Ahrens*, Wettbewerbsprozess, Kap. 36 Rn. 64.

748 Die Rechtsprechung und Teile der Literatur sehen die formelle Beschwer lediglich für den Kläger als maßgeblich an. Im Hinblick auf eine Anfechtungsmöglichkeit des Beklagten soll es demgegenüber allein entscheidend sein, ob die Entscheidung ihm gegenüber ihrem Inhalt nach nachteilig ist (BGH NJW 1992, 1513, juris-Rz. 8; Zöller-*Heßler*, ZPO, vor §§ 511, Rn. 19a).

749 Schwab, FS Bötticher, 321, 335; Rosenberg/Schwab/Gottwald, Zivilprozessrecht, § 135 Rn. 9.

aus einem davon entsprochen hat.[750] Ein derartiges stattgebendes Urteil untersagt dem Beklagten antragsgemäß die beanstandete Verhaltensweise, sodass es an der notwendigen Abweichung zwischen Entscheidungsinhalt und aufgestellter Rechtsbehauptung fehlt. Eine andere Bewertung gebietet auch nicht der Umstand, dass bei den in Rede stehenden Fällen neben der begehrten Rechtsfolge zusätzlich die Feststellung in Rechtskraft erwächst, auf welchen vom Kläger eingebrachten Gesichtspunkt die Untersagung gestützt wurde.[751] Zwar wird mitunter vertreten, dass zur Abwehr nachteiliger Wirkungen in Folgeprozessen ein Rechtsmittel zugelassen werden muss, wenn man eine Rechtskraftbindung an die rechtliche Qualifikation des Anspruchs bejaht.[752] In den Rechtsmittelinstanzen könnte und dürfte dann nicht mehr ausschließlich um den belastenden Urteilstenor, sondern unabhängig davon auch um die rechtliche Entscheidungsbegründung gestritten werden – maßgeblich wäre nicht mehr die formelle, sondern die materielle Beschwer.[753] Mangels vergleichbarer Interessenlage können diese Grundsätze aber nicht auf die hier im Raum stehenden Konstellationen übertragen werden. Schließlich kommt es einem Kläger, dessen Antrag allein darauf abzielt, ein bestimmtes Verbot zu erreichen, nicht darauf an, welcher der verschiedenen Gesichtspunkte, auf die er sein Begehren stützt, für die Entscheidung herangezogen wird. In diesen Fällen kann er kein schutzwürdiges Interesse daran haben, einen dem Antrag entsprechenden Ausspruch nachträglich mit dem Argument anzufechten, dass die Auswahl des Gerichts seine Rechtsstellung verschlechtere. Lassen sich sachgerechte Ergebnisse also nur erzielen, wenn man die formelle Beschwer als Maßstab für die Zulässigkeit eines Rechtsmittels des Klägers ansieht, dann muss es auch mit diesem Kriterium sein Bewenden haben.

## 2. Der Einfluss des Klageantrags auf Rechtskraft und Präklusion

Von besonderer Relevanz kann die alternative Streitgegenstandsabgrenzung auch im Hinblick auf erneute Verfahren zwischen den Parteien eines vorangegangenen Prozesses sein. Grenzt man den Klagegrund unabhängig von Sachverhaltselementen ab, dann führt das zu einem umfangreichen präklusionsbedingten Ausschluss neuen Vortrags.[754] Wie erörtert können Rechtskraft und Präklusion aber dort keinen Einfluss zeitigen, wo ein anderer als der ursprünglich behandelte Streitgegenstand in Rede steht. Dementsprechend kann ein Folgeverfahren grundsätzlich auf denselben Klagegrund gestützt werden, wenn damit ein abweichender Klageantrag verfolgt wird. Großer Stellenwert kommt daher der Ermittlung des jeweiligen Petitums

750 So auch der BGH (GRUR 2011, 1043, juris-Rz. 29 ff. – TÜV II) im Hinblick auf eine alternative Klagehäufung.

751 s.o. C. II. 4. c).

752 Ahrens-*Ahrens*, Wettbewerbsprozess, Kap.36 Rn. 45; Stein/Jonas-*Leipold*, ZPO, § 322 Rn. 113.

753 Ahrens-*Ahrens*, Wettbewerbsprozess, Kap.36 Rn. 45.

754 S.o. C. II. 4. b).

zu. Abhängig von den Beanstandungen, zu denen eine bestimmte Verhaltensweise Anlass gibt, kann auch die Zielrichtung des Angriffs unterschiedlich ausfallen. Je nach begehrtem Umfang der Untersagung kann der Kläger so etwa ein uneingeschränktes oder ein eingeschränktes – beispielsweise eng an einem bestimmten materiell-rechtlichen Unterlassungsanspruch orientiertes oder auf die Untersagung lediglich unter einem von mehreren infrage kommenden Gesichtspunkten bezogenes – Verbot einer Handlung anstreben oder dem Gericht die Auswahl des für die Entscheidung heranzuziehenden Aspekts überlassen.[755] Da den unterschiedlichen Klagezielen abweichende Klageanträge entsprechen, können sie auch unabhängig voneinander vor Gericht geltend gemacht werden. Ist der Kläger also mit seinem Verlangen nach einer bestimmten Untersagung gescheitert, dann ist er nicht daran gehindert, gestützt auf denselben Klagegrund in einem Folgeverfahren ein eingeschränktes Verbot zu beantragen.[756] Nichts anderes gilt dann, wenn es dem Kläger zunächst gleichgültig war, welche Begründungsalternative für das Unterlassungsgebot herangezogen wird, und er die Auswahl deshalb dem Gericht überlassen hat. Kann ihm in diesem Fall nicht verwehrt werden, die einzelnen Aspekte zu getrennten Klagezielen zu machen und kumulativ einzubringen[757], so muss es ihm grundsätzlich ebenfalls möglich sein, ein weiteres Verfahren gerichtet allein auf einen der Gesichtspunkte anzustrengen.[758] Vor diesem Hintergrund ist es theoretisch durchaus vorstellbar, dass er sowohl einen Titel auf Untersagung einer konkreten Verletzungsform als auch auf Untersagung eines davon abstrahierten Verhaltens zugesprochen bekommt. Da mittels des letzteren aber immer auch ein Vorgehen gegen eine Wiederholung der konkreten Verletzungsform möglich ist, hätte dies zur Konsequenz, dass sich der Titelschuldner zwei Unterlassungstiteln gegenüber sehen würde, von dem das Verbot des einen in dem des anderen enthalten ist. Um zu verhindern, dass er bei späteren Titeleinwendungen zwei Vollstreckungsgegenklagen mit doppeltem Kostenrisiko erheben muss, kann er in diesem Fall gemäß § 371 BGB analog die Herausgabe des engeren Titels auf Untersagung der konkreten Verletzungsform verlangen.[759]

755 S.o. C. I. 3.

756 In der Praxis wird der eingeschränkte Antrag regelmäßig bereits im Ausgangsverfahren als Hilfsantrag in einem Eventualverhältnis zum weitergehenden Untersagungsbegehren eingeführt werden.

757 So auch der BGH hinsichtlich des Vorgehens gegen eine konkrete Verletzungsform (BGH GRUR 2013, 401, juris-Rz. 25 – *Biomineralwasser*). Allerdings erlegt er dem Kläger nunmehr die Pflicht auf, durch entsprechende Erweiterungen mehrere Anträge zu schaffen, möchte er kumulativ mehrere Klageziele verfolgen.

758 So *Schwippert* (WRP 2014, 8, 10) mit eingehender Kritik.

759 Ahrens-*Ahrens*, Wettbewerbsprozess, Kap. 36 Rn. 124 f.

## IV. Die Behandlung verschiedener Sachverhalte

Nachdem nun erläutert worden ist, wie sich die alternative Streitgegenstandsabgrenzung im Prozess und dabei insbesondere im Rahmen der „Bewährungspunkte" verhält, kann anhand aktueller Verfahren veranschaulicht werden, inwiefern sich Abweichungen von der aktuellen Praxis ergeben.

Im *TÜV-Verfahren* hat die Klägerin unter Berufung auf drei Marken und ein Unternehmenskennzeichen und dabei jeweils alternativ auf Identitätsschutz, Verwechslungsgefahr und Bekanntheitsschutz gemäß § 14 Abs. 2 Nr. 1 – 3 MarkenG bzw. Verwechslungsgefahr und Bekanntheitsschutz gemäß § 15 Abs. 2, Abs. 3 MarkenG gestützt begehrt, der Beklagten zu untersagen, zur Kennzeichnung der von ihr ebenfalls angebotenen Ingenieursdienstleistungen die Angaben „1. 'privater TÜV' und/oder 2. 'erster privater TÜV' und/oder 3. 'D. G. A. (D. -A. GmbH) bietet bundesweit TÜV Dienstleistungen'" zu verwenden, wie es insbesondere in der seitens der Beklagten veröffentlichten Presseerklärung erfolgt war. Bei dieser Antragsfassung ist zunächst zwischen der Auflistung verschiedener konkreter Angriffspunkte und der anschließenden „insbesondere"-Bezugnahme zu differenzieren. Die Verwendung von „insbesondere" drückt dabei zweierlei aus. Zunächst konkretisiert sie den „Hauptteil" des Antrags, in dem die Klägerin durch die „und/oder"-Verbindung in verallgemeinerter Form die als Rechtsbeeinträchtigung identifizierte Verhaltensweise angreift. Darüber hinaus verdeutlicht die Formulierung, dass primär das abstrahierte Ziel verfolgt wird. Nur wenn die Klägerin damit nicht durchdringt, soll die konkrete Verletzungsform angegriffen werden.[760] Mag damit auch vordergründig eine Beanstandung unterschiedlicher Handlungsalternativen anzunehmen sein, so ist der „insbesondere"-Teil gleichwohl nicht als echter Hilfsantrag mit der Konsequenz einer Antragshäufung einzuordnen. Schließlich stellt dieser lediglich die Konkretisierung eines schon als Minus im „Hauptantrag" enthaltenen Verbotsumfangs dar.[761] Materiell-rechtlich gesehen konkurrieren im Ergebnis insgesamt elf Unterlassungsansprüche, die allesamt auf die Untersagung einer konkreten Verhaltensweise gerichtet sind.

Legt man die hier angestellten Überlegungen zugrunde, so war gleichwohl von nur einem Streitgegenstand auszugehen. Die Klägerin baute ihr Begehren auf die Beeinträchtigung vier verschiedener Schutzrechte auf. Unter Berücksichtigung des Konkurrenzverhältnisses der Anspruchsnormenkonkurrenz können alle eingebrachten Ausschließlichkeitsrechte und die entsprechenden Verletzungsalternativen infolge ihrer qualitativen und funktionalen Übereinstimmungen parallel für die Antragsbegründung herangezogen werden. Im Ergebnis führte das zum Vorliegen lediglich eines Klagegrunds. Da dieser der Begründung lediglich eines Unterlassungsziels diente, ohne dass es der Klägerin auf die konkrete Ausgestaltung

760 BGH GRUR 2008, 84, juris-Rz. 21 – *Versandkosten*.

761 Teplitzky, Wettbewerbsrecht, Kap. 51 Rn. 30; Ahrens-*Jestaedt*, Wettbewerbsprozess, Kap. 22 Rn. 54.

des Verbots ankam, ist nach der Lehre vom zweigliedrigen Streitgegenstand gemäß § 253 Abs. 2 Nr. 2 ZPO nur ein Streitgegenstand anzunehmen. Abweichend von der Ansicht des BGH wäre nach der hier anvisierten Vorgehensweise weder die Frage der alternativen Klagehäufung noch, daran anschließend, die nach einer kumulierten oder gestaffelten Anordnung überhaupt erst aufgekommen.

Ebenso sind die Entscheidungen *Converse I*[762], *Converse II*[763], *Basler Haarkosmetik*[764] und *Pelikan*[765] zu beurteilen. In sämtlichen Verfahren haben die Kläger ihr Unterlassungsbegehren auf verschiedene (kennzeichenrechtliche) Schutzrechte gestützt. Unter der Prämisse, dass es den jeweiligen Klägern nicht darauf ankam, auf welchen Gesichtspunkt das begehrte Verbot gestützt wurde, ist daher nach der hier vertretenen Auffassung – anders als dies vom BGH angenommen wurde – jeweils von nur einem Klagegrund auszugehen. Dies ist unabhängig davon, ob wie bei *Converse I* und *II* nationale und international registrierte Marken, bei *Pelikan* nationale und Gemeinschaftsmarken oder bei *Basler Haar-Kosmetik* Marken, Unternehmenskennzeichen und Firmen-/Namensrecht aufeinandertreffen. Die Anzahl der Streitgegenstände ist damit unabhängig von den jeweils eingebrachten Schutzrechten; sie orientiert sich allein an der beanstandeten Verhaltensweise.

Auch in den Verfahren *Branchenbuch Berg*[766] und *Biomineralwasser*[767] wurde die Untersagung eines konkreten Verhaltens begehrt. Abweichend von den vorgenannten Entscheidungen wurden die einheitlichen Unterlassungsanträge dabei jedoch jeweils mit verschiedenen Unlauterkeitsgesichtspunkten begründet. Im Fall *Branchenbuch Berg* stützte die Klägerin die beantragte Untersagung der Aussendung eines formularmäßig aufgemachten Angebotsschreibens für den Eintrag in ein Branchenverzeichnis auf eine Täuschung sowohl über den kostenpflichtigen Charakter als auch über die Zahlungsmodalitäten. In der Sache *Biomineralwasser* beanstandete die Klägerin die Verwendung der Bezeichnung „Biomineralwasser" als unlautere Werbung mit einer Selbstverständlichkeit, als in unzulässiger Weise den Eindruck einer amtlichen Zertifizierung vermittelnd sowie als nicht den Vorgaben der Lebensmittelkennzeichnungsverordnung entsprechend. Wendet man die hier dargelegten Abgrenzungsgrundsätze auf die fraglichen Konstellationen an, dann ist ebenfalls von jeweils nur einem Streitgegenstand auszugehen. Mag sich das Unterlassungsbegehren infolge der verschiedenen tatsächlichen Anknüpfungspunkte auch auf mehrere rechtlich unabhängige Verbotsnormen stützen lassen, so stehen die separaten Unterlassungsansprüche gleichwohl im Verhältnis der

762 BGH GRUR 2012, 626 – *CONVERSE I.*
763 BGH GRUR 2012, 630 – *CONVERSE II.*
764 BGH GRUR 2012, 304 – *Basler Haar-Kosmetik.*
765 BGH GRUR 2012, 1145 – *Pelikan.*
766 BGH GRUR 2012, 184 – *Branchenbuch Berg.*
767 BGH GRUR 2013, 401 – *Biomineralwasser.*

Anspruchsnormenkonkurrenz zueinander. Folglich können sie alle parallel herangezogen werden und bilden lediglich einen Klagegrund.[768]

Im Urteil *Parkhotel*[769] ging die Betreiberin des Freiburger „Park Hotel Post" gegen das örtliche Konkurrenzhaus „Parkhotel Stadt Freiburg" vor und berief sich einerseits auf eine unzulässige Teilübereinstimmung der Unternehmenskennzeichen und andererseits auf eine aus dem Begriff resultierende Irreführung über Lage bzw. Umgebung des Hotels. Wie auch das entscheidende OLG Karlsruhe kommt die hier beschriebene Abgrenzungsmethode zum Vorliegen von zwei Klagegründen und damit Streitgegenständen. Dabei ist aber unerheblich, ob sich die Klägerin auf einen oder auf mehrere Sachverhalte stützt. Die Annahme mehrerer Klagegründe ergibt sich vielmehr aus den qualitativen Unterschieden der abweichenden Begründungen. Der Vorwurf einer Verletzung des Unternehmenskennzeichens und eines unlauteren Handelns in Form einer Irreführung können nicht gleichzeitig herangezogen werden, um das Klagebegehren zu stützen. Wird eine Entscheidung über beide Streitgegenstände begehrt, so sind sie kumulativ oder – wie dies im fraglichen Verfahren von der Klägerin auch vorgenommen wurde – in einem Eventualverhältnis einzubringen.

In der Entscheidung *Gute Laune Drops*[770] machte die Klägerin sowohl markenrechtliche Ansprüche gegen die Verwendung der Angabe "Gute Laune Brause-Taler" als auch lauterkeitsrechtliche Ansprüche gegen die Aufmachung des unter dieser Angabe von den Beklagten vertriebenen Produkts geltend. Letztere stützte sie auf einen „im Wesentlichen" übereinstimmenden Sachverhalt und auf Verstöße gegen § 4 Nr. 9 lit. a u. b UWG a.F. (§ 4 Nr. 3 lit. a u. b UWG) und § 5 Abs. 2 UWG. Nach der hier vertretenen Auffassung wie auch nach der Ansicht des mit der Sache befassten OLG Köln ist damit bereits aufgrund der verschiedenen Unterlassungsbegehren, dem markenrechtlichen einerseits und dem wettbewerbsrechtlichen andererseits, von zwei Streitgegenständen auszugehen. Die Besonderheiten der alternativen Streitgegenstandsabgrenzung treten aber zutage, wenn man den Fall dahingehend abwandelt, dass die Klägerin nicht mehrere verschiedene, sondern ein identisches Ziel verfolgt, indem sie sich gegen die konkrete Verletzungsform – den Vertrieb des entsprechenden Produkts – wendet. Liegt in der dann zu beurteilenden Konstellation lediglich ein Klageantrag vor, so kommt es entscheidend darauf an, ob von einer Einheit oder Mehrheit an Klagegründen auszugehen ist. Da die kennzeichenrechtlichen und die lauterkeitsrechtlichen Aspekte nicht parallel zur Begründung des konkreten Begehrens herangezogen werden können und die zugrunde liegenden Unterlassungsansprüche in Anspruchskonkurrenz stehen, ist Letzteres der Fall. Im

---

768 Zu diesem Ergebnis kommt nun – anders als noch in vorangegangenen Entscheidungen (vgl. BGH GRUR 2001, 181, juris-Rz. 14 – *dentalästhetika*; BGH GRUR 1999, 1017, juris-Rz. 31 – *Kontrollnummernbeseitigung*; BGH GRUR 2008, 443, juris-Rz. 21 – *Saugeinlagen*) – auch der BGH.

769 OLG Karlsruhe WRP 2012, 1293 – *Parkhotel*.

770 OLG Köln GRUR-RR 2013, 24 – *Gute Laune Drops*.

Hinblick auf den wettbewerbsrechtlichen Klagegrund kann es dabei keinen Unterschied machen, ob sich die Klägerin auf einen oder auf mehrere verschiedene Gesichtspunkte beruft.

In der abgewandelten Sachverhaltskonstellation hätte das Ergebnis ebenfalls mit dem der Rechtsprechung übereingestimmt. Während diese die Mehrheit an Klagegründen jedoch mit der Mehrheit an Sachverhalten – der zeitlich wie tatsächlich zusammenfallenden markenrechtlichen und wettbewerbsrechtlichen Verletzungshandlung – begründet, folgt es nach der hier vertretenen Auffassung aus dem Konkurrenzverhältnis der im Raum stehenden Ansprüche.

## V. Bewertung der gewonnenen Erkenntnisse

Nachdem die alternative Streitgegenstandsabgrenzung nun in Theorie und Praxis dargestellt ist, sind die gewonnenen Erkenntnisse einer Bewertung zu unterziehen und auf mögliche Kritikpunkte zu untersuchen. Die anvisierte Vorgehensweise kann nur dann in Betracht gezogen werden, wenn sich mit ihr auch sachgerechte Ergebnisse erzielen lassen. Schließlich darf es keinesfalls das Ziel einer Streitgegenstandslehre sein, „das Leben mit juristischen Konstruktionen zu tyrannisieren."[771] In diesem Sinne soll einer raschen, zweckmäßigen und erschöpfenden Behandlung der Rechtsstreitigkeit der Vorzug gegenüber dogmatischer Stimmigkeit um jeden Preis gebühren.[772] Ein Schwerpunkt muss dabei auf dem angemessenen Ausgleich aller tangierten Interessen unter Berücksichtigung der Schutzbedürftigkeit der Parteien liegen.[773]

### 1. Der erweiterte Umfang des Streitgegenstands als Verstoß gegen die „Waffengleichheit" der Parteien im Prozess?

Macht man sich bei den Unterlassungsklagen im Kennzeichen- und Wettbewerbsrecht zur Abgrenzung des Klagegrunds das Konkurrenzverhältnis der für die Begründung des Begehrens infrage kommenden Ansprüche zunutze, dann hat dies einen umfangreicheren Streitgegenstand zur Folge, als er in der gegenwärtigen Praxis angenommen wird. Kann ein bestimmtes Untersagungsverlangen auf verschiedene Aspekte gestützt werden und stehen die darin enthaltenen Unterlassungsansprüche in Anspruchsnormenkonkurrenz zueinander, dann kann sich der Kläger ohne die genannten Einschränkungen auf alle davon berufen. Damit verbindet sich aber nicht automatisch eine unzumutbare Beeinträchtigung der Interessen des Beklagten. Einer durch nachträgliche Änderungen des Vorbringens drohenden Beschneidung seiner Verteidigungsmöglichkeiten und Prozessverschleppung ist

771 Nikisch, Streitgegenstand, S. 137.

772 Teplitzky, WRP 2012, 261, 263.

773 BGH GRUR 2011, 521, juris-Rz. 8 f. – *TÜV I*; BGH GRUR 2011, 1043, juris-Rz. 36 – *TÜV II*.

durch die konsequente Anwendung allgemeiner Verfahrensvorschriften wie der Verspätungsregelungen der §§ 296, 296a ZPO und dem Novenverbot in § 531 ZPO zu begegnen. Anders als es der BGH im Hinblick auf die alternative Klagehäufung festgestellt hat[774], widerspricht der Freiraum des Klägers bei der Klagebegründung auch nicht dem allgemeinen Rechtsgedanken der „Waffengleichheit" der Parteien im Prozess. Zwar muss sich der Beklagte, will er nicht verurteilt werden, ebenso gegen sämtliche vorgetragenen Gesichtspunkte zur Wehr setzen. Im Gegensatz zur alternativen Klagehäufung, bei der sich die Entscheidung allein auf den bzw. die vom Gericht herangezogenen Streitgegenstände bezieht, erfasst sie hier jedoch alle dem Klagegrund unterzuordnenden Aspekte. Der Kläger unterliegt also durch die Wahl eines weiten Klageziels seinerseits zu berücksichtigenden Einschränkungen.[775] Schließlich korreliert mit dem Umfang des Streitgegenstands auch der Umfang von Rechtskraft und damit Präklusion. Aus diesem Grund kann das konkrete Petitum nur ein einziges Mal vor Gericht verfolgt werden. So ist der Kläger um seiner selbst willen dazu angehalten, bereits im ersten Prozess alle zum selben Klagegrund zählenden Begründungsalternativen auszuschöpfen, um das jeweilige Ziel zu erreichen. Denn in einem auf dasselbe Begehren gerichteten Folgeverfahren wäre er mit diesem Vorbringen präklusionsbedingt ausgeschlossen.

## 2. Die alternative Streitgegenstandsabgrenzung als Verstoß gegen das Bestimmtheitserfordernis nach § 253 Abs. 2 Nr. 2 ZPO?

Das klägerische zivilprozessuale Vorgehen sieht sich mit dem Bestimmtheitserfordernis des § 253 Abs. 2 Nr. 2 ZPO konfrontiert. Danach darf ein Unterlassungsantrag – und nach § 313 Abs. 1 Nr. 4 ZPO eine darauf beruhende Verurteilung – nicht derart undeutlich gefasst sein, dass der Streitgegenstand und der Umfang der Prüfungs- und Entscheidungsbefugnis des Gerichts nicht mehr klar umrissen sind, der Beklagte sich deshalb nicht erschöpfend verteidigen kann und letztlich dem Vollstreckungsgericht die Entscheidung darüber überlassen bleibt, was dem Beklagten verboten ist.[776] Das Bestimmtheitserfordernis ist mithin grundsätzlich dann erfüllt, wenn der Antrag das Begehren des Klägers eindeutig beschreibt, ein ihm folgender Tenor die Grenzen der Rechtskraft festlegt, dieser eine geeignete Grundlage für das Vollstreckungsverfahren bildet und so deutlich gefasst ist, dass der Beklagte erkennen kann, wogegen er sich verteidigen soll und wie er sich nach einer Verurteilung künftig rechtsgetreu verhalten kann.[777]

774 BGH GRUR 2011, 521, juris-Rz. 11 – *TÜV I.*
775 Vgl. Teplitzky, GRUR 2011, 1091, 1093 f.
776 BGH GRUR 2011, 1043, juris-Rz. 36 – *TÜV II.*
777 Ahrens-*Jestaedt*, Wettbewerbsprozess, Kap. 22 Rn. 13; Teplitzky, FS Oppenhoff, 487, 492 f.

Die hier entwickelte alternative Streitgegenstandsabgrenzung gibt keinen Anlass zu durchgreifenden Bedenken. Da die Ansicht der Rechtsprechung von einer Unzulässigkeit der alternativen Klagehäufung geteilt wird, bestehen für den Beklagten zunächst keine Zweifel, welcher von mehreren eingebrachten Streitgegenständen seitens des Gerichts für die Entscheidung herangezogen wird. Denn wenn sich dem Vorbringen verschiedene Streitgegenstände entnehmen lassen, dann muss der Kläger spätestens im Rahmen des Rechtsgesprächs gemäß § 139 Abs. 1 S. 2 ZPO endgültig festlegen, auf welchen davon er sich beruft bzw. ob er sie kumulativ oder in einem Eventualverhältnis anordnet.

Indem er einen konkreten Unterlassungsantrag stellt und diesen entsprechend begründet, gibt er ferner einen eindeutigen Prüfungs- und Entscheidungsrahmen vor. Darf das Gericht den Ausspruch lediglich auf die vorgetragenen Gesichtspunkte stützen, so kann für den Beklagten zudem nicht unklar sein, wogegen er sich zu verteidigen hat.

Ein Konflikt mit den gesetzlichen Vorgaben von § 253 Abs. 2 Nr. 2 ZPO ergibt sich auch nicht daraus, dass es dem Gericht frei steht, auf welchen von mehreren vorgetragenen Gesichtspunkten es eine positive Entscheidung stützt. Es kommt maßgeblich darauf an, ob das beantragte Verbot das zu unterlassende Verhalten so genau bezeichnet, dass sich der Umfang bereits aus der Verurteilung selbst ergibt und nicht erst im Vollstreckungsverfahren bestimmt werden kann.[778] Ersteres ist hier der Fall. Wenn der Kläger einen bestimmten Antrag stellt und ihn mehrfach begründet, dann wendet er sich damit gegen eine bestimmte Verhaltensweise und zeigt auf, inwiefern er diese als unzulässig erachtet. Gibt das Gericht diesem Petitum statt, dann wird dem Unterlassungsschuldner wie beantragt primär die Wiederholung bzw. erstmalige Begehung des beanstandeten Verhaltens untersagt.[779] Darüber hinaus wird das Verbot durch die in Rechtskraft erwachsende Festlegung des für die Verurteilung maßgeblichen Aspekts endgültig ausgestaltet.[780] Bereits mit der gerichtlichen Entscheidung steht damit fest, welche Abwandlungen der Handlung als kerngleiche Verstöße vom Titel erfasst sind und – umgekehrt – durch welche nachträglichen Sachverhaltsnuancierungen der Verbotsbereich verlassen werden kann. So können auch keine Zweifel mehr darüber bestehen, welche Veränderungen der Sachlage geeignet sind, die rechtskräftige Entscheidung zu erschüttern.

### 3. Die Auswirkungen einer Schutzrechtsveräußerung im Laufe des Prozesses

Insbesondere *Henckel* macht seine Streitgegenstandsabgrenzung ganz wesentlich vom Gesichtspunkt des prozessualen Anspruchs als eines Objekts rechtsgeschäftlicher Verfügungen abhängig. Unter Berufung auf §§ 265, 325 ZPO lehnt er eine rein

778 Melullis, Rn. 316.
779 v. Ungern-Sternberg, GRUR 2011, 375, 378.
780 S.o. C. II. 4. c).

prozessual bestimmte Streitgegenstandsdefinition ab. Da diese materielle Rechte auf die Rolle rechtlicher Gesichtspunkte degradiere, könne die Übertragung eines Anspruchs durch Abtretung den Streitgegenstand zerreißen.[781] Im Lichte dieser Erwägungen kommt es folglich entscheidend darauf an, ob ein derartiges Auseinanderfallen des Streitgegenstands zu befürchten ist, wenn ein einheitliches Unterlassungsziel mit verschiedenen Unterlassungsansprüchen begründet wird und diese wiederum auf einer Mehrzahl an Schutzrechten beruhen.

Dabei ist zunächst festzuhalten, dass eine isolierte „Veräußerung" im Sinne einer alleinigen Abtretung der Unterlassungsansprüche nach einhelliger Meinung nicht infrage kommt. Grund dafür ist, dass es sich hierbei um Ansprüche zum Schutz sog. Zuordnungsrechte handelt, die nicht der Person als solcher, sondern dem jeweiligen Rechtsinhaber zustehen. Ansprüche auf Unterlassung künftigen Verhaltens kann also immer nur derjenige geltend machen, dessen geschützte Rechte bedroht sind.[782] Würde die Leistung bzw. Unterlassung von einem anderen als dem ursprünglichen Gläubiger gefordert, dann hätte dies eine Veränderung ihres Inhalts zur Folge, was eine Abtretbarkeit gemäß § 399 BGB ausschließt.[783]

Dagegen ist eine Veräußerung eines Schutzrechts, etwa einer Marke durch Umschreibung gemäß § 27 Abs. 3 MarkenG, ohne Weiteres möglich. Daher bedarf es zunächst der Klärung, ob eine solche in den in Rede stehenden Fallgestaltungen überhaupt unter § 265 ZPO zu subsumieren ist. Nach der Vorschrift bleibt eine nach Rechtshängigkeit erfolgte Veräußerung der streitbefangenen Sache oder die Abtretung des geltend gemachten Anspruchs ohne Einfluss auf den Prozess. Sie bezweckt insbesondere den Schutz des Prozessgegners, indem der bisherige Rechtsstreit trotz Verlusts der Sachlegitimation fortgeführt werden kann, falls das abschließende Urteil nach § 325 ZPO auch gegen den Rechtsnachfolger wirkt.[784] Würde mit dem Übergang der Sachlegitimation stattdessen zugleich eine (automatische) Parteiänderung vollzogen, dann sähe sich der Prozessgegner womöglich unvermittelt einer insolventen Partei gegenüber.[785]

Vor diesem Hintergrund ist ein Gegenstand oder Recht nur dann als streitbefangen anzusehen, wenn mit dessen Übertragung bzw. Übergang ein Verlust der Sachlegitimation einhergeht.[786] Grundsätzlich ist dies auch bei einem Immaterialgüterrecht der Fall.[787] Wendet sich der Kläger also beispielsweise gegen die Verletzung einer konkreten Marke, dann findet § 265 ZPO uneingeschränkte Anwendung. Allerdings dürfen die Besonderheiten der hier in Rede stehenden Konstellationen nicht außer Acht gelassen werden. Kann ein einheitliches Petitum auf mehrere

781 S.o. B. II. 6. a); Henckel, Streitgegenstand, S. 251.
782 Fritzsche, S. 448 f.
783 Teplitzky, Wettbewerbsrecht, Kap. 15 Rn. 3.
784 BGH MDR 2002, 1185, juris-Rz. 7.
785 Stein/Jonas-*Roth*, ZPO, § 265 Rn. 1.
786 BGH MDR 2002, 1185, juris-Rz. 7; Stein/Jonas-*Roth*, ZPO, § 265 Rn. 7.
787 BGH GRUR 1998, 940, juris-Rz. 21 ff. – *Sanopharm*; OLG Frankfurt GRUR-RR 2015, 204, juris-Rz. 15 – *SAM CRÈME*.

Unterlassungsansprüche gestützt werden und beruhen diese auf unterschiedlichen, aber demselben Klagegrund zugehörigen Schutzrechten, dann folgt die Sachlegitimation nicht aus nur einem der Rechte, sondern vielmehr aus ihrer Gesamtheit. Aus klägerischer wie aus prozessualer Sicht liegt der Schwerpunkt auf ihrem gemeinsamen Nenner – der Möglichkeit, die Untersagung der beanstandeten Verhaltensweise zu begründen. Überträgt der Kläger dann lediglich eins davon, dann ändert sich nichts an seiner Berechtigung, die begehrte Unterlassung im eigenen Namen geltend zu machen.[788]

Dieses Ergebnis belegt der Umfang der in Rechtskraft erwachsenden Feststellung. Solange der Prozess schwebt, sind die verschiedenen eingebrachten Rechte – anders als wenn aus lediglich einem Schutzrecht vorgegangen wird – von untergeordneter Bedeutung. Dies ändert sich jedoch in dem Moment, in dem das Gericht seine Entscheidung trifft und sich auf eine der Begründungsalternativen festlegt. Erst mit dieser Festlegung kommt dieser ein über die Begründung der einheitlichen Untersagung hinausgehender Stellenwert zu.[789] Wird damit während des Verfahrens eines der Rechte durch eine Übertragung aus dem Klagegrund herausgelöst, dann wird es für das Gericht lediglich „ausgeblendet", sodass es seine Entscheidung nicht mehr darauf stützen kann und sich für den Kläger das Risiko einer Klageabweisung erhöht. Demgegenüber kommt eine subjektive Rechtskrafterstreckung gemäß § 325 ZPO in Betracht, wenn das im jeweiligen Einzelfall zur Begründung der Untersagung herangezogene Recht erst nach Entscheidungserlass übertragen wird. Da die Konkretisierung dann bereits erfolgt ist, gleicht die Interessenlage in diesem Fall der beim Vorgehen aus lediglich einem Schutzrecht.

## VI. Die (eingeschränkte) Übertragbarkeit der alternativen Streitgegenstandsabgrenzung auf den einstweiligen Rechtsschutz

### 1. Allgemeines

Da es im Fall von Kennzeichenverletzungen und unlauteren Wettbewerbshandlungen häufig auf eine zeitnahe Reaktion auf die unzulässigen Verhaltensweisen ankommt, ist der einstweilige Rechtsschutz im Rahmen dieser Darstellung ebenfalls zu beleuchten. Die Untersuchung wird dabei auf Aspekte beschränkt, die von Relevanz für die hier gegenständliche Fragestellung sind.

Klageverfahren, die mitunter Jahre andauern können, bieten teilweise keinen ausreichenden Schutz gegen die mit Beeinträchtigungshandlungen einhergehenden

---

788 Etwas anderes wird aber konsequenterweise gelten, wenn der Klagegrund eine Vielzahl an Schutzrechten umfasst und der Kläger alle davon gleichzeitig überträgt.

789 s.o. C. II. 4. c).

Schadensfolgen und die von ihnen ausgehende Nachahmungsgefahr.[790] Bei Wettbewerbsverstößen stellen die einstweiligen Verfügungen, bei denen sowohl eine mündliche Verhandlung als auch eine volle Beweisführung entbehrlich sind, aus diesem Grund schon den Normalfall eines gerichtlichen Vorgehens dar und ein nicht unerheblicher Anteil davon gelangt überhaupt nicht ins Hauptsacheverfahren.[791]

Entscheidet sich ein von einer Verletzungshandlung Betroffener, gegen diese im Wege des einstweiligen Rechtsschutzes vorzugehen, dann kann er das über eine einstweilige Verfügung gemäß §§ 935, 940 ZPO tun. Diese ist abzugrenzen vom Arrest gemäß § 916 ZPO, der eine künftige Zwangsvollstreckung in das bewegliche oder unbewegliche Vermögen wegen einer im ordentlichen Rechtsweg durchsetzbaren Geldforderung oder eines Anspruchs, der in eine solche Forderung übergehen kann, sichert. Bei einstweiligen Verfügungen ist wiederum zu unterscheiden zwischen einer Sicherungsverfügung nach § 935 ZPO und einer Regelungsverfügung nach § 940 ZPO. Während erstere – als Gegenstück zum Arrest – der Sicherung von Ansprüchen dient, die nicht auf eine Geldleistung gerichtet sind, ermöglicht letztere eine Regelung hinsichtlich eines streitigen Rechtsverhältnisses. Eine solche Regelung kann zum einen rein gestaltende Maßnahmen, zum anderen aber auch Anordnungen zum Gegenstand haben, die das in der Hauptsache erstrebte Rechtsschutzziel bereits qualitativ vorwegnehmen („Befriedigungs-" oder „Leistungsverfügung").[792] Um eine Befriedigungs- oder Leistungsverfügung handelt es sich insbesondere, wenn im Wege des einstweiligen Rechtsschutzes die konkrete Unterlassung eines vermeintlichen Wettbewerbsverstoßes oder Eingriffs in ein gewerbliches Schutzrecht begehrt wird. Die untersagte Handlung kann für den betreffenden Zeitraum nicht mehr nachgeholt werden, sodass eine entsprechende Entscheidung den Anspruch für die Dauer der Untersagung erfüllt.[793]

Gemäß §§ 920, 936 ZPO ist für die Durchführung eines einstweiligen Verfügungsverfahrens ein an das (bzw. eines) für die Hauptsache zuständige Gericht (vgl. §§ 937 Abs. 1, 943 ZPO) gerichtetes „Gesuch", im Eilverfahren tätig zu werden, erforderlich. In diesem ist das Rechtsschutzziel anzugeben, wozu die Darlegung und Glaubhaftmachung sowohl des Verfügungsanspruchs als auch (grundsätzlich[794]) des Verfügungsgrunds

790 Teplitzky, Wettbewerbsrecht, Kap. 53 Rn. 1.

791 Teplitzky, Wettbewerbsrecht, Kap. 54 Rn. 3; Kodde, Streitgegenstand, S. 171.

792 Gaul/*Schilken*/Becker-Eberhard, Zwangsvollstreckungsrecht, § 76 Rn. 10, 27; *Grunsky* (Stein/Jonas-*Grunsky*, ZPO, vor § 935 Rn. 31) lässt offen, ob die Grundlage der Leistungsverfügung in einer erweiternden Auslegung von § 940 ZPO oder in einer Rechtsfortbildung zu sehen sein soll.

793 Jestaedt, GRUR 1985, 480, 481 f.; Stein/Jonas-*Grunsky*, ZPO, vor § 935 Rn. 46.

794 Bei UWG-Ansprüchen streitet gemäß § 12 Abs. 2 UWG eine widerlegbare Vermutung für das Vorliegen des Verfügungsgrunds (Ahrens-*Singer*, Wettbewerbsprozess, Kap. 45 Rn. 7; zu einer wenn überhaupt dann nur sehr eingeschränkten Möglichkeit einer analogen Anwendung der Vorschrift auf weitere Ansprüche: Lange, Rn. 6272 f.; Teplitzky, Wettbewerbsrecht, Kap. 54 Rn. 19 ff.).

erforderlich ist.[795] Während unter dem Verfügungsgrund die Gesichtspunkte zu verstehen sind, die ein Vorgehen gerade im Wege des einstweiligen Rechtsschutzes rechtfertigen (dies wird gemeinhin mit der Eilbedürftigkeit oder „Dringlichkeit" des Vorgehens gleichgesetzt[796]), stellt der Verfügungsanspruch bei den hier in Rede stehenden Konstellationen den materiell-rechtlichen Anspruch des Anspruchsstellers gegen den Anspruchsgegner auf die konkret begehrte Unterlassung dar.[797]

Mit der Einordnung als Leistungsverfügung verbinden sich dabei nicht unerhebliche Konsequenzen. Vor dem Hintergrund von § 938 Abs. 1 ZPO, wonach das Gericht den Inhalt der einstweiligen Verfügung nach freiem Ermessen festlegt, werden grundsätzlich keine strengen Anforderungen an die Angabe des Rechtsschutzziels gestellt.[798] Ein nicht konkretisiertes Gesuch umfasst dann alle gemäß § 938 ZPO zur vorläufigen Sicherung oder Regelung des Rechts oder Rechtsverhältnisses infrage kommenden Maßnahmen.[799] Etwas anderes gilt hingegen, wenn die einstweilige Verfügung auf Erfüllung gerichtet ist. Der Gesichtspunkt der Eilbedürftigkeit, der ein Vorgehen im Wege des Eilrechtsschutzes gegenüber einem normalen Klageverfahren rechtfertigt, ändert nichts an der Tatsache, dass letztlich die Untersagung einer identischen Verhaltensweise verlangt wird.[800] Aus diesem Grund bedarf es eines Verfügungsantrags, der dem Bestimmtheitsgebot des § 253 Abs. 2 Nr. 2 ZPO gerecht wird und damit den Streitgegenstand des Verfügungsverfahrens genau bezeichnet.[801]

Dabei ist allerdings zunächst darauf hinzuweisen, dass der Streitgegenstand des Verfügungsverfahrens – ungeachtet des regelmäßig übereinstimmenden Unterlassungsantrags – keinesfalls mit dem eines entsprechenden Hauptsacheverfahrens gleichzusetzen ist.[802] Er ist vielmehr im Recht des Gläubigers auf eine nur einstweilige Befriedigung seines Anspruchs zu erblicken.[803] Das ändert aber nichts daran, dass bei den hier im Mittelpunkt stehenden Leistungsverfügungen, bei denen – mit dem Unterschied der Vorläufigkeit der begehrten Entscheidung – der Charakter des einstweiligen Rechtsschutzes dem des Hauptprozesses entspricht,

795 Jestaedt, GRUR 1985, 480, 483.

796 Lange, Rn. 6271; Melullis, Rn. 151.

797 Lange, Rn. 6270.

798 Dies hindert den Eilrechtsschutzsuchenden aber nicht daran, einen bestimmten Antrag zu stellen und dem Gericht damit einen gemäß § 308 ZPO zu beurteilenden konkreten Prüfungsauftrag zu geben (Ahrens, Wettbewerbsverfahrensrecht, S. 275; Jestaedt, GRUR 1985, 480, 484).

799 Jestaedt, GRUR 1985, 480, 483.

800 Ahrens, Wettbewerbsverfahrensrecht, S. 156; Stein/Jonas-*Grunsky*, ZPO, vor § 935 Rn. 10.

801 Ahrens, Wettbewerbsverfahrensrecht, S. 157 f.; Teplitzky, Wettbewerbsrecht, Kap. 54 Rn. 38; a.A. Jestaedt, GRUR 1985, 480, 483 f.

802 Ahrens, Wettbewerbsverfahrensrecht, S. 156, 264 ff.; Teplitzky, Wettbewerbsrecht, Kap. 53 Rn. 3.

803 Gloy/Loschelder/Erdmann-*Spätgens*, § 98 Rn. 2; Stein/Jonas-*Grunsky*, ZPO, vor § 935 Rn. 36.

die Individualisierung des Streitgegenstands nach den für den ordentlichen Prozess geltenden Regeln erfolgt.[804] Folglich sind die für die Streitgegenstandsabgrenzung im Hinblick auf das Klageverfahren dargestellten Kriterien entsprechend heranzuziehen, wenn ein bestimmtes Untersagungsbegehren nicht im Hauptverfahren, sondern im Wege des einstweiligen Rechtsschutzes verfolgt wird und auf die (vorübergehende) Erfüllung des Anspruchs abzielt.

## 2. Der Streitgegenstand des einstweiligen Verfügungsverfahrens und die Bewährungspunkte

Bei der Entscheidung über einen Antrag auf Erlass einer einstweiligen Verfügung handelt es sich um einen Rechtssprechungsakt, sodass die allgemeinen Vorschriften unter Berücksichtigung der Besonderheiten des Eilverfahrens grundsätzliche Geltung beanspruchen.[805] Im Hinblick auf die zivilprozessualen Bewährungspunkte ist dabei auf gewisse Besonderheiten hinzuweisen.

Auswirkungen zeitigt zunächst der Umstand, dass die Streitgegenstände eines einstweiligen Rechtsschutzverfahrens und eines entsprechenden ordentlichen Prozesses nie übereinstimmen können. Dies hat zur Konsequenz, dass ein eingeleitetes oder abgeschlossenes Verfügungsverfahren die Durchführung des Hauptsacheverfahrens weder aus dem Gesichtspunkt der entgegenstehenden Rechtshängigkeit noch aus dem der materiellen Rechtskraft verhindern kann und dass eine Bindung des Hauptsachegerichts an Ergebnisse des Verfügungsverfahrens ausscheidet.[806] Umgekehrt lässt sich daraus aber nicht folgern, dass ein Übergang von einem Verfügungs- zum Hauptsacheverfahren an den Anforderungen von §§ 263, 264 ZPO zu messen ist.[807] Da der einstweilige Rechtsschutz nicht nur einen anderen Streitgegenstand aufweist, sondern darüber hinaus in Relation zum Hauptsacheverfahren eine völlig andere Verfahrensart darstellt, ist dies weder gemäß §§ 263 f. ZPO zulässig, noch unter entsprechender Anwendung von § 596 ZPO, der ein Abstehen vom Urkundenprozess verbunden mit einer Fortführung im ordentlichen Verfahren regelt, möglich.[808]

---

804 Baur, S. 83; Berneke/Schüttpelz, Rn. 214.

805 Stein/Jonas-*Grunsky*, ZPO, vor § 935 Rn. 8.

806 Ahrens, Wettbewerbsverfahrensrecht, S. 268 f.; Stein/Jonas-*Grunsky*, ZPO, vor § 916 Rn. 13, vor § 935 Rn. 3.

807 So aber *Baumbach/Lauterbach* (ZPO, Grundz § 916 Rn. 5) unter Berufung insbesondere auf die Entscheidung OLG Düsseldorf NJW 1991, 2028, die diese Schlussfolgerung nicht trägt.

808 Zöller-*Vollkommer*, ZPO, § 920 Rn. 14; *Grunsky* (Stein/Jonas-*Grunsky*, ZPO, § 920 Rn. 3) verweist zudem auf das fehlende Bedürfnis für eine solche Vorgehensweise, da zum einen die im Verfügungsverfahren erreichten Zwischenergebnisse für das Hauptverfahren nicht bindend sind und zum anderen der Antragssteller sein Gesuch jederzeit zurücknehmen und das Hauptsacheverfahren anhängig machen kann.

Mit gewissen Einschränkungen finden hingegen die im ordentlichen Prozess geltenden Regelungen im Verhältnis mehrerer einstweiliger Verfügungsverfahren zueinander Anwendung. So stehen die Rechtshängigkeit[809] eines laufenden und die Rechtskraft eines abgeschlossenen Verfügungsverfahrens der Einleitung eines weiteren Verfügungsverfahrens mit demselben Streitgegenstand entgegen. Handelt es sich allerdings nicht um eine Leistungsverfügung und hat der Eilrechtsschutzsuchende auch sonst keinen bestimmten Antrag gestellt, dann ist bei der Bewertung einer eventuellen Identität verschiedener Streitgegenstände zu untersuchen, ob sich die Sicherungs- oder Regelungsmaßnahmen, die das Gericht im Rahmen der verschiedenen Eilgesuche anordnen könnte, überschneiden können.[810] Nur wenn das der Fall ist, besteht die Gefahr kollidierender Entscheidungen. Liegt demgegenüber wie bei den Unterlassungsverfügungen ein bestimmter Antrag vor, dann sind die für eine entsprechende Klage geltenden Individualisierungsgrundsätze maßgeblich.

Nichts anderes gilt im Hinblick auf Antragshäufungen, -änderungen, -ergänzungen und -einschränkungen, deren Zulässigkeit am Maßstabs der §§ 260, 263, 264 ZPO zu beurteilen ist.[811] Dabei gilt es allerdings, das zusätzliche Erfordernis der Dringlichkeit zu beachten. Dieses kann ein Einbringen geänderter Umstände, auch wenn es gemäß §§ 263, 264 ZPO zulässig wäre, aufgrund zu langen Zuwartens verhindern.[812] Hat sich demnach beispielsweise ein Antragssteller in einem auf eine bestimmte Untersagung gerichteten Eilverfahren zur Begründung zunächst auf die Beeinträchtigung einer bestimmten Marke oder auf einen von mehreren tatsächlichen Unlauterkeitsgesichtspunkten berufen, dann ist eine neue Dringlichkeitsbewertung erforderlich, wenn das Begehren nachträglich auf eine weitere bzw. andere Marke oder eine weitere bzw. andere tatsächliche Wettbewerbsbeeinträchtigung gestützt wird.[813] Ob dann hinsichtlich der weiteren Begründung die Dringlichkeit zu bejahen ist, hängt unter anderem und ganz wesentlich davon ab, ob sie dem Antragssteller schon zuvor bekannt war.[814]

### 3. Auswirkungen der alternativen Streitgegenstandsabgrenzung auf die Entscheidungsbegründung

Von Relevanz kann die alternative Streitgegenstandsabgrenzung für die Begründung der gerichtlichen Entscheidung eines Eilverfahrens sein. Während § 313 ZPO die

809 Anders als eine Klage wird eine einstweilige Verfügung bereits mit Einreichung der Antragsschrift und nicht erst mit ihrer Zustellung rechtshängig (Berneke/Schüttpelz, Rn. 215; Teplitzky, Wettbewerbsrecht, Kap. 55 Rn. 1).

810 Stein/Jonas-*Grunsky*, ZPO, vor § 935 Rn. 14.

811 Stein/Jonas-*Grunsky*, ZPO, § 916 Rn. 2, § 920 Rn. 3a.

812 OLG Hamburg, Magazindienst 2007, 327, juris-Rz. 60; Gloy/Loschelder/Erdmann-*Spätgens*, § 100 Rn. 55; Kodde, Streitgegenstand, S. 181; Teplitzky, Wettbewerbsrecht, Kap. 54 Rn. 40.

813 Berneke/Schüttpelz, Rn. 192.

814 Vgl. OLG Frankfurt WRP 2014, 1482, juris-Rz. 10.

Regelung trifft, dass ein Urteil unter anderem Tatbestand und Entscheidungsgründe zu enthalten hat, ist eine positive Entscheidung in einstweiligen Rechtsschutzverfahren, die in Form eines Beschlusses ergeht, nur dann zwingend zu begründen, wenn sie im Ausland geltend gemacht werden soll (§§ 936, 922 Abs. 1 S. 2 ZPO). E contrario kann theoretisch immer dann, wenn ein solcher Auslandsbezug nicht besteht, was der absolute Regelfall sein dürfte, auf eine Begründung verzichtet werden.

Dieser Umstand könnte dann Probleme aufwerfen, wenn ein bestimmtes Untersagungsverlangen auf unterschiedliche Gesichtspunkte gestützt wird. In diesen Konstellationen kommt der Begründung der gerichtlichen Entscheidung – genauer der mit der Entscheidung erfolgenden Festlegung, aufgrund von welchem der verschiedenen infrage kommenden Gesichtspunkte dem Begehren entsprochen wurde – insofern weitere Bedeutung zu, als erst diese den konkreten Umfang der Unterlassungspflicht bestimmt.[815] Diese Grundsätze sind nicht auf das ordentliche Verfahren beschränkt, sondern gelten entsprechend bei den einstweiligen Verfügungsverfahren, soweit deren Streitgegenstand anhand derselben Kriterien individualisiert wird wie der des entsprechenden Hauptsacheverfahrens. Würde das Gericht in einem solchen Fall von der Möglichkeit, auf die Begründung der Entscheidung zu verzichten, Gebrauch machen, dann würde der Umfang der Unterlassungspflicht für die unterlegene Partei und die Vollstreckung unklar bleiben.[816]

Tatsächlich handelt es sich hierbei allerdings mehr um eine theoretische als um eine praktische Problematik. Ein gänzlicher Verzicht auf die Begründung soll nur dann möglich sein, wenn die Sach- und Rechtslage durchschaubar ist, weil der Schuldner aufgrund seines Verhaltens Anlass und Grund der Verfügung kennt oder kennen muss. Ist dies nicht der Fall, dann ist der gerichtlichen Entscheidung die Antragsschrift als Anlage beizufügen, sodass der Antragsgegner eine fundierte Entscheidung über sein weiteres Vorgehen (insbesondere hinsichtlich eines einzulegenden Widerspruchs) treffen kann.[817] Soweit allerdings eine komplizierte Sach- und/oder Rechtslage vorliegt, erfordern die Grundsätze eines fairen Verfahrens, dass eine stattgebende Entscheidung begründet wird.[818] Davon ist zumindest dann auszugehen, wenn der konkrete Umfang der Unterlassungspflicht erst aus der Begründung des Gerichts ersichtlich wird.

---

815 S.o. C. II. 4. c).

816 Vgl. Ahrens-*Ahrens*, Wettbewerbsprozess, Kap. 36 Rn. 57; Kodde, Streitgegenstand, S. 185 f.

817 Stein/Jonas-*Grunsky*, ZPO, § 922 Rn. 5.

818 Musielak/Voit-*Huber*, ZPO, § 922 Rn.4; Das Parallelproblem bei Versäumnisurteilen, bei denen gemäß § 313b Abs. 1 ZPO ebenfalls auf die Begründung verzichtet werden kann, ist entsprechend zu behandeln (Wieczorek/Schütze-*Rensen*, ZPO, § 313 b Rn. 4; Musielak/Voit-*Musielak*, ZPO, § 313b Rn. 4).

# D. Schluss

## I. Zusammenfassung der Ergebnisse

Mit seinem „TÜV I"-Beschluss[819], in welchem die im Wettbewerbs- und Kennzeichenprozess gängige und bis dato nicht beanstandete alternative Klagehäufung als unzulässig erklärt wurde, sorgte der BGH im Jahr 2011 für großes Aufsehen. Die Entscheidung hat erhebliche Konsequenzen für die prozessuale Praxis, da die klagende Partei dem Gericht nun nicht mehr die Auswahl überlassen kann, welchen von mehreren zur Begründung vorgebrachten Streitgegenständen es für die Entscheidungsbegründung heranzieht, sondern diese entweder in kumulativer oder in Eventualanordnung in den Prozess eingebracht werden müssen. Als besonders problematisch wirkte sich dabei aus, dass die Rechtsprechung zu diesem Zeitpunkt unter Zugrundelegung der zweigliedrigen Streitgegenstandsauffassung mitunter zu sehr „kleinteiligen" Streitgegenständen tendierte. So wurde der Klagegrund, der neben dem Klageantrag für die Abgrenzung des prozessualen Anspruchs maßgeblich ist und der von der Rechtsprechung mit einem aufgrund einer „natürlichen Betrachtungsweise" zu bestimmenden Lebenssachverhalt gleichgesetzt wird, im Wettbewerbsrecht als eine konkrete (materiell-rechtliche) Irreführungsalternative identifiziert, während bei Kennzeichenverletzungen die Beeinträchtigung jedes Schutzrechts einen separaten Lebenssachverhalt darstellen sollte.[820] Diese Grundsätze galten auch dann, wenn die verschiedenen Unzulässigkeitsgesichtspunkte durch eine einheitliche Verletzungshandlung verwirklicht worden waren. In der Folge stellte der BGH zunächst in seiner „OSCAR"-Entscheidung klar, dass eine (behauptete) Verletzung aller drei Schutzformen einer Marke – Schutz bei Doppelidentität, Verwechslungsschutz sowie Bekanntheitsschutz (§ 14 Abs. 2 Nr. 1 – 3 MarkenG) – einem Klagegrund unterfallen, sofern sie auf demselben Schutzrecht beruhen.[821] Als ausdrückliche Reaktion auf seine durch den „TÜV I"-Beschluss geänderte Rechtsprechung erklärte er wenig später in der „Biomineralwasser"-Entscheidung, dass bei wettbewerbsrechtlichen Unterlassungsklagen, die gegen die konkrete Verletzungsform gerichtet seien – unabhängig davon, zu welchen Beanstandungen diese Anlass gebe –, in der konkreten Verletzungsform der für die Streitgegenstandsbestimmung maßgebliche Lebenssachverhalt zu sehen sei.[822] Wenngleich diese Ansätze in den entsprechenden Konstellationen sachgerechte Ergebnisse ermöglichen, so verbleiben unbefriedigende Fallgestaltungen. Besonders hinterfragungsbedürftig ist dabei das von der Rechtsprechung unangetastet gebliebene Dogma „ein Schutzrecht – ein Streitgegenstand". Wird ein bestimmtes Unterlassungsbegehren auf eine gleichzeitige Verletzung verschiedener Schutzrechte

819 BGH GRUR 2011, 521 – *TÜV I.*

820 Vgl. BGH GRUR 2007, 161, juris-Rz. 9 – *dentalästhetika II.*

821 BGH GRUR 2012, 621, juris-Rz. 32 – *OSCAR.*

822 BGH GRUR 2013, 401, juris-Rz. 24 – *Biomineralwasser.*

gestützt, dann erscheint es als wenig nachvollziehbar, dass diese einheitliche Verletzungshandlung nach einer „natürlichen Betrachtungsweise“ prozessual als mehrere Lebenssachverhalte einzuordnen sein soll.

Diese Untersuchung dient dem Ziel, für die von der Unzulässigkeit der alternativen Klagehäufung primär betroffenen Unterlassungsverfahren des Kennzeichen- und Wettbewerbsrechts eine alternative Möglichkeit der Streitgegenstandsabgrenzung aufzuzeigen, welche die angeführten Schwächen nicht aufweist. Den Ausgangspunkt stellt der Klagegrund dar, der gemäß § 253 Abs. 2 Nr. 2 ZPO gemeinsam mit dem Klageantrag für die Streitgegenstandsbestimmung entscheidend ist. Entgegen der Auffassung von Rechtsprechung und herrschender Meinung ist der Klagegrund nicht zwangsläufig mit dem Lebenssachverhalt gleichzusetzen. Zum einen findet diese Annahme keinerlei gesetzliche Stütze, zum anderen stellt der Lebenssachverhalt – wie die verschiedenen in Literatur und Rechtsprechung vertretenen Varianten zur Sachverhaltsindividualisierung belegen – lediglich vordergründig einen allgemeingültigen Maßstab für die Streitgegenstandsabgrenzung dar. Tatsächlich verbergen sich hinter diesem scheinbar objektiv zu bestimmenden Kriterium normative, häufig materiell-rechtliche Gesichtspunkte, die abhängig von dem konkret zu entscheidenden Einzelfall primär eine praxistaugliche Festlegung des Streitgegenstands gewährleisten sollen.

Eine nachvollziehbarere weil weniger unscharfe Abgrenzung ist hingegen möglich, wenn man nicht auf das angreifbare Kriterium des Lebenssachverhalts abstellt, sondern – sich an der Streitgegenstandslehre von *Apostolos Georgiades* orientierend – den Klagegrund anhand des Konkurrenzverhältnisses der materiell-rechtlichen Ansprüche, die dem zur Begründung des klägerischen Begehrens eingebrachten Vorbringens entsprechen, individualisiert. Kommen verschiedene Ansprüche zur Untersagung eines konkreten wettbewerbs- oder kennzeichenrechtlich relevanten Verhaltens infrage, dann können diese sowie die ihnen zugrunde liegenden Rechtssätze regelmäßig parallel zur Begründung des Begehrens herangezogen werden. Insbesondere die von der Rechtsprechung lange und von weiteren Autoren noch immer vertretene „Vorrangthese“, der zufolge markengesetzliche Normen gegenüber konkurrierenden lauterkeitsrechtlichen Regelungen vorrangig sein sollen, kann vor dem Hintergrund der unionsrechtlichen UGP-Richtlinie keinen Bestand mehr haben. Die Unterlassungsansprüche können entweder der Anspruchsnormen- oder der Anspruchskonkurrenz zugeordnet werden. Die Einteilung hängt davon ab, ob zwischen den unterschiedlichen Ansprüchen qualitative und funktionale Gemeinsamkeiten vorliegen, die eine Anspruchsnormenkonkurrenz begründen und letztlich eine gemeinsame Betrachtung ermöglichen. Die Untersuchung hat ergeben, dass dies etwa einerseits bei markengesetzlichen und bestimmten namensrechtlichen Unterlassungsansprüchen und andererseits bei verschiedenen lauterkeitsrechtlichen Ansprüchen anzunehmen ist. Wird das einheitliche Unterlassungsziel hingegen mit sowohl marken- als auch lauterkeitsrechtlichen Ansprüchen begründet, dann ist von einer Anspruchskonkurrenz auszugehen.

Grenzt man den Klagegrund nicht anhand des Lebenssachverhalts ab, sondern zieht als normatives Kriterium stattdessen das Konkurrenzverhältnis der

Vorschriften und der auf ihnen beruhenden Ansprüche zueinander heran, dann hat die insofern anzunehmende Anspruchsnormenkonkurrenz nur einen Klagegrund i.S.d. § 253 Abs. 2 Nr. 2 ZPO und damit nur einen Streitgegenstand zur Konsequenz, wenn einerseits verschiedene Ansprüche aus dem Markengesetz oder andererseits solche aus der Verletzung von Lauterkeitsrecht infrage kommen. Stammen die Ansprüche demgegenüber aus beiden Rechtsmaterien, dann liegt aufgrund ihrer Anspruchskonkurrenz eine Mehrheit an Klagegründen und Streitgegenständen vor.

Diese Vorgehensweise bewährt sich in der prozessualen Praxis. Hat der Kläger einen bestimmten Unterlassungsantrag gestellt und Gericht und Beklagtem damit das zu untersagende Verhalten aufgezeigt, so obliegt es ihm darüber hinaus klarzustellen, aufgrund welcher tatsächlichen Beeinträchtigung(en) er das geltend gemachte Recht für sich in Beschlag nimmt. Aufgrund ihrer selbstständigen Ausgestaltung ist in den im Mittelpunkt der Untersuchung stehenden Fallgestaltungen als ein derartiger tatsächlicher Gesichtspunkt auch jedes vermeintlich beeinträchtigte Schutzrecht zu bewerten. Beruft sich der Kläger auf eine Mehrzahl an Begründungen und gehören diese alle demselben Klagegrund an, so bleibt es dem Gericht überlassen zu entscheiden, auf welchen der Gesichtspunkte es seinen Ausspruch stützt. Sind sie hingegen mehreren Klagegründen zuzuordnen und handelt es sich damit um eine Mehrheit an Streitgegenständen, dann bedarf es entweder einer eventuellen oder einer kumulativen Anordnung.

Sofern damit keine Änderung am Streitgegenstand einhergeht, ist der Kläger grundsätzlich darin frei, sich auf zusätzliche Begründungen zu berufen oder diese auszutauschen. Daran gehindert werden kann er allerdings durch die allgemeinen Verspätungsregelungen gemäß §§ 296, 296a ZPO oder – in der Berufungsinstanz – durch das weitgehende Novenverbot in § 531 ZPO.

Die materielle Rechtkraft einer Entscheidung steht grundsätzlich einer erneuten gerichtlichen Verhandlung über denselben prozessualen Anspruch entgegen. Kommen mehrere Gesichtspunkte in Betracht, um ein konkretes Untersagungsbegehren zu stützen, dann ist der Kläger – unabhängig davon, ob er sie vorwerfbar zurückgehalten hat oder nicht – in einem nachfolgenden Verfahren mit zuvor nicht vorgetragenen Begründungsalternativen präkludiert, sofern diese dem bereits entschiedenen Streitgegenstand zuzuordnen sind. Da es sich dann um unterschiedliche Klageziele handelt, bleibt es dem Kläger hingegen unbenommen, einzelne tatsächliche Gesichtspunkte isoliert geltend zu machen.

Stützt er sein Untersagungsverlangen auf mehrere Begründungsalternativen, dann erwächst mit der Entscheidung über die begehrte Rechtsfolge auch die Feststellung in Rechtskraft, unter Berufung auf welchen der Gesichtspunkte – und damit gegebenenfalls auf die Beeinträchtigung welchen Schutzrechts – dem Begehren entsprochen worden ist. Mit dieser Entscheidung fixiert das Gericht den als maßgeblich erachteten Kern der Verletzungshandlung, an dem die Zulässigkeit nachfolgender Handlungen zu messen ist und über den für den Beklagten und im Rahmen der Vollstreckung daher keine Zweifel bestehen dürfen.

Die alternative Streitgegenstandsabgrenzung bleibt auch in den äußerst praxisrelevanten Verfahren des vorläufigen Rechtsschutzes nicht ohne Auswirkungen.

Eine Individualisierung entsprechend den hier dargelegten Kriterien ist dann anzunehmen, wenn ein bestimmtes Untersagungsverlangen nicht im Hauptverfahren, sondern im Wege des Eilrechtsschutzes verfolgt wird und ein Erlass der begehrten einstweiligen Verfügung eine (vorübergehende) Erfüllung des Anspruchs zur Konsequenz hätte.

## II. Fazit

Die Weite des Streitgegenstands ist von großer praktischer Bedeutung. Je mehr Aspekte dieser erfasst, desto umfangreicher kann ein bestimmtes Begehren begründet werden, ohne dass der Kläger Einschränkungen unterliegt – etwa durch die Anforderungen an Klagehäufung und -änderung oder eine damit einhergehende Erhöhung des Prozesskostenrisikos. Umgekehrt stellt sich die Situation im Falle eines engen Streitgegenstands dar. Fällt er sehr kleinteilig aus, dann ist nicht ausgeschlossen, dass einem bestimmten Klageziel eine Mehrzahl an Streitgegenständen entspricht. In diesen Konstellationen kann es dem Kläger nicht verwehrt werden, dem Gericht das einheitliche Petitum scheibchenweise zur Entscheidung vorzulegen. Mehr noch: Durch die mit einer kumulativen Häufung verbundene Kostenbelastung oder den Aufwand einer Eventualhäufung wird er letztlich geradezu motiviert, das Begehren nicht unter allen, sondern nur unter den erfolgversprechendsten Gesichtspunkten geltend zu machen und damit einer Prozessverschleppung Vorschub zu leisten. Kleinteilige Streitgegenstandsabgrenzungen verlieren zudem das eigentliche Kernstück des Zivilprozesses aus dem Fokus. Dieser bezweckt in erster Linie die Beantwortung der Frage, ob dem Kläger gegenüber dem Beklagten das geltend gemachte Recht, welches seinen Niederschlag im Klageantrag findet, zusteht. Bleibt das Klageziel unverändert, dann ist es Rechtsunkundigen schwer zu vermitteln, warum etwa im Wettbewerbsrecht – wie es zweitweise von der Rechtsprechung vertreten wurde – jede unterschiedliche Fehlvorstellung, die eine konkrete Verletzungshandlung beinhaltet, oder warum im Kennzeichenrecht jedem von mehreren gleichzeitig beeinträchtigten Schutzrechten ein selbstständiger Streitgegenstand mit einschneidenden prozessualen Konsequenzen entsprechen soll.

Die im Rahmen dieser Untersuchung entwickelte Streitgegenstandsabgrenzung individualisiert den Klagegrund und damit den Streitgegenstand in den Unterlassungsverfahren des Kennzeichen- und Wettbewerbsrechts anhand des Konkurrenzverhältnisses der materiell-rechtlichen Ansprüche, die dem zur Begründung des klägerischen Begehrens eingebrachten Vorbringen entsprechen. Dies hat eine Erweiterung des prozessualen Anspruchs zur Konsequenz, welche die angeführten Schwachpunkte eines kleinteiligen Streitgegenstands weitgehend beseitigt. Verfolgt der Kläger ein bestimmtes Unterlassungsziel und kommen zur Begründung unterschiedliche Aspekte infrage, dann ist es dem Kläger seltener verwehrt, sich auf alle davon zu berufen. Gerade in den besonders praxisrelevanten Fallgestaltungen, in denen eine beantragte Untersagung auf die Verletzung einer Mehrzahl an Kennzeichenrechten oder auf unterschiedliche Lauterkeitsverstöße gestützt werden kann, ist der Kläger nicht daran gehindert, sich pauschal gegen die Verhaltensweise zu wenden, wenn er dieses Begehren umfassend und kostengünstig absichern will und es ihm nicht auf die einem positiven Ausspruch zugrunde zu legende Begründungsalternative ankommt. Ist Letzteres aber doch der Fall, dann kann er dieses konkrete Unterlassungsziel ohne Weiteres zu einem selbstständigen Antrag machen und damit eine Entscheidung unter genau diesem bestimmten Gesichtspunkt verlangen. Wie die Untersuchung gezeigt hat, können einer solchen Vorgehensweise keine durchgreifenden Bedenken entgegengehalten werden. Dem mit der Erweiterung des Streitgegenstands verbundenen Vorteil entsprechen Einschränkungen durch Präklusion und Rechtskraft, sodass kein Verstoß gegen die prozessuale Waffengleichheit angenommen werden kann. Ein Auseinanderfallen des einheitlichen Streitgegenstands durch eine nach Rechtshängigkeit erfolgende Verfügung über eines von mehreren eingebrachten Schutzrechten ist nicht zu befürchten, da dies keinen Verlust der Sachlegitimation zur Folge hat, wie es von den in diesem Rahmen maßgeblichen §§ 265, 325 ZPO vorausgesetzt wird. Zuletzt wird auch dem Bestimmtheitsgebot aus § 253 Abs. 2 Nr. 2 ZPO hinreichend Rechnung getragen, da der Kläger dem Gericht nicht die Auswahl zwischen verschiedenen Streitgegenständen überlassen darf und mit dem Erlass der Entscheidung für den Beklagten und die Vollstreckung der konkrete Umfang des begehrten Verbots feststeht.

www.ingramcontent.com/pod-product-compliance
Ingram Content Group UK Ltd.
Pitfield, Milton Keynes, MK11 3LW, UK
UKHW041822290926
8980IPUK00002B/11

9 783631 678442